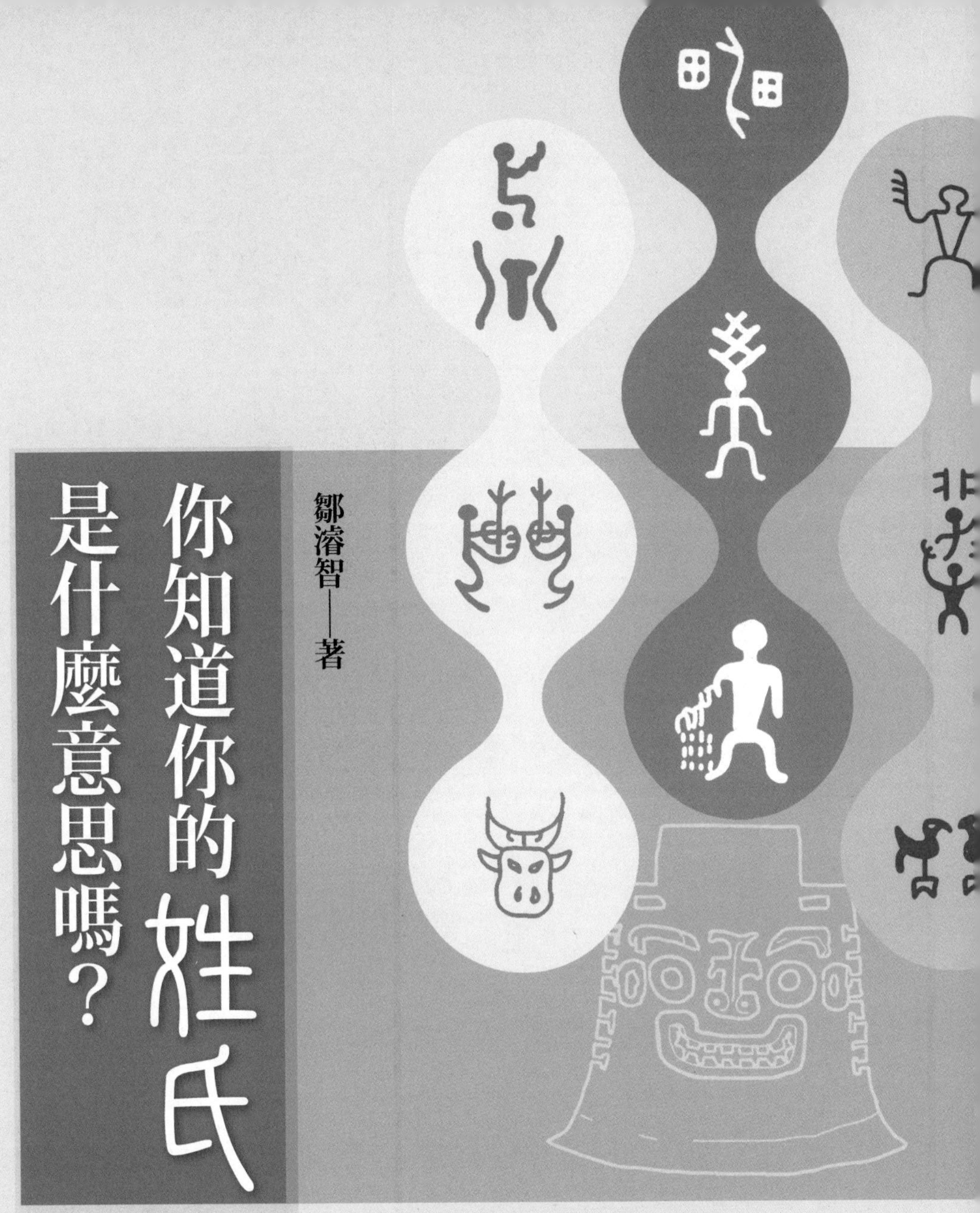

你知道你的姓氏是什麼意思嗎？

鄒濬智——著

五南圖書出版公司 印行

寫在前面的話：

姓氏與漢字

一般人對姓氏的認識很籠統，大概只知道它是冠在名字前面的第一個字，除了標示出自己的血緣來源，它對現代人而言似乎沒有其他多餘的意義。其實姓氏的起源很早，發揮的社會功能也很強。關於「姓」的出現，大概可以向上追溯到母系社會時期，這怎麼說呢？

「姓」這個字拆開來看就是「女」「生」，從甲骨文以來就這麼寫：[illegible]。為了標誌自己是哪個女人所生，所以在自己的名字前面加個「姓」表明自己生命的源頭。所以和你同姓的清楚明白地就有血緣上的關係。「姓」的使用，除了用來標誌自己的來源，也用來做為不同人類群體的區分。

那為什麼「姓」標明的不是自己的父系來源？那時期的人類經濟活動還停留在狩獵、採集時期，爸爸出遠門，要嘛死在外面，要嘛便跟其他女人跑了（群婚、走婚）。很多小孩便只知其母，不知其父。想要標誌自己是從哪來的，只能說自己是某女之子。不信試看商、周始祖的誕生故事：

商朝始祖契的出生——契的母親簡狄在湖邊洗澡，看見有隻鳥在天上盤旋。不一會兒那鳥下了顆五彩蛋，簡狄看了實在大為驚奇，忍不住就把那蛋給吃了。沒多久就生下契。

周朝始祖后稷的出生——契的母親姜嫄出外踏青，看見路上有個巨人的足跡，由於實在太好奇，

於是姜嫄忍不住就去踩了巨人足跡一下，沒多久就生下后稷。

在這二則知名的始祖故事裡，男主角都只知道自己的老媽是誰，老爸的角色在這些故事裡一點也不重要，對吧？

因為「姓」從母親來，這也是東方最有歷史的幾個姓——「姬」、「姒」、「媯」、「姚」、「姜」、「嬴」——都從「女」旁的原因。這些女姓始祖的形象大概就像《紅樓夢》中賈寶玉他那位奶奶賈母一樣大權在握！也因為小孩都在母系家族中長大，受到家族中強而有力的母親兄弟保護最多，東方才會發展出後來「天上天公，地上母舅公」的文化價值觀。

「氏」這個字，甲骨文作，是一個人把手伸長去觸地的樣子，長筆畫在古文字中很容易被加上飾符，所以金文，就在下垂的手臂上加一個圓點來裝飾，這一點後來變成一畫，就成了篆文。這個字原來是「氐」的初文；對人的生命來源加以追根究底就是「氏」。

「氏」的出現與社會由母系結構轉變為父系結構挺有關係。當人類生產的方式進入農業時代，動植物食物來源可以透過人工加上地力來產生，男子不再出遠門，改而選擇在一個固定的地方和固定的女性對象過生活；兼以農業生產需要極大的體力，掌握主要經濟權力的男子在家族中慢慢成為主宰。於是要標誌自己的出身，不再用「姓」而改用表示父親社會身分或地緣關係的「氏」了。

由於從女性始祖得來的「姓」的發展要早，所以同姓的人多，為了在同姓的人當中再進行區別，所以進而採用從男性始祖得來的「氏」。先秦「姓」、「氏」是同軌並用的：男性用「氏」、女性用「姓」；追溯表述自己的遠古源頭就講究「姓」、追溯表述自己的近世出身就講究「氏」。不過秦漢之後「姓氏」合用，慢慢的二者的觀念就混淆融合了。

姓氏既是使用文字來表示，它的出現便和文字出現在人類發展史的時間有很大的關係。在沒有文字以前，人類或用圖騰，或用族徽來說明自己的出身。圖騰形象有可能是某種族人所崇拜的、認為是自己生命源頭的有靈動植物，像是百步蛇、鳥、龍、豕等等；族徽則將這些動植物的線條抽象化，再加入一點人形，像青銅器上曾見到的幾種族徽（詳上圖）。

歐洲貴族也有族徽，多用盾牌、旌旗等武器為外框，內繪特定動植物，不過時間上要比東方要晚上許多。不論圖騰或族徽，這種形式都不如文字來得直接方便，所以「姓」「氏」很自然的在文字發明之後，就採用這種更為便利的形式來表示了。

只不過中國文字雖然算得上是世界上最穩定發展的文字系統，但畢竟字體在歷史中的某些程度變化，還是會造成今人辨識古字的困難；兼以古字保留造字原貌最多，想要知道自己的「姓」「氏」本意就不能不去追溯它的古文字形。為了讓今人對自己的「姓」「氏」有更深的認識，本書之撰寫就不能只是在考究某個「姓」「氏」的來源、講講「姓」「氏」名人的軼事，而必須更負責任的把「姓」「氏」用字和有關它的典故或歷史好好討論一番。又既然認清了某個「姓」「氏」用字的本形本義，也就可以順帶釐清一些常被誤會或誤用的俗諺成語慣用語。「一事畢而三功成」，筆者十分希望這本書可以帶給閱讀的大眾對認識自己「姓」「氏」、學習漢字故事和曉得俗諺成語慣用語的正確意涵帶來最大的幫助。

為了便利書寫、使得本書得以包含最大範圍的資訊內容，本書採用秦漢以後「姓氏」的概念，選擇中國大陸最近調查華人地區所占人口數前一百名的姓氏做為討論的對象：先講講姓氏用字的該字字形本義和相關的漢字故事，再聊聊鑲有此字或此字重要部件的俗諺成語慣用語，最後談談姓氏的大宗由來和同宗著名歷史人物，希望讀者在閱讀本書時，除了追自己的本、溯自己的源之外，還能連帶提升自己的語文能力、增加自己的國學常識。

如同各個學科所會遭遇到的共同問題，古文字研究在識辨某個漢字本義的這個工作部分，不同學者的學術養成過程不同、文化背景不同，所取得的結果也不同。本書所採用的一百個姓氏用字本形本義說明，絕不可能滿足每一位學者的見解；在寫作的過程中，僅能在異見中求取共識，採取最多人支持或最符合人類心理直觀認識的解釋，這是在進入正文之前必須要特別強調的。

最後必須要說明的是，本書的寫作，得力於臺灣諸個學術單位建置的各種學術資料庫甚多：

「電腦漢字及異體字資料庫」，http://chardb.iis.sinica.edu.tw/

「小學堂文字學資料庫」，http://xiaoxue.iis.sinica.edu.tw/

「中華語文知識庫」，http://chinese-linguipedia.org/clk/index.php

「漢語古今音資料庫」，http://xiaoxue.iis.sinica.edu.tw/ccr/

「開放康熙字典」，http://kangxi.adcs.org.tw/

「漢字構形資料庫」，http://cdp.sinica.edu.tw/cdphanzi

「全字庫」，http://www.cns11643.gov.tw/AIDB/query_composite.do

「教育部異體字字典」，http://dict.variants.moe.edu.tw/main.htm

「教育部國語辭典」，http://dict.revised.moe.edu.tw/index.html

海內外華人學界所建置的資料庫如：

「漢典」，http://www.zdic.net/

「說文解字在線查詢」，http://www.shuowen.org/

「象形字典」，http://www.vividict.com/Default.aspx

「字源網」，http://www.hanziyuan.com/

「書法字典」，http://www.shufazidian.com/

「書法字典查詢」，http://shufa.supfree.net/

「書法教學資料庫」，http://163.20.160.14/～word/modules/myalbum_search/

也提供了很多幫助。而開放百科像是：

「維基百科」，http://zh.wikipedia.org/

「百度百科」，http://baike.baidu.com/view/1.htm

「互動百科」，http://www.baike.com/

雖然資料的學術性和準確性未達百分百，但在介紹及協助索引查找資料這方面提供了很大的便利。筆者對不求回報、投入上述這些資料庫而大幅度推升今人學術研究層次的人員們，致上由衷的感謝和最崇高的敬意！

目錄。

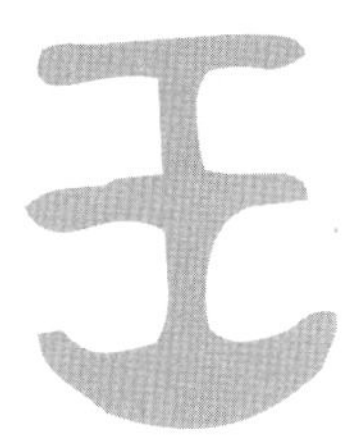

第七篇

第八篇

第九篇

第十篇

第十一篇

第十二篇

第一篇

王李張劉陳

王

古字小常識：从，是「從」的本字，即起初的寫法。

「王」這個姓氏是怎麼來的？

「王」氏的來源很多，主要來自君王或其自稱「王子」、「王孫」的後裔。「王」這個姓氏的最早來源是「嬀」姓，是古帝虞舜之後。虞舜後人多居於陳國，齊王田和也是其中一分子，子孫們就有以「王」為氏的。第二個來源是「子」姓。商紂時王子比干之後有以「王」為氏的。第三個來源是「姬」姓。像周文王第十五子畢公高之後用「王」氏；周靈王太子晉因為直諫被廢為庶民，世人稱其為「王家」，子孫也有以「王」為氏的。秦滅六國後，各國王族避難散居，到了漢代初年，很多也改姓「王」。王族二代以後亦有姓「王子」、三代以後亦有姓「王孫」的，後來這些人也有簡省而改單姓「王」的。而外族改姓「王」的，像南北朝西魏鮮卑族「可頻」氏漢化後改漢單姓「王」、古高麗國君用漢姓「王」、西缗鉗耳族用漢姓「王」等等都是。至於得到賜姓「王」的，像燕王丹玄孫嘉，在西漢末年王莽當朝時被賜姓「王」。另外為了避亂，也有冒姓「王」的，像隋末舉兵反隋勢力將領之一的王世充，本姓「支」，後來冒姓「王」。

「王」字及相關諸字的歷史風貌

	王	鉞
甲骨文		
金文		
戰國文字		
小篆		

● 「王」這個姓氏與武器──鉞有關。

「王」這個字究竟是什麼意思？

「王」這個字是象形字，原來就是個鉞──長柄大斧頭。在冷兵器時代，敵我短兵相接，兵器自然是一寸長一寸強，拿得動大兵器的，體力要夠好這不用說，手上武器夠強大，在戰場上自然也就能屢建奇功。孔武有力，又能在戰場上奮力退敵、保護大家，這樣的人理所當然的成為大家的領袖。所以「王」就有了領袖──君王的意思。

考古出土的鉞，最有名、造型也最奇特的應該是「亞丑鉞」，它長得像上圖這個樣子：整張鉞就是一臉笑兮兮的樣子，結構一看就知道它禁不起敲打，當然並不是真正拿去戰場上砍殺敵人用的武器，擺明是用來作為一種統治權的象徵。這個鉞出自山東青州的商代大墓，墓主人可能是

● 出土的甲骨文字。

● 雕工精美的玉鉞。

僅次於商王的方伯這一類地方霸主、大人物。

鉞從武器變成象徵身分的禮器的這個過程很長，其製作的材質自然也有所不同。新石器時代良渚文化遺址中就發現到有玉製的鉞。玉因為被視為天地的精華，很常被古人拿來製作祭器或禮器。如此雕工精美的鉞並不實用，明顯地已經變成威儀和權力的代表。《集韻》載：「戉（鉞），威斧也」，《周禮．大司馬》注載：「戉（鉞），所以為將威也」明明白白道出這層意思。

說「王」就是個「鉞」，看到在甲骨文「王」字的寫法，有些人可能不服氣，因為它活生生就是個張腿張臂直立的大人呀！這裡不得不說明一下，甲骨文或不寫而刻，或先寫後刻（上圖為殘留有朱砂的甲骨文）。

不論你要怎麼刻，拿著刀子在堅硬的甲骨上刻字，能靈活轉動筆畫嗎？當然不行，所以文字裡的彎筆只好全部牽就工具變成直線了。因此甲骨文的「王」長得不像鉞是正常的；不信你再看看長得比較像鉞的金文「王」字，金文是先製泥範後銘鑄的，泥土較軟，塑形性較佳，反映出來的象形筆劃，它的寫真度就很高啦！

或許有人要問：「烏龜姓『王』嗎？」今日罵人烏龜（戴綠帽之

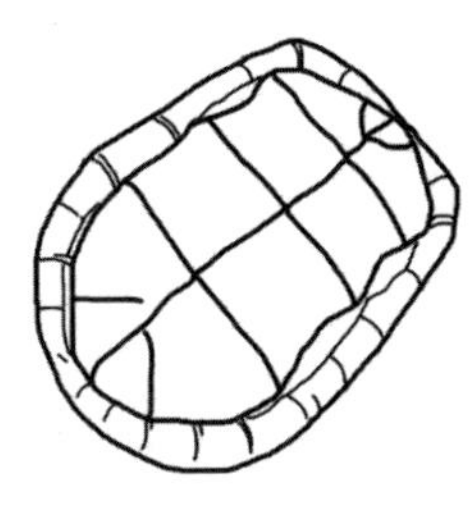

● 龜腹甲殼上面的「王八」紋路。

意；或指人沒骨氣——愛縮頭不爭氣），隱晦一點喊「王八」，但……拜託～～～這不表示烏龜姓「王」好嗎？「王八」二字合在一起其實是烏龜腹甲上紋路的樣子。

用「王八」罵人烏龜，那可是借代修辭法裡頭中「以部分代全體」的用法！千萬不要再硬拗烏龜姓「王」了好嗎？

本家歷史名人

既然「王」這個姓氏的來源這麼多（各朝各代都有人稱王呀！），歷史上的名人自然也就不少，大家耳熟能詳的有：軍事家王翦，他是戰國時期秦國人。在秦始皇手下當差領兵，曾經平定趙、燕、薊諸地，後來受到李信的讒言，託病回歸故里；不料李信打了大敗仗，始皇才又重新起用他來平定荊楚。

藝術家王羲之，他是東晉時期臨沂人。因為他曾任右軍將軍，所以世稱「王右軍」。王羲之個性隨和，當朝宰相王導派人到他家裡挑女婿，只有他不為所動，「坦腹東床」。王導聽了這事反而很是喜歡，於是選了他成為「東床快婿」。王羲之的書法是有名的，據說他下手寫書，筆力之強，墨水能滲透木板三分。形容人書法寫得好的成

語「入木三分」典故就在這裡。他手下所寫出來的草隸作品，以〈蘭亭集序〉、〈樂毅論〉成就最高，後人稱他「書聖」。

政治家王安石是宋代臨川人。博覽強記，書、畫、詩都很拿手，著有《周官新義》、《臨川集》、《唐百家詩選》等。宋神宗時擔任丞相，主導政治改革，可惜動作太大，又不聽諫言，樹立了很多政敵，最後這波政治改革並未成功。

思想家王陽明是明代浙江餘姚人。因為他曾築室於陽明洞，所以大家都稱他「陽明先生」；今日臺北的後花園「陽明山國家公園」，就是以他為名。正德時期王陽明巡撫南贛，平定了宸濠之亂；嘉靖時封為新建伯，總督兩廣。王陽明是新儒學的代表人物，他在學問的主張「知行合一」、「致良知」等也都還是今日學生品德教育的重點。

本家其他歷史名人

・東晉　王導

政治家王導是東晉臨沂人，當朝權臣，因穩定局勢，輔佐皇帝司馬睿，有功於朝廷。

·唐 王勃

文學家王勃是唐初龍門人，「初唐四傑」之一，詩作描寫個人生活及情志；也有一些作品抨擊時弊，其五律、五絕作品最佳。

·唐 王昌齡

文學家王昌齡是盛唐太原人，因擅長用七絕格律描寫場面雄闊的邊塞風光，世稱「詩家天子」、「詩家夫子」、「七絕聖手」、「開天聖手」、「詩天子」。

·唐 王維

文學家王維是盛唐河東人，山水田園派詩人、畫家，因精通佛學，以《維摩詰經》取字「摩詰」；詩文作品靈透，世稱「詩佛」。

·宋 王應麟

學問家王應麟是南宋鄞縣人，勤讀經史，其著作以《玉海》和《困學紀聞》最有名。前者爲小學用書，後者是他集合經史研究心得的成果。

·明—清　王夫之

思想家王夫之是清初衡陽人，與顧炎武、黃宗羲合成稱「清初三大家」。

·清　王念孫

學問家王念孫是清代高郵人，搜集漢魏以前的古訓，寫成《廣雅疏證》，對訓詁學的研究貢獻很大，爲乾嘉學派代表人物。

·清—當代　王國維

學問家王國維是清末海寧塘人，晚號觀堂，是中國新學術的開創者。與梁啓超、陳寅恪和趙元任號稱清華國學研究院「四大導師」。又與羅振玉（雪堂）、董作賓（彥堂）、郭沫若（鼎堂）合稱「甲骨四堂」。

·清—當代　王永慶

企業家王永慶是當代臺灣人，出身困苦，後以米糧、林木業爲事業基礎，創辦台塑集團，創造就業機會難數，被稱爲「臺灣的經營之神」。

李

古字小常識：从，是「從」的本字，即起初的寫法。

「李」這個姓氏是怎麼來的？

「李」這個姓氏最早是源自「嬴」姓。「嬴」姓的皋陶得到堯、舜、禹的重用，他的後代也都世襲大理這個掌管司法部門的官首，「理」、「李」兩字古時是可以通假互用的，於是皋陶的後代就以王父的官職名「理（李）」為氏了。戰國趙將武安君李牧的後代世居趙郡，這也是「李」氏的另一個較早來源。至於外族改姓「李」的，像魏鮮卑族「叱李」氏在漢化過程中改漢單姓「李」氏即是。到了唐代，皇室姓「李」，「李」就變成國姓。唐初開國元勳諸將徐、邴、安、杜、胡、弘、郭、麻、鮮于、張、阿布、阿跌、舍利、董、羅、朱邪共十六姓都曾被賜姓「李」，從此「李」家人口大大地增加。

「李」字及相關諸字的歷史風貌

	李	木	子	桑
甲骨文				
金文				
戰國文字				
小篆				

「李」這個字究竟是什麼意思？

「李」這個字，《說文解字》解釋道：「果也。从木子聲。」漢代許慎認為它是個形聲字，大概跟「李」和「子」在古音時期字音接近有關。但綜觀全字，發現它也可以是从「木」从「子」的會意兼形聲字。

「李」的義符「木」，它是個象形字，全字就是對樹根、樹枝的描寫。

你們瞧「木」字是不是寫得很像樹的樹幹呢？好了，有人問了：「怎麼這個『木』字只有樹根和樹幹，樹葉呢？」大家要知道寫字，特別是象形字，不是只有求真而已，還要考慮到書寫的速度。如果這個字上面還要加上葉子，那寫起來就累了；再者「木」字主要指樹木的木質部分，把樹幹和樹根描寫出來最重要，葉子

● 結實纍纍的李樹。

● 「子」即描寫襁褓中的小孩。

● 「李」的義符是木。

可不是這個字的主角呀！那有沒有以樹葉做為重點來造字的字？當然有！葉子可以用來餵蠶的桑樹，「桑」字就是以樹葉為主角的字。

至於「李」字所从的「子」，也是個象形字，全字就是在描寫一名襁褓中的小孩。它本意指的是人類的幼子，後來動、植物的幼子也都可以用「子」字來稱呼。李樹是一種多子的植物，所以：有一種樹（木），它結的果子（子）特別的多，於是就叫它「李」。

「李」所結出來的果子，很早就被人們拿來食用。除非真的熟透，否則並不好入口。青一點的常常佐以糖粉等物來加以醃漬，用以去除酸味。據說這麼酸的水果，竟然早在晉朝就被王戎他們家給改良成功，他家的李樹所結出來的果子吃來不酸就算了，還清甜可口，在市場上很有銷路。結果王家怕賣出去的果子，其中的種子被其他人用來培育果樹，和他搶霸市占率，竟然在賣出李果之前將其核仁加以鑽洞破壞，哇！這個人的小氣程度可真誇張！

本家歷史名人

本家後代中最有名的要屬思想家李耳了。李耳據說是春秋時期陳國人。關於他的生平有不同的說法：有人說他就是那個曾經擔任過周朝守藏吏（圖書館館長），學問好到還受到孔丘請教的老聃；有人則說其實他就是那個彩衣娛親，十分孝順父母的老萊子。不論是誰，老子在隱居之前留下的《道德經》，其所強調的順應自然、破除成見等重要觀念，被後來的莊周（莊子）發揚光大，老子搖身一變成為影響中國重要學派之一的「道家」創始人。

軍事家兼政治家李世民是隋末唐初隴西郡人。李世民雖然並非唐代的開國君王，但唐代之所以能成為中國歷史上的正統王朝，善於作戰、打敗各路諸侯的李世民功不沒。父親李淵禪位後，李世民在魏徵等賢臣的輔佐下，安內攘外，為後來光輝的大唐奠定了重要的基礎。

文學家李白是唐代昌隆人，他是中國詩壇重要的浪漫詩人代表之一。有人說他有胡人的血統，不過史書上找不到確切的證據。他在唐代經濟文化最昌盛的玄宗王朝對唐詩進行了革命的創作：不拘格套的古詩體、歌行體他都在行，也留下了許多不朽的詩篇。

軍事家李自成是明末米脂人，作為一個成功的農民起義軍領袖，李家軍一起義，馬上就推翻了已如風中殘燭的明朝。李自成也很快就稱帝。可惜英雄難過美人關，李自成擄了陳圓圓，逼得吳三桂放清兵入關幫忙搶女人，最後當然是王位不保。

李家在戰爭上十分有天分。晚清平定太平天國的功臣之一李鴻章，正是太平天國的眼中釘。內戰告捷，有了戰功、坐穩了位子，李鴻章開始發揮他的外交長才，多次在和外國簽訂條約的場合上護住了清朝的面子。只是後來積勞成疾，吐血而死，可惜了一名憂國憂民的國家棟梁。

本家其他歷史名人

·戰國　李悝

政治家李悝是戰國魏濮陽人，擔任魏國相時，主持變法，主張「農業生產」與「法治觀念」對富國強兵最爲重要，魏國果然也因此成爲強國。他的思想對後來的法家學者如商鞅和韓非的影響很大。

·戰國　李牧

軍事家李牧是戰國趙柏仁人，趙國名將，生平從未打過敗仗，與白起、廉頗、王翦並稱「戰國四大名將」。後來由於趙王僊輕信謠言，擔心李牧背叛，予以計誘捕獲，加以殺害。沒多久趙國亡。

·戰國—秦　李斯

政治家李斯是戰國末年楚國上蔡人，與韓非同爲荀況弟子。西入秦，拜入呂不韋門下，獻策秦王而得到重用。其以法家治國，立竿見影。最有名的散文作品爲〈諫逐客書〉，建議秦王應有容乃大，方能得到天下人才的幫助。

·西漢　李廣

軍事家李廣是漢代成紀人，著名軍事家，武術兵法一流，相傳曾因誤認大石爲虎，矢獵石虎的故事廣爲人所知。李廣愛兵如子，很得下屬愛戴。後來一直與匈奴交戰，凡四十餘年，匈奴人畏其用兵如神，稱爲「飛將軍」。

·唐　李商隱

文學家李商隱是晚唐滎陽人，著名詩人，因身陷牛李黨爭，精神上十分痛苦，作品頗多無奈和愁緒。因其文名，和杜牧合稱「小李杜」，又與溫庭筠合稱爲「溫李」。作品風格與同時期的段成式、溫庭筠風格相近，且三人都在家族裡排行第十六，世人並稱三人的作品爲「三十六體」。

·南唐　李煜

政治家李煜爲南唐徐州人，南唐末代君王，後爲北宋所軟禁，死於牽機藥。李煜的政治表現雖然是失敗的，但他在創作詞的表現上卻非常特出。既有風月詞，也有亡國詞，因此被譽爲「詞中之帝」。

·宋 李清照

文學家李清照是北宋末章丘人，號「易安居士」，爲中國文學史上著名的女詞人。北宋期間詞作溫柔天眞；南渡後由於夫婿亡故，頗多感慨顚沛之作。後人稱其詞作爲「易安體」。

·明 李時珍

醫學家李時珍是明代蘄州人，科舉之路並不順利，於是轉而研究醫學。卅歲已是著名良醫。所著《本草綱目》費時三十年，總結前人的醫藥成果，並對同名異物的藥草進行實地考證，得出最正確的藥效觀察結果，對後世中醫學影響深遠。

張

古字小常識：从，是「從」的本字，即起初的寫法。

「張」這個姓氏是怎麼來的？

「張」這個姓氏最早的起源是「姬」姓。春秋時期的晉國有大夫解張，字張侯，世代在晉國當官，他的子孫因此就被賜姓「張」。三家分晉之後張氏又世代在韓國當官，因此成為望族。「張」氏在漢代以後，人口愈來愈多，除了是受到漢代開國功臣張良的庇蔭外，也和當時興起的道教有關。因為他們的領袖如張角、張魯等都姓「張」。後來道教還發展出黃帝賜「張」姓給善於製作弓矢的揮公的傳說故事。

另外三國蜀諸葛亮曾賜南蠻酋長龍祐那為「張」氏，這是「張」這個姓氏的非漢族來源。

「張」字及相關諸字的歷史風貌

	張	弓	長
甲骨文			
金文			
戰國文字			
小篆			

「張」這個字究竟是什麼意思？

「張」這個字，《說文解字》解釋道：「施弓弦也。从弓長聲」它是個从「弓」「長」聲的形聲字，指的就是把弓鬆開的這一動作。因為是鬆弓，所以字从義符「弓」。「弓」本身是象形字，全字就是一張寫實的弓的象形描畫。甲骨文的「弓」字字形可以看出還上著緊綳的弦，金文以後的「弓」字字形，上面的弦就已經卸下了。

至於「張」的聲符「長」，本身也是象形字，先畫一個人，再把這個人的頭髮畫得長長的，還隨風飄逸；「長」本義指的就是長頭髮。你看這個字寫得跟電視上常見的洗髮精廣告女主角是不是很相像？

「張」字本來指的是弦解下來的意思，後來引伸出可指把任何東西打開、放

● 「長」的本義即指長頭髮。

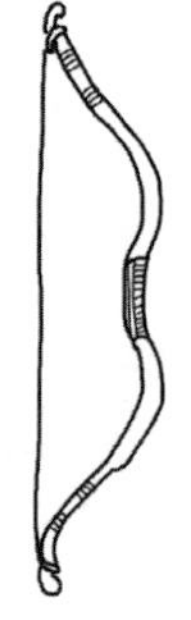

● 「弓」是象形字，描繪出弓的形狀。

開、攤開的動作；甚至一個人想要展現自己本來沒有的氣勢或呈現出誇大的、不自然肢體動作，也可以用「張」來形容。所以如果有人的氣勢或動作特別誇張不自然，我們會很不屑的說這個人很「囂張」、愛「張揚」。

《韓非子》裡頭有則寓言和弓的「張」力有關。話說齊宣王很愛射箭這項活動，見到人總喜歡說自己能拉開強勁的弓。不過實際上他平常用的那把弓，拉力不會超過三石。但為了證明他的愛弓不好拉、自己臂力很強，齊宣王總愛拿給左右的人拉拉看，左右隨從當然要裝裝樣子，試拉這把弓，但都只拉到一半就停住了。不只會裝樣子，這些人還會異口同聲的說：「這王所愛用的弓，應該拉力不止九石，如果不是大王您的神力，有誰能拉開這把弓呀？」相信這故事大家一看就懂，這則寓言講的就是上位者容易被下位者蒙蔽還自以為了不起的意思啦！

本家歷史名人

本家後代中，以政治家張儀成名得最早。張儀是戰國時期魏國人，因口才好而擔任秦惠王的相。張儀以連橫之策遊說六國，使六國背叛其他各國來和秦國交往。秦惠王死後，六國又恢復合縱來對抗秦，加上群臣進讒言，張儀只好離開秦去到魏國任相，一年之後失意而卒。

軍事家張良是漢初名臣。他本來是韓國公子，秦國滅了韓國，張良找了大力士想刺殺秦皇來報仇，沒想到刺殺不成反被通緝。後來張良因緣際會，得到圯上老人的兵書，便投身漢營，輔佐劉邦平定天下。漢朝立，張良被封為留侯。晚年張良喜歡黃老學說，也學習「辟穀」（斷食）一類的養生之術。

宗教家張道陵是東漢沛人，他是中國本土宗教——道教的創始者，世稱「張天師」。東漢末年天災人禍不斷，百姓苦不堪言，生病得疾的人很多。張道陵以符水咒法治療病患，因為十分靈驗，追隨者很多。要向他學習救世之術的人，需要出五斗米作為代價，所以這門宗教又被稱為「五斗米道」。

藝術家張旭是唐代吳人，他是著名的書法家，作品當中以草書最為知名，人稱「草聖」。張旭的書法飄逸雄勢，奇狀迴連，和以往的草書作品風格迥異。張旭的草書與同時代的李白歌詩、裴旻劍舞並稱「唐三絕」。

張三豐是宋代武當山的道士，也有人說史上的張三豐其實名叫張三峰，不是生在宋代而是明代；不過這些細節已經不可考。因為不修邊幅，張三豐又名「張邋遢」。他所創出的太極拳術聞名當時，學習者眾，拳法廣傳於後世；太極拳著重內勁，又稱「內家拳」。因為拳術的創始者張三豐隱居在武當山，所以這個拳派又稱「武當派」。據說張三豐可以辟穀（斷食）數月而不會覺得飢餓，還具有神一般的預言能力呢！

本家其他歷史名人

·西漢　張騫

外交家兼探險家張騫是漢初成固人，多次代表漢代出使西域，拓展和大夏、大宛等國的關係，也確立了天山南麓的絲路路線。

·東漢　張衡

學問家張衡是漢代西鄂人，著名的天文學家、數學家、科學家。好學不倦，除了研究月亮和太陽的關係，還提出圓周率的新算法，更發明了能觀測地震的「候風地動儀」。

·東漢—三國　張飛

軍事家張飛是漢末涿郡人，與關羽、劉備結拜，史稱「桃園三結義」。對蜀漢能與魏、吳鼎立功不可沒。劉備爲報關羽之仇，怒而伐吳，張飛因籌措軍需心急而虐兵，爲部下所殺。

·唐　張九齡

政治家張九齡是唐代曲江人，輔佐玄宗而爲相，直言敢諫，還曾彈劾過安祿山。張九齡對後進也十分照顧，曾推薦王維爲右拾遺，盧象爲左補闕。被貶爲荊州長史後還徵召失意的孟浩然爲幕僚。

·宋　張載

思想家張載是北宋郿縣人，爲「北宋五子」之一，主張「實學」、經世致用。曾與二程子（程頤、程顥）論學，最爲有名的作品是〈西銘〉。

·明　張居正

政治家張居正是明代江陵人，明神宗時期佐國長達十年，實施一連串政治經濟改革措施，其中「一條鞭法」，清查地主隱匿的土地，使國家財政得到很大的改善。

·清　張之洞

政治家張之洞是清末貴州人，洋務派的主要代表人物，主張「中學爲體，西學爲用」。除了辦洋務，他也特別注重教育和治安，對建立中國近代的教育和警察制度影響很大。

·清末民初　張大千

藝術家張大千是清末民初內江人，著名畫家，新創「潑墨」及「潑彩」畫法，其母曾有貞亦爲著名畫家。受到家學影響，與其兄張澤皆熱愛繪畫。張家兄弟曾在上海開設「大風堂畫室」，桃李滿天下，稱「大風堂畫派」。今日臺北故宮有「張大千先生紀念館」。

劉

古字小常識：从，是「從」的本字，即起初的寫法。

「劉」這個姓氏是怎麼來的？

在中國歷史上，「劉」這個姓氏裡登基為帝人數是最多的。所以中國古代有「劉天下，李半邊」、「張王李趙遍地劉」的說法。「劉」這個姓氏最早的來源是帝堯，他的後裔受封在劉國，子孫於是以封國名「劉」為姓氏。「劉」這個姓氏的另外一個來源是「姬」姓。

相傳周成王曾封季歷之子在劉邑，後人就以封地名「劉」為氏。而他姓改姓「劉」的，像漢高祖建立漢朝，也曾賜給許多異姓功臣「劉」姓。此外，還有許多外族改姓「劉」的，像西漢來歸附的匈奴貴族就改姓「劉」；南北朝鮮卑「獨孤」氏及契丹「耶律」氏也有改漢單姓「劉」的。一直到滿清八旗漢化，期間都有人改漢姓「劉」。

「劉」字及相關諸字的歷史風貌

	劉		卯	金	今	刀
隸書		甲骨文				
行書		金文				
草書		戰國文字				
楷書		小篆				

「劉」這個字究竟是什麼意思？

「劉」這個字較為晚出，它是从「卯」、「金」、「刀」的會意字，為「鎦」的異體字。作為名詞，它指的是一種兵器，樣式接近斧鉞一類，但是柄較長，既可以砍，也可以刺；作為動詞，「劉」就有由「兵器」意義引伸出來的「殺戮」或「征服」的意思。不論意指「兵器」還是「殺戮」，都要用上金屬製的刀具，所以「劉」字从「金」从「刀」。

「金」這個字，《說文解字》解釋道：「生於土，从土；左右注，象金在土中形；今聲。凡金之屬皆从金」，它是個从「土」「今」聲的形聲字，本意為土中的金屬礦藏。「金」下部「土」另外再加的二個點，指出土中有物，這二點就是表

● 「卯」指將物體一切為二。

● 「刀」是象形字，全字描摹出刀子的形狀。

● 埋藏在土中的金屬礦。

示蘊藏於土中的金屬礦石。

「金」字原本寫法是「土」再加上二點的指事字，後來再加上「今」這個聲符才變成現在形聲字「金」的寫法。至於「金」的聲符「今」，本身也是指事字，從倒「口」加一橫筆，表示口中含有某物，是「含」的初文。

「劉」所从的另一個義符「刀」是個象形字，全字描繪的就是一把刀的外形：為了表達「劉」可以輕易「切開」敵人的這層意思，字裡才又累加了「卯」偏旁。

「卯」是個會意字，全字像把東西從中間一切為二的樣子：「劉」的全字既然寫成从「卯」、「金」、「刀」，「劉」字的「兵器」和「殺戮」意義就很明顯啦！

因為「劉」字可以拆成「卯金刀」或「卯金」，拆「劉」字而成的這幾個複詞還能借代劉漢王朝，像《後漢書．孔融傳》：「我大聖（孔子）之後，而見滅於宋，有天下者，何必卯金刀」、《後漢書．光武帝紀上》：「讖記曰：『劉秀發兵捕不道，卯金修德為天子』」，文中的「卯金刀」、「卯金」指的就是劉漢王朝哦！

本家歷史名人

本家後代之中，最著名的當然就是那個在楚漢相爭之中勝出，給劉家人打下一片天的政治家劉邦了。劉邦是秦末漢初沛人，他是中國歷史上第一位平民出身的天子。因為深知自己能力不足，怕抗秦會「一敗塗地」（成語典故來源），所以劉邦特別有包容力，特別地禮賢下士，因此吸引到很多能人來為他出力。也因此順利的在秦末亂世之中殺出一條血路，建立大漢帝國。

劉邦的後代劉徹，即著名的漢武帝，在位達五十四年，是中國歷史上少數的長壽皇帝。劉徹雄才大略，在「文景之治」的基礎上發展文治武功，都有不錯的成績。對內，漢武帝用人不問出身，培養出大量名臣良將；對外，漢武帝以強勢態度積極地對付匈奴，先後收復了西漢初年多處失守的土地，並先後吞滅數個鄰近國家。同時劉徹還派遣張騫出使西域，在經濟和文化方面，對西方造成很大的影響，劉徹稱帝期間被稱為「漢武盛世」，並非偶然。

政治家劉備是東漢末涿縣人。他是漢末稱霸天下的梟雄。據說劉備也是漢代宗室之後，但早期日子過得並不好，只能賣草鞋、草蓆為生。黃巾之亂爆發後，劉備亦組成討伐的義勇軍，和他二位結拜兄弟關羽、張飛一塊兒打天下。最後在諸葛亮和諸位名將的輔佐之下爭得一席之地，劉備所建立的蜀漢和吳、魏二國三足鼎立，分治天下。

文學家劉勰是南朝莒人，本是齊悼惠王劉肥的後代。永嘉之亂爆發，先人南逃，劉勰的日子也不好過。由於家貧，只能借住上定林寺，也因此機緣精讀了佛教經綸。劉勰三十多歲時用駢體寫成的《文心雕龍》，是中國文學史上第一本有系統的文學批評理論專著。本書和唐代劉知幾的《史通》、清代章學誠的《文史通義》，並稱中國文史批評三大名著。

文學家劉義慶是南朝彭城人，本是南朝宋長沙王劉道憐之子，後來過繼給叔叔，世襲臨川王。劉義慶這個人沒什麼物質欲望，就是喜歡看書，所以門下眾集了不少文人雅士。後來由他擔任總召，編寫了《世說新語》一書，以三十六門類蒐集了當時讀書人的各種特異行徑，這本書對研究當時士人生活及社會情況有很高的參考價值；同時此書的短篇寫法也開創出後來的「筆記小說」創作風氣。

史學家劉知幾是唐代彭城人，擔任史官兼修國史二十餘之間，深感官方著史所受到的干預太多，於是辭官進行私人修史。劉知幾最為有名的史學作品是《史通》。該書既評論史書的體例與編撰方法，又檢討史籍源流與前人修史得失，是十分重要的一部史學理論著作。

軍事家劉基是元末明初青田人，他的學問好得不得了，通曉經史、天文、兵法，因此得到朱元璋的賞識。因為他的多次獻計，使得朱元璋陣營幾乎戰無不勝，最終幫助朱元璋建立大明王朝。劉基神機妙算的事跡，後人比作諸葛孔明。朱元璋也多次稱他為：「吾之子房（張良）也。」

政治家劉墉是清代高密人，他是大學士劉統勳之子。雖然很早就中了進士，進了翰林院，但因故獲罪，起初宦途並不是很順利。獄事終了後劉墉出任安徽學政、太原府及江蘇知府、江西鹽驛道、陝西按察使等，累積了清名，在守完父喪後慢慢的也進入了權力的核心，得以與和珅一同親侍乾隆皇帝。坊間流傳有很多劉墉和珅鬥智、交手的軼事，所根據的就是這一段歷史。

文學家劉鶚是清末著名丹徒人，他同時也是實業家。由於不喜歡傳統的仕人道路，劉鶚改學西學，主張「洋為中用」。八國聯軍時，劉鶚向俄軍購得太倉官糧賑災，卻因此獲罪，未久而死。劉鶚的《老殘遊記》描繪清末時弊，被譽為清末四大譴責小說之一（另外三本是李寶嘉《官場現形記》、吳趼人《二十年目睹之怪現狀》以及曾樸《孽海花》）。他的《鐵雲藏龜》也是中國第一本登錄甲骨文的著作。

本家其他歷史名人

·漢 劉向、劉歆父子

學問家劉向是漢代沛縣人，劉漢宗室。著有《別錄》、《新序》、《說苑》、《列女傳》、《洪範五行傳》、《五紀論》等書，並且編訂了《戰國策》和《楚辭》，對中國學術流傳的影響十分深遠。其子爲經學家劉歆。劉歆爲古文經學家，一生捍衛古文經，對經學的保存很有貢獻。

·漢 劉楨

文學家劉楨是東漢東平人，著名文人，「建安七子」之一（其他六人爲孔融、陳琳、王粲、徐幹、阮瑀、應瑒）。其作品以五言詩最爲卓出。可惜存詩僅十五首，而以〈贈從弟〉三首最爲有名。

·晉 **劉伶**

思想家劉伶是西晉沛國人，「竹林七賢」之一（其他六人爲阮籍、嵇康、山濤、阮咸、向秀、王戎），生命情調接近莊子和楊朱。性好杯中物，著有〈酒德頌〉。

·唐 **劉禹錫**

文學家劉禹錫是唐代嘉興人，中唐著名詩人之一，因參加王叔文政治改革集團，事敗之後與柳宗元等被貶，史稱「八司馬事件」。劉禹錫的作品既反映人民生活，也有懷古寫景的，世稱「詩豪」。也由於時與白居易相唱和，因被合稱「劉白」。

·清 **劉銘傳**

政治家劉銘傳是清末合肥人，屬洋務派，對外曾擊退法國海軍來犯，對內也曾成功鎮壓捻亂。後被派任臺灣第一任巡撫，對臺灣進行了軍事和經濟建設。臺灣高教系統設有「銘傳大學」（前身爲銘傳育幼院、銘傳女子學校）作爲紀念。

陳

古字小常識：从，是「從」的本字，即起初的寫法。

「陳」這個姓氏是怎麼來的？

「陳」這個姓氏，最早是出自「媯」姓。在周武王滅掉商朝後，為了表示他對先賢的尊敬，於是起用了帝舜的後代媯滿，並把他封在陳國。陳國雖然長時間得到楚國的保護，但吳王夫差總利用機會多次攻陳。因為不斷受到吳國的騷擾，陳湣公最後竟然倒戈依附吳國。湣公的舉動大大激怒楚國，於是楚國便出兵滅掉了陳國，後人於是以亡國名「陳」為氏。至於外族改姓「陳」的，隋初胡人將軍白永貴就改漢姓「陳」；南北朝鮮卑族「侯莫陳」氏中也有改姓漢單姓「陳」的。

「陳」字及相關諸字的歷史風貌

	陳	阜	東
甲骨文			
金文			
戰國文字			
小篆			

「陳」這個字究竟是什麼意思？

「陳」這個字，《說文解字》解釋道：「宛丘，舜後嬀滿之所封。」它是個从「阜」「東」聲的形聲字，本意指的是地名。因為「宛丘」地形像個小山丘，所以「陳」字从義符「阜」。「阜」是什麼？它是個象形字，「阜」就見不到石頭的土丘，土丘上頭還有一些坑坑疤疤。

至於「陳」字的聲符「東」，它本身也是個象形字，全字描繪的就是一個上下端都可以東起來的包包。由於「東」這種包包構造簡單，容易製作，功能上又很方便地可以將包包內的東西給輕易卸下來，在早期那個工藝不發達、又講究實用的年代，它是很流行的。只不過後來的人怕下端的東口無端打開，無意之間弄丟了貴重東西，於是加以改良，後來就只製作單端

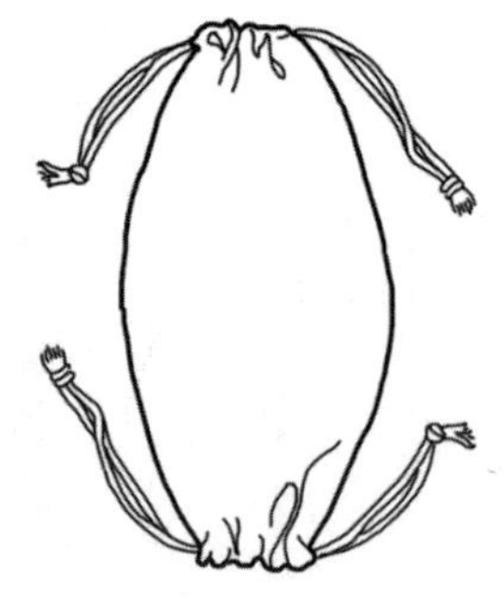

● 改良後的單方向束口包。

● 「東」是象形字，描繪兩端束起來的包包。

● 坑坑疤疤的土丘。

束口的包包來使用了。

从「阜」「東」聲的「陳」是一個表述地名的形聲字，既然指的是一處地名，所以後來「陳」字也就有累加義付「土」的寫法。

「陳」既然是個地名，為何後來出現了「陳舊」的這層意義？原來在古代典籍裡十分常見「陳」與「陣」字的通假用法，像《孫子．軍爭》裡：「無邀正正之旗，勿擊堂堂之陳」，「陣」就寫作「陳」。而「陣」字原是用來形容軍容整齊、陣容浩大的樣子。

因為「陳」和「陣」實在太常通用，「陣陣」（像軍隊那般一疊接著壓一疊）也就被寫成「陳陳」，像《史記．卷三十．平準書》就寫道：「太倉之粟，陳陳相因，充溢露積於外，至腐敗不可食。」也因此，「陳」字就多出了「陳舊」的意思，說起來「陳」字還真是蠻冤枉的。

本家歷史名人

本家後代中，最早出名的應該是推翻秦代有功的軍事家陳勝。陳勝是秦末郡陽人，早年是租田為地主耕種的佃農。秦二世元年，陳勝、吳廣受到朝廷的徵召，擔任帶領召兵的屯長。沒想到路上遇到大雨，不能準時到達集合地點。按照秦法，遲到是要殺頭的。陳勝、吳廣眼見進也是死，退也是死，於是發動戍卒起義。後來起義軍迅速攻下蘄縣，當進據陳縣時，已擁有步兵數萬。陳勝、吳廣的起兵刺激進了反秦勢力的掘起，各地百姓也紛紛殺秦長吏來響應陳勝；六國貴族的殘餘勢力也接著紛紛起兵反秦了。

文學家陳琳是漢末廣陵人，他曾擔任漢末大將軍何進的主簿。何進想要屠殺亂政的宦官，陳琳認為引外兵入宮會招致國家的大亂。為了阻止何進，陳琳洩露了這件事，導致何進被宦官殺害，董卓軍入宮挾天子令天下。後來陳琳避難幽州，擔任袁紹幕僚。他為袁紹所寫的檄文〈為袁紹檄豫州文〉歷數曹操的罪狀，曹操初讀大笑，讀完竟然汗如雨下，本來犯的頭痛還不藥自癒，可見其文章撼人之處。

文學家陳子昂是唐初射洪人，他是著名的詩人，也是唐詩革新的先驅者。陳子昂出生於富有的家庭，卻苦於自己的詩作一直無人欣賞。於是他藉故買了一把百萬名琴，邀人到府賞樂，再於眾人面前將琴砸壞，並高聲說自己不會琴藝，只會寫詩。果然一如所料，此舉讓他聲名大噪。

宗教家陳摶是五代末真源人，他是著名華山派道士。由於可以一直長睡不起，世稱「睡仙」。年少時的陳摶很有記性，讀書一遍就可以背誦。然而聰明的他卻一直考不到功名，失意之餘於是上山訪道，長時間隱居在武當山、華山和少華山之間。根據《宋史．陳摶傳》記載，由於修道虔誠，呂洞賓還曾多次降臨人間和他見面呢！

本家其他歷史名人

．漢末—西晉　陳壽

史學家陳壽是漢末安漢縣人，任官蜀漢期間因不願曲附權貴，並不被重用。司馬炎篡魏立晉後，司空張華推薦他擔任著作郎，編成《三國志》共六十五篇，該書大量的保存三國的史料，是後來人研究三國的重要參考著作。

．唐　陳禕

宗教家陳禕是唐代緱氏縣人，即是到西天取經的著名法師「玄奘」，他是漢傳佛教史上最偉大的譯經師之一。著名小說《西遊記》，裡頭的「唐三藏」即以其西天取經過程爲故事藍本。

．宋　陳師道

文學家陳師道是北宋彭城人，著名詩人，一生淡薄仕途、安貧樂道，常與蘇軾及「蘇門四學士」：黃庭堅、秦觀、晁補之、張耒等人往來。

·宋 陳亮

文學家陳亮是南宋永康人，愛國詩人，與辛棄疾交好；他也是著名的思想家，曾與朱熹就「天理」與「人慾」、「義」與「利」、「王」與「霸」進行論辯。

·明—清 陳永華

政治家陳永華是明末同安縣人，鄭成功及鄭經左右手，曾爲鄭經獻策，結束鄭經與鄭成功之弟鄭襲的內鬥，穩定台海有功。

·當代 陳寅恪

學者陳寅恪是當代義寧州人，重要史學家及語言學家，能通二十幾種語言，與梁啓超、王國維、趙元任合稱「清華國學院四大導師」。

·當代 陳澄波

藝術家陳澄波是當代台灣人，是日據時期作品少數多次入選日本「帝國美術展覽會」的臺灣本土畫家。二二八事件爆發，他在嘉義火車站前遭到槍斃。

第二篇

楊黃吳趙周

楊

古字小常識：从，是「從」的本字，即起初的寫法。

「楊」這個姓氏是怎麼來的？

「楊」這個姓氏最早是出自「姬」姓。其一是周武王分封其弟叔虞在唐邑，後來叔虞生了公子齊，公子齊再生伯僑，天子封楊地給伯僑，號楊侯，後人有的就以國名「楊」為氏；其二是周宣王之子尚父，在幽王時被封為揚侯，因為「揚」、「楊」音同，後人也有以「楊」為氏的。至於外族改姓「楊」的，像五胡十六國的氐族中也有人改漢姓「楊」，世居仇池。另外北魏鮮卑族「莫胡」氏在漢化後改為漢單姓「揚」，少數民族土家族中也有人姓「揚」；這些「揚」姓因為「楊」、「揚」形近，一部分後代嫌麻煩，有的就自己歸併改姓「楊」了。

「楊」字及相關諸字的歷史風貌

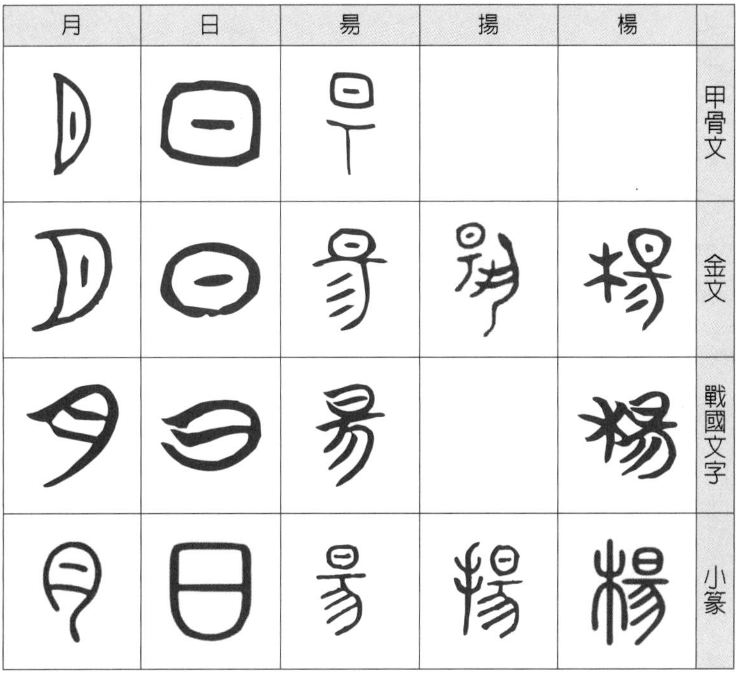

	楊	揚	昜	日	月
甲骨文					
金文					
戰國文字					
小篆					

「楊」這個字究竟是什麼意思？

「楊」這個字，《說文解字》解釋道：「楊，蒲（浦）桺（柳）也。……蒲桺生水邊。又曰：『水楊，蒲楊也。』枝勁細。任矢用」，它是個从「木」「昜」聲的形聲字，指的就是植物楊柳。因為它指的是植物，所以从義符「木」。「木」本身是個象形字，全字就是對樹的樹根、樹枝的描寫（「木」之本義詳參本書「李」姓）。

那「楊」字所從的聲符「昜」呢？它是個指事字，从義符「日」。「日」本身是象形字，全字就是太陽的具體描繪。不過「月」也是天上圓形的星體，在書寫時要怎麼區分呢？古人想到月亮和太陽不同之處，在於月亮會有缺的時候，所以寫「月」這個字時，自然也用象形造字，把

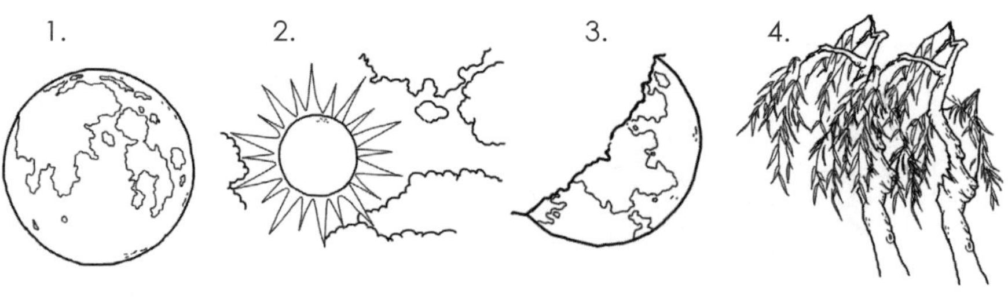

1.「日」是象形字，為太陽的具體描繪。　2. 陽光四射即「昜」。
3.「月」也是象形字。
4.「楊」字用「昜」作偏旁，「昜」本身有暗指楊枝柔軟下垂的意思。

它的弦月形給畫出來。「日」下一橫是地平線，表示太陽從地平線昇起；再加個幾撇，畫出太陽一出地平線，陽光灑滿地的樣子。這就是「昜」了！

因為「昜」有「陽光四射」的意思，後來引伸可以表示「四散」。所以和這層意思有關的字，很多都用「昜」來做為字的偏旁哦！不信你看聚散的處所叫作「場」；固體食物在熱水中化開叫作「湯」；傷瘡潰爛叫作「瘍」；讓風把穀殼吹散叫「颺」。後來怕有人不知道「昜」是「陽光四射」的意思，還特別為它再造了一個後起字「暘」。

那「楊」字為何用「昜」作為它的偏旁呢？「昜」除了用來標音之外，也有可能是因為：第一、「楊」的種子有絨毛，風一吹就四處飄散；第二、楊枝柔軟，風一吹也會四處揚起的緣故吧！

「楊」是和柳同一類的濱水植物。有一句成語叫：「百步穿楊」，和「楊」有關，講的是春秋楚國的養由基能在百步內射中楊柳葉的故事。這等射箭功力，光看成語的字面意義，一點感覺都沒有。但知道什麼是「楊」，我們可以更懂得的：第一、一步約七～八十公分、百步相當於養由基站在楊柳樹外八、九十公尺處；第二、「楊柳枝」超有彈性，又細又長又愛隨風搖曳，上面葉子晃動得更是厲害。別說百步了，讓你到夜市去，站在五公尺外用空氣槍打移動的汽球靶，幾人能滿分呢？

本家歷史名人

「楊」姓是中國人口排名第十六的大姓之一，中間又曾吸收了「揚」姓，自然歷史上的「楊」姓名人也就不少，像是：思想家楊朱，他是戰國時期魏國人。楊朱對儒墨的思想很是反對。他是個為我主義、享樂主義者，重視對個人生命的保存和實踐。「拔一毛以利天下不為也」的典故就是出自他。

文學家揚雄是漢代成都人。由於有口吃的毛病，揚雄不易與他人溝通交流，只好專心於思考賦的創作。揚雄寫作方面效法司馬相如，他的〈蜀都賦〉還開啟了漢賦「京都」一派的題材，後來的班固〈兩都賦〉、張衡〈二京賦〉以及晉代左思〈三都賦〉都受到他的影響。

政治家楊堅是南北朝華陰人，他是隋朝的開國君主。楊堅一開始仕事北周，後來接受北周靜帝禪讓為帝，國號隋。他在位二十四年，是個明君，成功地統一了已經處於分裂局面幾百年的中國，施政也很得民心。可惜來被次子楊廣所弒，諡號文帝。

文學家楊炯是初唐華陰人，因有文名而與王勃、盧照鄰、駱賓王齊名，世稱「初唐四傑」；但他自認為才華比盧照鄰差，但比王勃好一點點：「恥在王後，愧在盧前」就是了。楊炯曾被舉為神童，後來和族弟楊神讓參與徐敬業起兵，出任梓州司法參軍。如意元年秋天後改任盈川令，死在任上，世人因稱「楊盈川」。

軍事家楊業是宋初太原人，初事北漢，因為驍勇善戰，賜姓「劉」。北漢亡，楊業歸附宋朝，出任代州刺史，任上也有戰功。楊業後來赴敵戰敗，力竭被擒，絕食三日而死。他的後人楊延昭、楊文廣一直為北宋王朝捍衛疆土，成就了「楊家將」一門英烈的忠勇事蹟。

政治家楊秀清是清代桂平人。因與洪秀全結為兄弟，所以改名秀清。楊秀清與洪秀全起事建立太平天國，被封為東王；太平天國全盛時期控制整個中國南方。由於和洪秀全交好，太平軍號令幾乎全部出自楊秀清，世人並稱「洪楊」。楊秀清後來死於太平軍內亂，為北王韋昌輝所殺。

本家其他歷史名人

．東漢　楊修

政治家楊修是漢末華陰人，曹操的重要智囊。楊修的決策也都十分符合曹操的想法。他的才華連曹操亦自嘆不如，所以曹植、曹丕等人都十分願意與他交友。可是由於他太過了解曹操的念頭，爲曹操所顧忌，因而藉故殺害。

·唐 楊玉環

後宮楊玉環是唐代永樂人，玄宗愛妃，即世所稱「楊貴妃」，中國四大美女之一，據說園中賞花，連花兒也低頭（美可「羞花」；另外三位爲「沉魚」西施、「落雁」王昭君、「閉月」貂蟬）。也由於玄宗過沉迷於女色，不理政事，使得楊氏家族日益坐大，最終釀成「安史之亂」。

·日據—當代 楊逵

文學家楊逵是當代臺灣人，著名小說家，曾因抗日而被捕入獄。但因其文名，日據時代擔任文化省官員，任內推廣人道關懷的社會主義。由於作品充滿民族意識和抗議觀點，二二八事件中遭到波及，服刑後隱居自闢的東海花園，年一百壽終。

黃

古字小常識：从，是「從」的本字，即起初的寫法。

「黃」這個姓氏是怎麼來的？

「黃」這個姓氏最早是出自「嬴」姓。其一出自「嬴」姓的顓頊後代。顓頊的曾孫、陸終的後代在商末周初，遷到今日河南潢州一帶，建立了黃國。魯桓公八年，楚國約諸侯會於楚地，但隨及黃二個小國並未參加，楚國於是藉口滅掉隨國；黃國由於距離較遠而逃過一劫。後來依附齊國的宋、江、黃等國都曾參加過幾次攻楚的聯軍，楚國於是藉口黃國不入貢，一下子就滅掉黃國，後人於是以亡國名「黃」為氏。其二出自「嬴」姓的台駘。台駘是少皋金天氏的曾孫，因為治水有功，被顓頊封到汾川，傳到春秋時於此建立了許多小國，其中就有黃國。周初時黃國被晉國所滅，子孫於是以亡國名「黃」為氏。另外也有「王」姓、「巫」姓因音近而改為「黃」姓的。至於「黃」這個姓氏的外族來源有滿族、回族，他們都是為了避亂而改姓「黃」；一小部分則是古代南方的蠻族中本來就有的「黃」姓。

「黃」字及相關諸字的歷史風貌

	黃	田	火	寅
甲骨文				
金文				
戰國文字				
小篆				

「黃」這個字究竟是什麼意思？

「黃」這個字，《說文解字》解釋道：「地之色也。从田从炗，炗亦聲」，它是個从「田」从「炗」的會意兼聲字。「黃」字本意就是土地的顏色，所以從「田」這個義符。「田」這個字，《說文解字》解釋道：「陳也。樹穀曰田。象四口。十，阡陌之制也。凡田之屬皆从田」，它是個象形字，全字把田地之中的阡陌給畫出來，而最外圍一圈則是田界。

「黃」所从的另一個義符「炗」，是「光」的異體字。「炗」全字像是「火」在燒某個東西（或某個東西在燃燒）；「火」是象形，全字描繪火焰上竄的樣子。由於古人所能製造出來的燃燒現象，溫度較低，燃燒也較不完全，所產生的火光也比較偏向紅～黃色：

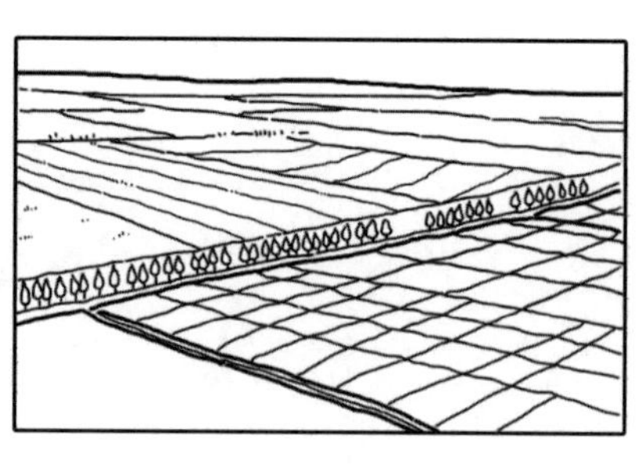

● 「田」字像阡陌的形狀。

紅色	橙色	黃色	黃白色	白色	藍白色	藍色
200℃-350℃	350℃-460℃	460℃-570℃	570℃-740℃	740℃-1150℃	1150℃-2500℃	2500℃以上

因此「黃」字才从「炗」；又剛好「炗（光）」和「黃」二字古音接近，所以〔漢〕許慎才會說「炗亦聲」囉！

但也有一種說法指出，在甲骨文的寫法裡，「黃」字和「寅」字幾乎長得一模一樣（「寅」字借的是「矢」的字形，後來加「一」或「口」做為區別符號），二字的古音也接近，或許最早的「黃」字是「寅」字的假借用法也說不一定。

黃色是中國自有皇帝制度以來的御用顏色，但為什麼皇帝偏愛黃色呢？這是因為先秦政壇流行五行更始的說法，認為朝代的更迭和各朝代所代表的五行有關。作為秦國政治指導原則的《呂氏春秋》接受了這樣的說法，大秦國便把周朝定位為火行，把代周而立的自己定位是水行。水代表北方，北方的代表色是黑色（北方一直給予人日照不足的感覺），於是乎皇帝的正式服裝就一律都是深黑色的。到了楚漢相爭結束，因為秦代的國祚實在太短了，所以一開始漢代高祖時期並不認為自己是代秦而是承周自立，自認漢朝是接替了周朝的火德。漢代傳到了武帝，才認可秦是一個被漢代打敗的政權，於是改為認定自己是代秦而立的土德。土是中央之行，代表顏色是黃色（為何中央的顏色是黃色，大概和黃土高原地處大中國的中央也有關）。所黃色就變成後來的皇室專用顏色。之後除了功績彪炳的王爺或是神祇宮廟外，所有人一律不准使用黃色。

本家歷史名人

本家後代中，最早出名的是政治家黃歇。黃歇是戰國時期楚國人，因為學問非常的好，被楚考烈王延為國相，還封他為春申君，與齊國孟嘗君田文、趙國平原君趙勝、魏國信陵君魏無忌合稱「戰國四君子」。黃歇在楚國政壇縱橫二十幾年，門下食客三千多人。後來黃歇娶了李園的妹妹之後，知其有身，便將李園之妹獻給了考烈王；女園之妹隨後生下後來的楚幽王。因妹而貴的李園太過忌妒黃歇，想要取而代之，黃歇最後死在李園找來的刺客之手。

宗教家黃初平是晉朝丹溪人，十五歲時他放羊遇到了個道士，道士見他善良把他收為徒弟，盡授所學。由於離家學道四十年，黃初平的哥哥黃初起一直都在尋找他，後來終於在金華山尋到弟弟。哥哥黃初起問到當初放的羊在哪？黃初平指著旁邊白色石頭說：「就在那！羊起來！」沒想到所有的白石頭全變成了山羊。哥哥驚訝之餘也就跟著學道。黃初平也就是香港人極為崇拜的「黃大仙」。

軍事家黃巢是唐代曹州人。黃巢專門販賣利潤很高的食鹽，賺了不少錢財，也結識了不少亡命之徒。唐懿宗以後，因皇室太過奢侈，加上連年發生天災，老百姓日子非常不好過。僖宗乾符元年，王仙芝率盜匪起事，隔一年黃巢也起兵響應，還在廣明元年攻破洛陽、長安，之後稱王立國號大齊，史稱「黃巢之亂」。唐代為了平亂，以官爵收買李克用後，才藉李軍大敗黃巢。

文學家黃庭堅是宋代分寧人，他是蘇東坡的學生，詩寫得很好，和另外三位東坡的學生張耒、晁補之、秦觀合稱「蘇門四學士」。黃庭堅因為在詩的創作上提出很多創新的意見，成為「江西詩派」的開宗祖師。不只會寫詩，黃庭堅的書法如行書、草書，藝術價值也很高。

本家其他歷史名人

·漢　黃忠

軍事家黃忠是漢末南陽郡人，本爲劉表部下中郎將，長沙太守韓玄部下將領，後來投靠劉備。最有名的勝仗是「定軍山」之役，此役計斬殺曹操大將夏侯淵、趙昂。

·漢　黃蓋

軍事家黃蓋是漢末泉陵人，爲東吳孫家部將，赤壁之戰火攻主張者之一。後來用苦肉計詐降曹操，並使曹操錯信其建議而兵敗北逃。

·元　黃公望

藝術家黃公望是元代常熟人，爲趙孟頫徒弟，是當朝著名畫家，爲「元四大家」之一（其他三位爲：吳鎮、黃公望、王蒙），山水畫別開生面，對明清山水畫風很有影響。

·明—清　黃宗羲

思想家黃宗羲是明末清初紹興人，對天文、數理、音律、地理、教育都有研究和獨到的見解，與顧炎武、王夫之合稱「清初三大家」。

·清—民初　黃飛鴻

武術家黃飛鴻是清末佛山人，南派洪拳代表。曾於佛山開館授徒，又在廣州設醫館「寶芝林」。由於擅長舞獅，被譽爲「廣州獅王」。因其傳奇人生，今日以黃飛鴻爲主題的電影作品多達一百多部。

吳

古字小常識：从，是「從」的本字，即起初的寫法。

「吳」這個姓氏是怎麼來的？

「吳」這個姓氏最早的來源是「姬」姓，其一來自太伯和仲雍。古公亶父的長子太伯想要成全其父欲立其么弟季歷繼任為王的心願，於是和大弟仲雍就出奔到荊蠻之地，自號「勾吳」。武王滅掉商朝後，封仲雍三世孫周章為諸侯，於是「勾吳」國便改名為「吳」國。春秋時吳國受到晉國的軍事指導而崛起，傳到吳王闔閭時，起用伍子胥和孫武，出兵楚國，幾乎使楚亡國。後來闔閭之子夫差與越國爭霸，先贏後輸，大意亡國於越，子孫便以亡國名「吳」為氏。「吳」這個姓氏的第二個「姬」姓來源是周章之弟虞仲。周武王既然封了周章為吳君，又封周章之弟虞仲於虞。幾世之後晉獻公計劃南下伐虢，想借道虞國。虞君受不了晉獻公所送寶馬和珍玉的誘惑，同意借道，結果晉軍回程就一併滅了虞國，虞國後人於是以亡國名「虞」為氏。由於「虞」、「吳」二字音近相通，所以也有「虞」氏改「吳」氏的情況。另外顓頊時期的大臣吳權和少康時期的大臣吳賀，他們的後人也有以王父之名簡稱「吳」字為氏的。

「吳」字及相關諸字的歷史風貌

	吳	口	大
甲骨文			
金文			
戰國文字			
小篆			

「吳」這個字究竟是什麼意思？

「吳」這個字，《說文解字》解釋道：「姓也，亦郡也。一曰：『吳，大言也，从矢口』」，它是個从「矢」从「口」的會意字，本意指說大話、喧聲的樣子。因為說大話、喧聲需要用到嘴巴，所以「吳」字从「口」這個義符。「口」字是象形字，全字描繪出嘴巴的外形。

「吳」字下面所从的「矢」和「大」很像，但並不是「大」；「大」字是個象形字，全字描繪一個大人站得好好的樣子，和「矢」不同；那「矢」是什麼呢？

講大話的人態度十分囂張，腦袋會因為心情不爽而有點歪斜，所以「吳」字所从的義符「矢」，它是個變體指事字，將「大」字原來象徵人頭的筆畫加以折曲，用來表示一個人傾著頭、老大不高興的樣

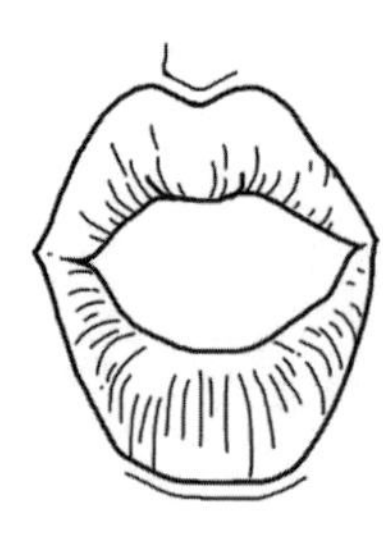

- 「吳」字本指張嘴嗆聲的動作。
- 「吳」从「夨」，表示歪著頭不高興的樣子。
- 「口」是象形字，具體的描繪出嘴巴的外形。

子——是「側」的異體字。一個人既然張大「口」又撇著歪斜的腦袋，那應該是正在「說大話」或是在「嗆聲」了。

「吳」字原本是一種口氣囂張的動作，後來拿來當作地名或是姓氏，純粹是假借的用法。

本家歷史名人

本家後代中，最早出名的要數軍事家吳起。吳起是戰國時期衛國人，原本在魏文侯手下做事，曾經領兵擊秦，還攻下五城。後來被人說了壞話，只好投奔楚國，擔任楚悼王的相。楚國有了吳起的輔政，日益強盛。由於吳起主張取消公族裡關係較為疏遠者的優厚待遇，並把節省下來的費用拿來獎勵戰士。這樣的主張招致很多怨恨，後來吳起也因此罹禍，被仇家用箭給射死。今日傳世的兵法《吳子》，就是吳起集結自己戰爭經驗的著作。

文學家吳承恩是明代淮安人。吳承恩生性聰明，反應機敏。他讀過很多書，寫出來的詩文非常雅麗。不過吳承恩最為有名的文學創作不是詩文，而是小說《西遊記》。《西遊記》以玄奘法師西天取經的歷史為藍本，寫出猴、豬、魚妖佐助法師一路斬妖除魔的故事，是中國文學史上極為重要的神怪小說作品，後來也被列為明代「四大奇書」之一（其他三本為《水滸傳》、《三國演義》、《金瓶梅》）。

政治家吳三桂是明末清初高郵人。崇禎年間，吳三桂以總兵身分鎮守山海關。當時李自成攻陷京師，奪走了吳三桂的愛妾陳圓圓。為了救回愛妾和親人，吳三桂引清兵入關助陣。雖然終究打敗李自成，但也因此使得外族滿清入主中原。因為對大清朝的建國有功，吳三桂受封為平西王，鎮守雲南。後來清廷想要撤藩，於是吳三桂聯合南方藩鎮叛清，史稱「三藩之亂」；亂平兵敗病死。

文學家吳敬梓是清代全椒人。吳家原本家產豐厚，但因為吳敬梓一擲千金的個性，加上族人從中爭產，很快地吳敬梓便窮途潦倒了。吳敬梓的詩文雖然優異，但他在科舉方面的表現並不理想，改而潛心創作。他的創作之中，以諷刺科舉及官場亂象的《儒林外史》最為有名，是清朝著名的社會寫實小說之一。

本家其他歷史名人

・唐　吳道子

藝術家吳道子是唐代陽翟人，著名畫家，特別會畫佛道人物、神鬼禽獸、山水臺榭、樹木草石等這些主題。由於筆法十分高妙，世稱「畫聖」。

・宋　吳文英

文學家吳文英是南宋名人，對詞的創作十分拿手，以妍練見長，作品頗多懷舊之風，和史達祖相互唱和，是南宋格律詞派的代表。

・明　吳偉業

文學家吳偉業是明末太倉人，著名詩人，對歌行紀事體特別擅長，作品亦被人稱作「詩史」。除了寫書，吳偉業也畫得一手好山水，和當時「畫中九友」董其昌、楊文聰、程嘉燧、張學曾、卞文瑜、邵彌、李流芳、王時敏、王鑑等人都有往來。

趙

古字小常識：从，是「從」的本字，即起初的寫法。

「趙」這個姓氏是怎麼來的？

「趙」這個姓氏最早是出自「嬴」姓。顓頊之後的伯益受到帝舜賜姓「嬴」，其後十三世孫造父十分懂得駕馬，對周穆王巡狩天下有很大的幫助。於是周穆王把造父封在趙，世代為官，成為晉國國內很大的勢力。晉國傳到晉幽公，已經無法管束國內趙、魏、韓三大公卿。沒多久三家分晉，趙烈侯、韓景侯、魏文侯三卿被周天子立為諸侯，分食了晉國的土地。趙國建立騎兵軍種後曾強盛一時，不過長平之戰中，趙國因誤中秦國反間計，大敗而亡國，後人便以亡國名「趙」為氏。「趙」這個姓氏另外一小部分是源自外族改姓，匈奴、南蠻、女真、黨項、滿族中都有因漢化而改漢單姓「趙」的。至於皇帝賜姓「趙」的，像西夏國主元昊由宋賜國姓「趙」即是。《百家姓》中「趙」排名第一，並非此姓氏人口最多，而是因為《百家姓》編成於宋代，國姓「趙」當然要放在第一位！

「趙」字及相關諸字的歷史風貌

	趙	走	肖	肉	小
甲骨文					
金文					
戰國文字					
小篆					

「趙」這個字究竟是什麼意思？

「趙」這個字，《說文解字》解釋道：「趨趙也。从走。肖聲」，它是個从「走」「肖」聲的形聲字，本意有敏捷移動的意思。因為表示動作敏捷，所以「趙」字所从義符「走」。「走」在甲骨文裡的寫法是象形字，後來才累增了義符「止」。在現代漢語裡頭「走」表示「走路」，前進的速度看起來似乎比較慢，但其實它的本義是「快走」、「跑」的意思。不信你看「走」全字不就是描繪一個人在跑步的樣子？

「趙」所从的聲符「肖」，它本身是個从「小」从「肉」的會意字。「小」是個指事字，藉由幾個小點筆畫來表示碎片一類的小東西；「肉」本身則是象形字，全字描繪一整塊肉和肉的紋理。

●「走」的本義是跑步的樣子。

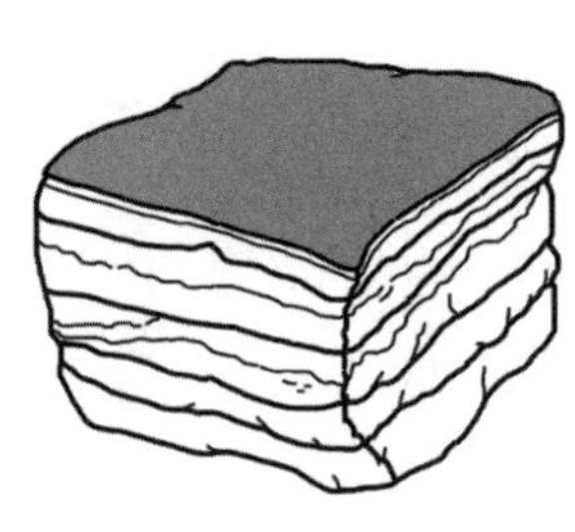

●「肉」是象形字，描繪肉的外觀和紋理。

因為「肉」和「月」的寫法十分近似，如果沒把表示肉紋的筆畫給仔細寫出來，這二個字就很容易被搞混。又「肉」在偏旁裡要橫著寫也是太占空間，所以在字裡它通常也都是豎著寫的。

「肖」从「小」从「肉」，本義就是切肉時掉下來的小碎肉。也因為「肖」字有這麼一層意思，所以表示把東西切下一點碎片的字，就造成从「肖」从「刀」的會意字「削」了。

「趙」這個姓氏最大來源戰國時期的趙國，雖然後來不幸亡於秦軍，但它也曾經風光過。趙國傳到趙武靈王時，由於趙國長時間與匈奴對峙，中原的步兵對上匈奴的騎兵吃虧很大，不由得逼趙武靈王思考要如何進行大幅度的軍事改革。雖然趙國境內盛產馬匹，但在軍事上，馬只是用來作為戰車的動力之用。趙國戰車配合重裝甲的步兵，實在應付不了刁鑽的匈奴騎兵。於是在大臣肥義等人的支持下，趙武靈王下令全國改穿短衣窄袖、方便操作的胡服，還模仿匈奴兵的騎兵，訓練軍隊騎射技術；這也是中國歷史上最早出現的騎兵制度。雖然此舉背離中原的禮制文化，起初遭到一些反對，但最終這波改革的好處很快在戰場上就反映出來：趙軍先是消滅強大的中山國，接著又打敗林胡和樓煩二族，軍事的改革很快地帶領趙國走向成為戰國七雄之一的道路。

本家後代中最先出名的就是前文提到的，對中國軍事戰鬥技術改革具有貢獻的趙武靈王。由於趙國深受北方匈奴侵擾所苦，當武靈王看到匈奴的騎兵在戰場上來去自如，於是得到改良戰鬥技術的靈感。武靈王罷用中國式軍服，改採胡服來進行馬上騎射訓練，此舉大大改善了趙國軍隊的戰鬥力，對中國戰爭形態的影響很大。

本家歷史名人

政治家趙高是秦代趙國人，他原本是趙國宗室之後，由於和宗室疏遠，先人生活困苦而西入秦國謀求發展。由於趙高辦事幹練及嫻熟法律，很快的就被拔擢出任中車府令。秦王出巡會稽、琅邪，半途於沙丘駕崩。趙高卻扣住遺詔，與李斯假意擁立胡亥為帝，並賜死公子扶蘇，史稱「沙丘之變」。趙高後期權勢遮天，有天故意騎鹿到朝廷上，胡亥驚問他為何騎鹿，趙高卻「指鹿為馬」（成語典故來源），滿朝文武竟然無人敢糾正他，由是可見趙高的淫威。不過囂張的人照例沒好下場，趙高後來被宦官刺殺而死。

軍事家趙匡胤是五代末宋初涿州人，宋代的開國君主。趙匡胤在後周時擔任殿前都點檢，因為武藝高強，改領宋州歸德軍節度使。一次出兵途經陳橋，胞弟等人給予黃袍加身後回師發動兵變，立國號宋，史稱「陳橋兵變」。考慮到前朝各節度使兵權在握，造成朝代頻繁的更迭，趙匡胤即位後迅速集中兵權，並在制度設計上重文輕武。雖然此舉達到延長國祚的效果，但對外部勢力的侵擾卻無法有效積極抵抗，也造成宋代長期的積弱不振。

藝術家趙孟頫是宋代王室之後，南宋亡國後趙孟頫就在紹興閒居，後來得推舉，也曾任官。趙孟頫在詩、書、畫、印各領域都有很高的造詣，他所提出的書畫用筆相同的這個主張，對後代書法藝術影響也很大。趙孟頫不只有自己創作，也教導後進；後來的著名山水畫家黃公望就是趙孟頫調教出來的。

本家其他歷史名人

．戰國　趙勝

政治家趙勝是戰國邯鄲人，趙武靈王之子，爲宗室大臣，封平原君。趙勝長期擔任國相，和齊國孟嘗君田文、魏國信陵君魏無忌、楚國春申君黃歇齊名，人稱「戰國四公（君）子」。

・漢　趙飛燕

後官趙飛燕是漢成帝皇后，出身不詳。因體輕如燕，所以人稱「飛燕」。趙飛燕專擅後宮十餘年，因害怕失寵而常殺害後宮有身之人。哀帝立，尊爲皇太后，平帝時遭廢爲庶人後自殺。

・漢　趙雲

軍事家趙雲是漢末常山人，爲劉備陣營的名將。趙雲勇敢善戰，以忠勇著稱。據說戰場之上從無敗績，被譽爲「常勝將軍」。

周

古字小常識：从，是「從」的本字，即起初的寫法。

「周」這個姓氏是怎麼來的？

「周」這個姓氏最早的來源是「姬」姓。其一源自周平王之子烈，烈封在汝州，因為封君來自「宗周」，於是當地人便稱他為「周家」，周烈的後人就以王父名的省稱「周」為氏。其二源自西周、東周二個小國。周考王曾在王畿之中封其弟揭，號西周國。西周國傳到威公，威公少子根在國內東部爭取獨立，在趙國和韓國的支持之下又從西周分裂出東周小國。戰國末年秦國陸續滅掉東周、西周二個小國並將周赧王廢為庶人後，宗周王族便以亡國名「周」為氏。而他姓改姓「周」的，像唐玄宗李隆基即位，因為要避諱「基」，就下詔天下的「姬」姓要改為「周」姓。至於外族改姓「周」的，像後魏的「普」氏、「賀魯」氏以及隋代的「普乃」氏，漢化後都改漢單姓「周」了。

「周」字的歷史風貌

周	
甲骨文	
金文	
戰國文字	
小篆	

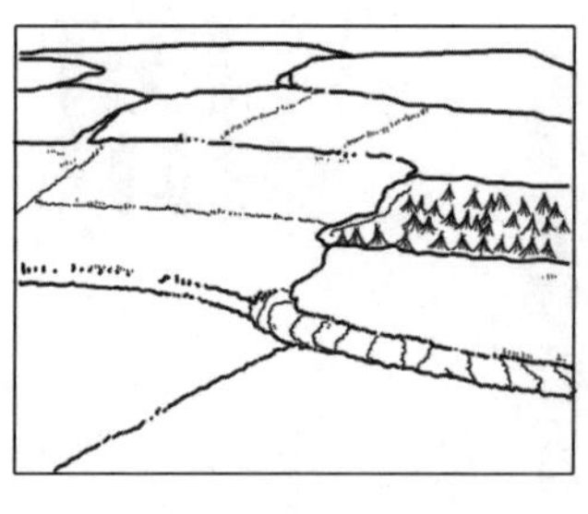

● 「周」原是田的象形。

「周」這個字究竟是什麼意思？

「周」這個字原本是個象形字，畫的就是一塊田。甲骨文字形裡，「周」字的外框就是田界，裡面四格就是農田，田間的四點就表示田裡種的稠密農作物。後來因為「周」這個字用作國名，於是增加「口」偏旁（「口」之本義詳參本書「吳」姓）作為區別符號，以與表示「農田」意義的「田」字作為區分。

為什麼和殷商相抗衡、後來代商而立的大周朝要以「周」字做為國名呢？這和周這個諸侯國的主流經濟模式有關。周人先祖早期大概住在今日山西中南部一帶，由公劉當首領時，周的部落則已遷到豳，也就是今日陝西旬邑一帶。但這個時候周人先祖還是處在游牧向農耕過渡的經濟體。傳了九世到了古公亶父當部族首領時，受到外族的侵襲，他們只好遠遷到渭河流域岐山以南的周原，就此產生「周」（「田」）的國族概念。

為什麼岐山之下要叫「周原」？這是因為此處土地肥沃，近水而物產豐富，對需要灌溉的農業而言十分便利。由於周原各種客觀條件都很適合發展農耕，在部落首領有意發展農業的想法之下，這塊土地的農作物產量既穩定，經濟發展也就很快速，人口當然跟著開始增加了起來。加上古公亶父有計畫的進行各項建設，周的國力迅速地壯大。因為受利於周原很多，部族就因地自名了。由於遷到周原以後和殷商的距離變近，為了得到殷商的保障，周於是始向殷商稱臣，但也同時和殷商保持著若即若離的關係。甲骨文裡就時常看到周一下朝貢，但一下又和商打起來的記錄。所以後來周代商而起，是有跡可尋的！

本家歷史名人

本家後代中，扣掉姬周諸位封君，最早成名的應該是漢初軍事家周亞夫。周亞夫是漢初沛縣人，在漢文帝時繼承父親周勃的官位。駐兵於細柳對抗匈奴時，文帝前去視察，沒想周亞夫不著朝服而是戎裝接駕，並下令皇帝車隊不得在營內奔馳。文帝不只未怪罪，反倒稱讚他治軍嚴明，「細柳」也因此成為軍紀嚴明的代表。後來景帝時期因為想削減諸侯權力，引發以吳、楚為首的「七國之亂」。周亞夫犧牲梁王軍隊做為牽制，繞道打敗叛軍得勝。周亞夫雖然平亂成功，但也因此得罪梁王。後來在梁王的排擠以及文帝的不滿之下，周亞夫失勢，絕食吐血而死。

漢末的軍事家周瑜是三國時期舒縣人，曾任東吳大都督。當時曹操於北方新勝，勢如破竹，準備一舉收復南方。東吳孫權於是聯合劉備，由周瑜領軍，火攻赤壁曹軍，大破曹操八十萬大軍，史稱「赤壁之戰」。此戰奠定了之後魏、蜀、吳三國鼎立的局面。

思想家周敦頤是宋代營道人。他是兩宋理學的開山祖師，對儒家思想的改造具有很大的貢獻。由於周敦頤創辦過濂溪書院，世稱「濂溪先生」。因為對中國思想界的貢獻，他和他的學生「二程子」——程顥、程頤，與其他著名學問家張載、邵雍、司馬光五人，被朱熹譽稱為「北宋六先生」。

文學家周邦彥是宋代錢塘人。周邦彥讀的書很雜很多，在音樂方面也特別有天分。周邦彥除了能作曲，還會填詞，是北宋影響力極大的一位詞家。因其獻貢〈汴都賦〉，被任命為大樂正，後來更擔任大晟府。周邦彥是少數兼通韻文和樂理並因此出任相關官職的文學家。

文學家周樹人是當代紹興人，筆名魯迅，他是廿世紀初期中國的重要作家。周樹人的創作文體十分多元，包括了雜文、短篇小說、評論、散文、翻譯作品。由於祖父因故繫案，加上父親重病，為了維繫父祖的病況，周家耗盡家產，所以家道中落的周樹人對貧困的中低階層人民特別有同理心，他的作品也反映出社會黑暗角落者的苦悶，對五四運動以後的中國文學運動造成很大的影響。

第三篇 徐孫馬朱胡

徐

古字小常識：从，是「從」的本字，即起初的寫法。

「徐」這個姓氏是怎麼來的？

「徐」這個姓氏最早的來源是「嬴」姓。大禹之時，伯益佐助治水有功，夏啟繼承大禹的帝位，開啟了中國歷史上第一個世襲王朝「夏」。為了感謝伯益，夏啟分伯益之後若木在徐。徐國傳到徐偃王時被周朝所消滅。周再封偃王之子為徐子，仍然世襲原封地。不料這個徐國再傳到第十一代章禹，又被吳國所滅，後人於是以亡國名「徐」為氏。至於他姓改姓「徐」的，如五代李昪改姓「徐」。至於外族改姓「徐」的，像清代滿族「舒穆祿」氏，漢化後就改成漢單姓「徐」了。

「徐」字及相關諸字的歷史風貌

	徐	彳	行
甲骨文			
金文			
戰國文字			
小篆			

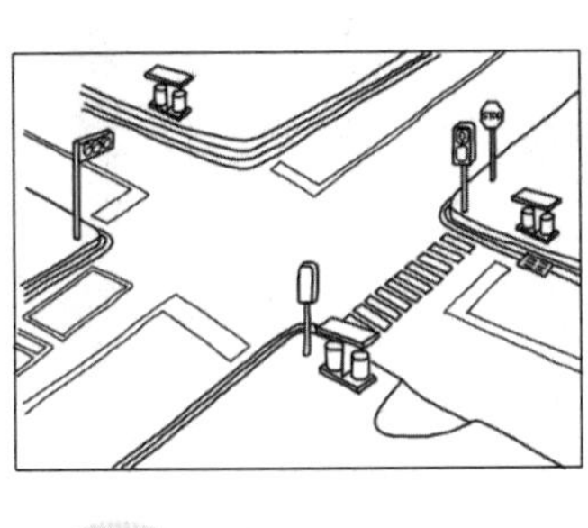

●「行」字描述的是道路相交狀。

「徐」這個字究竟是什麼意思？

「徐」這個字，《說文解字》解釋道：「安行也。从彳余聲」，它是個从「彳」「余」聲的形聲字，指的就是慢慢走的意思。一般來說，漢字裡凡是从「彳」的字，都有「行走」、「行動」的意思，像「徙」有遷移的意思、「往」有前去的意思、「徑」有速行的意思。這是因為「彳」是「行」字省形。「行」是個象形字，全字描繪的是道路相交的樣子。

在相交的道路上大家都在「行走」、「行動」，於是「行」字之省「彳」也就具備了類似的意思。至於「徐」所从的聲符「余」也是象形字，指的是一種建築物（「余」之本義詳參本書「余」姓）。

本家歷史名人

本家後代中，較早出名的是術士徐福。徐福是秦代琅琊人，因為秦始皇統一天下之後貪戀榮華富貴，希望徐福能代為至海外取得長生不老藥。徐福於是向秦始皇要求三千童男童女一同隨行。不料徐福根本求不到長生不老藥，所以船隊出海後就再沒復返。一說徐福到了今日日本，與眾童男童女成為日本始祖之一脈。

政治家徐庶是東漢潁川人，他的個性豪邁，在荊州時與諸葛亮、龐統都有來往，彼此相知相惜。徐庶也曾向劉備推薦過諸葛亮，這是後來劉備注意到諸葛亮的原因之一。曹操征討荊州，得知徐庶賢能，擄了徐母要脅，徐庶只好投靠曹操。徐庶投靠曹操後陸續擔任右中郎將、御史中丞，但並不受重用，數年後病逝。

藝術家徐悲鴻是當代宜興人，他自法國巴黎國立美術學校留學畢業返國，歷任北京藝術學院、中國美術學院院長等職。徐悲鴻擅長西畫，並利用西畫的技巧改良國畫。他的畫作以「馬」這個主題最為出名，因為融合中西畫法，別有一番風貌。

文學家徐志摩是當代海寧人。因為留學英美，受到西方文藝理論的影響，徐志摩熱烈地投入新詩和語體散文創作。他的文學作品有不少也被選入國民學校的教科書。徐志摩回國後歷任北京、東吳、中國各大學教授，同時也擔任《北京晨報詩刊》及《新月月刊》主編，在文壇上非常的活躍。可惜天妒英才，後來因為搭飛機趕課，不幸失事罹難。

孫

古字小常識：从，是「從」的本字，即起初的寫法。

「孫」這個姓氏是怎麼來的？

「孫」這個姓氏最大宗的來源是「姬」姓。周文王第八子康叔封於衛，衛武公之子惠孫出任衛國上卿，他的後人有以王父之名「孫」為氏的。「孫」這個姓氏另一個來源是「羋」姓。楚令尹孫叔敖之後，就有以王父之名「孫」為氏的。「孫」這個姓氏第三個來源是「媯」姓。春秋時期田字之子子占出任齊國大夫，因為伐莒有功，齊景公封采邑於樂安，並賜姓「孫」。另外也有他姓改姓為「孫」的，像荀況的後人因為避漢宣帝諱（劉洵）就改姓「孫」；其他如「公孫」、「叔孫」、「長孫」、「士孫」等複姓也有因為省略而改成單姓「孫」的。

「孫」字及相關諸字的歷史風貌

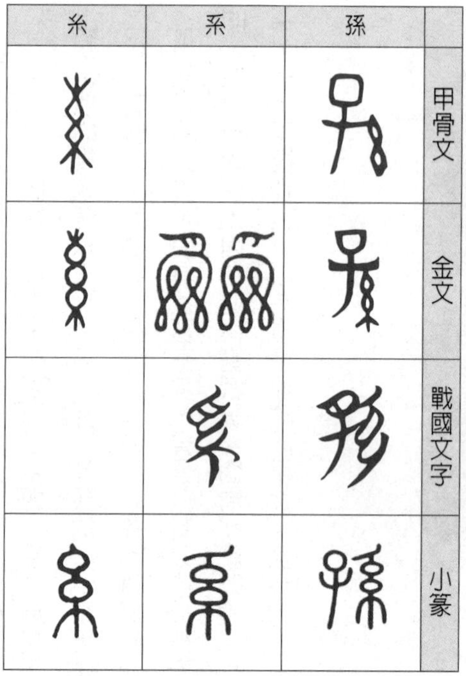

	孫	系	糸
甲骨文			
金文			
戰國文字			
小篆			

「孫」這個字究竟是什麼意思？

「孫」這個字，《說文解字》解釋道：「子之子曰孫。从子从系。系，續也」，它是個从「子」从「系」的會意字，表示自己的後代之後。因為是自己的後代之後，所以从義符「子」（「子」之本義詳參本書「李」姓）。但是「孫」為什麼要从義符「系」呢？

「系」這個字如果做為名詞，和「糸」意思相去不遠；只是比「糸」多加了「爪」或「手」形。也因為「系」加了「又」或「爪」形，所以它的「編繫」動詞意義較「糸」還要濃厚。「系」是個象形字，描繪的是編繩本身或是用手編繩的過程。

「系」字裡頭左右交錯的線條就是繩上一股一股交叉的繩材；由於人類的子孫

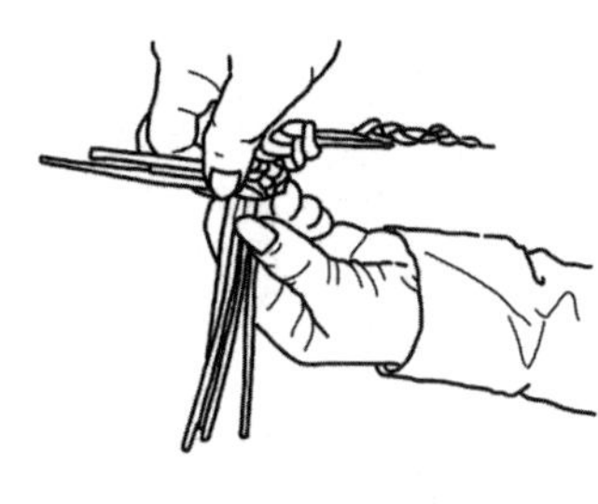

●「糸」描繪的是編繩子的過程。

後世是一代一代繁衍下去，有如繩索一股一股交編延長，所以「孫」字才會从「糸」會意啦！

中國人重視家庭，所以和家庭有關的親屬稱謂就規範得特別仔細。直系血親裡，小自己一輩稱「子」，小兩輩稱「孫」，小三輩稱「曾孫」，小四輩稱「玄孫」。就一般人類的平均壽命而言，大概最高極限也只能五代同堂，所以小四輩以後的才沒有再另立親屬名詞，如果真要稱呼，就全都叫他們「遠孫」囉！

本家歷史名人

本家後代中，最早出名的應該是軍事家孫武。孫武是春秋末年齊國人，他來到吳國後經伍子胥多次推荐，終於獲得吳王闔閭的重用。關於孫武練兵最有名的是訓練吳王後宮的佳麗，因娘子軍不聽指揮，所以把任隊長的兩名寵妃拉出去砍頭，嚇得其他嬪妃個個乖乖聽令，後來在孫武嚴格的訓練下，成為軍容整齊的隊伍。這段故事即成語「三令五申」的由來。孫武與賢相伍子胥相搭配，用兵「出奇制勝」。對抗強國楚軍，五戰五捷，也大大壓制了東方的越國，使得吳國一躍成為當時的強國。今有兵法《吳孫子》傳世，是中國歷史上第一本系統的兵法理論著作，所以世稱孫武為「兵聖」。

軍事家孫臏是戰國時期齊國人。年輕時曾與龐涓同拜鬼谷子學習。龐涓學成先下山入魏國。孫臏一開始也是先去魏國，不料遭到龐涓迫害，慘受臏刑——把膝蓋骨削掉。之後孫臏趁機逃亡齊國，因為出了「中駟對下駟、下駟對上駟、上駟對中駟」的計謀，幫助齊國大將軍贏得馬賽而得到齊威王的注意，用為軍師。孫臏兩次與田忌合作擊敗龐涓，使得魏國元氣大傷。今有出土漢簡兵法《齊孫子》傳世。

東漢孫權是三國時代吳國的創建者。孫權本為孫堅次子。十四歲便跟隨兄長孫策四處戰鬥，平定江東。孫策亡故後，兄終弟及，由孫權接掌江東。加上名將周瑜、賢臣魯肅等人輔佐，赤壁之戰得勝，使天下成魏、蜀、吳三國鼎立之勢；為吳國一代明主。

政治家孫文是清末香山人。他原先在香港學醫，但眼看清廷病入膏肓，不滿清廷積弱不振而起身鼓吹革命。由於革命屢戰屢敗，孫文只好逃到國外，輾轉流離。逃到英國時還遭清廷派人暗捕回國，差點送命。後來流亡東南亞、日本、臺灣等地，藉由演說籌措反清經費。因為孫文在日本使用「中山樵」這個日本名字，世人稱呼他「孫中山」。反清革命成功後，孫中山曾任中國國民黨總理、第一任中華民國臨時大總統，他也是重要的「三民主義思想」創立者。

馬

古字小常識：从，是「從」的本字，即起初的寫法。

「馬」這個姓氏是怎麼來的？

「馬」這個姓氏最早是出自「嬴」姓。趙惠文王因戰功，封大將趙奢於馬服，人稱馬服君。他的後人就以王父封地名的簡稱「馬」字為氏。「馬」這個姓氏也有源自他姓改姓的，漢王莽時期，太子師馬宮本姓「馬矢」，後來省略改成單姓「馬」。至於外族改姓「馬」的，像宋代金國本名習禮吉思的西域人，自己改成漢名馬慶祥；元人馬祖常的曾祖本名月合，亦不姓「馬」。元明時期，回族依斯蘭教徒改在漢姓時亦多用「馬」字。

「馬」字的歷史風貌

馬	
甲骨文	
金文	
戰國文字	
小篆	

● 「馬」是象形字。

「馬」這個字究竟是什麼意思？

「馬」這個字是個象形字，在甲骨文裡，全字描繪的就是一隻馬的全形。書寫向來求簡便，如果寫「馬」字還要畫上一隻馬，這可太浪費時間，於是「馬」字裡頭的馬軀幹和四隻腳便被改成線條，成為金文那樣的寫法；到了戰國，「馬」字則又進一步簡省，只留「馬」最有特徵的部分——頭部鬃毛。雖然字的結構夠簡單，但是一看還是知道它是個「馬」字。

馬作為人類獸力的起源很早，既可以騎，本身又可以載重，還可以拉車。由於馬的奔馳速度很快，是早期人類快速移動的首選交通工具。正由於馬的力度和速度，很早就在戰場上用上牠。一開始在中原的戰爭中，由於主力對戰多選擇平坦的戰場，所以此時最常用的是步兵配上馬力戰車。後來趙武靈王從與匈奴軍隊對戰的經驗中發現單人配單馬的騎兵除能適應更多地形外，更能快速變化隊型，給予敵人有效的打擊，於是馬在中國戰場上改以騎兵的座騎形象出現。

馬既是戰力、國力的重要一環，馬車也不是隨隨便便什麼人都可以坐得起的，於是擁有馬也就成為身分地位的象徵。除了給予健美的馬「龍」的美稱外，馬也是很多藝術品的主要題材。著名的「昭陵六駿」，刻的就是唐太宗李世民所騎乘過的六匹駿馬；元代趙孟頫、清代郎世寧、當代徐悲鴻也都是畫馬畫到出名的傑出藝術家。

也因為「馬」是很珍貴的動物，在古代，馬的性命比起一般人那更是貴重得多。話說有一天孔子家馬廄失火，按常人的反應該是會先問有沒有馬受傷，但孔子竟然問說有沒有人（奴僕）怎樣。從這裡可以看出孔子實在是具有仁愛之心呀！

雖說「馬」對中國人來說是種崇高的動物，但在成語「露出馬腳」裡面的「馬」可就有點戲謔了。話說大明朝開國始祖朱元璋，出身平民，他的元配馬秀英和他也是出生入死、共患難了十幾年。後來天下一統，朱元璋當上皇帝，馬秀英也就成為馬皇后。據說有天皇后遊賞金陵，一陣風來將座輦布幕吹起，馬皇后那雙沒有纏足的大腳露了出來。由於當時已經很流行婦女裹小腳，「馬大腳」引起了大家的議論。後來人便把底細洩漏稱之為「露出馬腳」囉！

本家歷史名人

「馬」家起源於戰國，最早有傑出表現的是思想家馬融。馬融是漢代茂陵人，生性聰明又勤學苦讀，他對重要的儒家經典如《周易》、《尚書》、《毛詩》、《論語》、《孝經》等進行了不少研究工作；另外也注釋了《老子》、《淮南子》、《離騷》、《列女傳》等書籍。由於馬融的聲望很高，拜入門的學生數千，其中以鄭玄和盧植最有名氣。

軍事家馬超也是漢代茂陵人，他是涼州太守馬騰之子。因為馬騰被曹操殺死，馬超發兵二十萬向洛陽想要為父報仇。由於馬超來勢太猛，起初曹操被攻到割鬚棄袍，易容逃跑，沒想到後來馬超太過驕傲，反倒戰敗，只好投靠張魯。在與張飛在葭萌關大戰三日三夜後，英雄惜英雄，馬超改投劉備軍，成為蜀漢「五虎將」之一（另外四位為關羽、張飛、趙雲、黃忠）。

文學家馬致遠是元代東光人。他在科舉方面並不順利，一直考到中年才中進士。因不滿時政，晚年歸隱田園。馬致遠善於寫作散曲，兼及雜劇。因其雜劇成就極高（代表作《漢宮秋》）而與關漢卿（代表作《竇娥冤》）、白樸（代表作《梧桐雨》）、鄭光祖（代表作《倩女離魂》）等三人合稱「元曲四大家」。

朱

古字小常識：从，是「從」的本字，即起初的寫法。

「朱」這個姓氏是怎麼來的？

「朱」這個姓氏最大的來源是「曹」姓。顓頊之後的陸終，其第五子晏安有子曹挾，在周武王滅掉殷商後，曹挾被分封在邾國。傳到戰國時期，邾國被楚宣王所滅，後人於是以亡國名去掉「邑」偏旁的「朱」為氏。「朱」這個姓氏的第二個來源是帝舜之臣朱虎，他的後人有以王父名「朱」為氏的。而他姓改姓「朱」的，像宋國微子啟的後人在春秋宋國覆滅後，就有改「宋」姓為「朱」姓的。至於外族改姓「朱」的，北魏鮮卑「渴燭渾」氏、「朱可渾」氏，到北魏孝文帝時南遷洛陽，漢化後都改為漢單姓「朱」了。

「朱」字及相關諸字的歷史風貌

	朱	株
甲骨文		
金文		
戰國文字		
小篆		

「朱」這個字究竟是什麼意思？

「朱」這個字，《說文解字》解釋道：「赤心木，松柏屬。从木，一在其中」，它是個指事字，意思是某種松柏屬的木幹中心顏色。由於這種樹木的木心是朱赤色，於是「朱」字全字就是畫一個「木」（木幹，「木」之本義詳參本書「李」姓）再把木心給加一個點標記出來。不過漢代許慎的這個解釋頗讓人起疑，「朱」既然是生活中很常見的顏色，古人造字應該可以找到更為常見的具朱色事物來造字，何必麻煩地找一個得砍了它才看得到中心朱色的樹木來？所以筆者以為「朱」字應該是「株」字的初文，「木」中加一點表示這一「株」的意思——「朱」原是量詞，再被假借為一種介於紅和橙的顏色稱謂。

● 自古以來硃砂即是稀有的礦物。

不像外國以為是血腥的相徵，「朱紅」色在中國，由古至今就是一個很討喜的顏色。第一個原因是純正的「朱紅」色，只有硃砂才調製的出來。而硃砂本身是非常稀有昂貴的礦物，能用得起硃砂來調色進行裝潢的肯定是大戶人家；統治階層裡也只有皇帝可以用硃砂來批閱奏摺。第二個原因是「朱紅」代表的是火，火在先民的生活當中可以帶來熟食、光明、溫暖，所以代表火的「朱紅」又是個可以驅走疾病、黑暗、邪惡的顏色。第三個原因是「朱紅」讓人聯想到血液。血液維繫著生物的生命力，朱紅色也就自然成為生命力的象徵。因此家裡有喜事，張燈結綵什麼的全都要用朱紅色系的材料，就是因為以上這幾個因素。

「朱紅」對中國人來說是具有正面能量的顏色，也象徵正統，所以《論語．陽貨》裡孔子便藉由批評那些用紫色取代朱紅色的人來暗諷以邪亂正的政壇現象：「惡紫之奪朱也；惡鄭聲之亂雅樂也；惡利口之覆邦家者。」這段話也是形容以邪代正的成語「惡紫奪朱」典故來源。

本家歷史名人

「朱」家第一位在歷史上留名的應該是勇士朱亥。朱亥是戰國時期魏國人，他原本是個屠夫。當時秦國圍攻趙國都城邯鄲時，魏國遺晉鄙率軍救趙。由於晉鄙畏懼秦兵，只敢駐軍在鄴地觀望。侯嬴於是向魏公子無忌（信陵君）獻計，先盜得魏王的兵符，再攜朱亥與之同行前去魏軍營中見機行事。不過晉鄙看了兵符覺得其中有詐，還是不肯出兵救趙。跟無忌一同前去的朱亥馬上操起袖中鐵椎擊殺晉鄙，奪得兵權後迅速出兵破秦師，終於解了邯鄲之圍。

軍事家朱全忠是五代碭山人，他是後梁開國君王。一開始朱全忠跟著黃巢當盜匪，後來投降後唐，皇帝賜名全忠，並委派為宣武節度使。由於手握重兵，沒多久朱全忠就篡位稱帝，建立後梁。後來全忠被其子朱友珪所殺，廟號太祖。

思想家朱熹是宋代婺源人，師承二程子的三傳弟子李侗。朱熹對儒家經典的學習非常紮實，還進一步發揚《大學》中「格物、致知、誠意、正心、修身、齊家、治國、平天下」的思想，並結草堂講學。朱門學生很多，世稱「考亭學派」。朱熹所寫的《四書集註》非常精采，也是重要的儒典注本，到了元代還成為科舉的必讀典籍之一呢！

政治家朱元璋是元末東鄉人，出身貧寒，為了生活還出家當過和尚。後來朱元璋參加抗元起義，還一路打敗陳友諒、張士誠等其他勢力，統一南方後北伐滅元，建立大明王朝。不過朱元璋雖然勤於政務，卻用嚴刑峻法進行國家管理。擔心政權遭到威脅，朱元璋還藉故將開國功臣一一誅殺殆盡，大權獨攬。他這樣的霹靂手段卻也創造了短時間的平穩政局，史稱「洪武之治」。

文學家朱自清是當代紹興人。朱自清自北京大學畢業後前往英國倫敦大學深造。回國後擔任清華大學中國文學系教授及系主任。朱自清致力於文學創作，其中以散文最為出色。著名作品〈背影〉一文描寫父愛，常選入國民學校教科書，最為代表。

本家其他歷史名人

·元　朱德潤

藝術家朱德潤爲元代睢陽人，詩文、書法、山水畫都有代表作品，其以山水畫最爲出名。所畫溪山清渺、峰岳疊聳、林木健秀；山石用捲雲皴畫法，樹枝如蟹爪，非常寫實。

·明—清　朱彝尊

文學家朱彝尊家爲明末清初吳江人，書香世家。曾祖朱國祚曾是明萬曆壬午經魁。家學淵源，彝尊讀書過目不忘，嫻熟經史，擅長創作詩，風格有學者氣——重詞藻，求典雅，爲「浙西詞派」創始者，其詩文與王士禛齊名。

胡

古字小常識：从，是「從」的本字，即起初的寫法。

「胡」這個姓氏是怎麼來的？

「胡」這個姓氏較早的起源是「媯」姓。西周初年，舜的後裔子虞得到周武王的賞賜，被分封在陳國這個地方，死後諡號「胡」。後來楚惠王滅陳國，國人或有以先公之諡「胡」字為氏的。「胡」這個姓氏的另一個來源是「姬」姓。周朝代商而起，廣封姬姓國，其中有胡國，但史料不是記載得很詳細，只知道此一胡國後來也是被楚國所滅，他們的後人有的便以亡國名「胡」為氏。至於外族改姓「胡」的，南北朝時，北魏複姓「胡骨」氏在隨魏孝文帝南遷洛陽後定居中原，漢化後改漢單姓「胡」。

「胡」字及相關諸字的歷史風貌

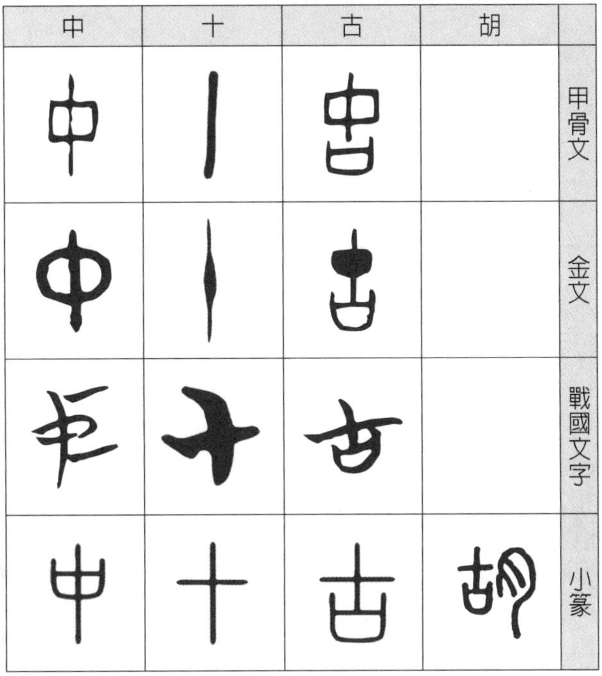

	胡	古	十	中
甲骨文				
金文				
戰國文字				
小篆				

「胡」這個字究竟是什麼意思？

「胡」這個字是個形聲字，《說文解字》解釋道：「獸頷下垂肉」，它指的是動物下巴垂下來的那塊肉。因為是脖子上垂下來的肉，所以「胡」字从「肉」這個義符；「古」則是「胡」字的聲符，是用來標注字音的。

做為「胡」字聲符的「古」，本身是個會意字，或从「十」从「口」，或从「中」从「口」。从「口」表示「古」是由嘴巴所講出的古事。「十」本身為象形，全字原本描繪一支代表十的算籌；「中」字也是象形，一說是軍隊中軍所立的旗竿，一說是裝有典冊的書篋。「古」字从「十（中）」从「口」，表示口中所講的是十世之前或是典冊記載的古事。這些值得在大樹下給叔公一講再講的事，通

● 「古」字的本義是講古，也就是講故事。

● 「胡」指動物下巴垂下來的肉。

常都是些上古的神話或傳說。所以「古」的本義也就是「講古」啦！

有個成語和「胡」有關，叫「跋胡疐尾」。這句成語原本指老狼年紀大了，他的胡因為年老而下垂；或者為了捕獵，或者為了逃命，不論如何，往前進會踏著垂肉，往後退又會被尾巴絆倒，真是進退兩難；所以要形容進退兩難，我們就可以說：真是「跋胡疐尾」！

本家歷史名人

「胡」家在歷史上的表現要較為晚成，最早出名的是教育家胡瑗，他是宋代安定堡人。胡瑗畢生投入教育三十餘年，學生數千。在推廣教育的過程當中，他所提出來的教育主張：強調人才、教化、學校三者間的緊密關係；依學生才能與興趣教學；普及教育；提倡體能訓練；推行住宿制等，都是劃時代的難得見解。

史學家胡三省是宋代寧海人，他擔任過縣令和府學教授等職，但因當權者不用他的建言而辭官隱居。隱居期間胡三省專心注疏司馬光的《資治通鑑》。書成，另外一位史家王深寧看完自慚形愧，直接把自己的相關著作給撕毀。由此可見該書的寫作是十分的精當和卓出的。

文學家胡應麟是明代蘭溪人，他在文獻學、史學、詩學、小說及戲劇學方面都有很好的表現。創作之餘，胡應麟還對過去的文學作品及文學家進行了系統檢討。他的文學理論代表著作《詩藪》也提出幾個大大影響後世的詩學主張：除了情景，還要用事（用典）；作品如能兼有「風調」和「神韻」最佳；「用事」不易艱深，有時引句，有時用意，不要因牽就而危害創作的本意。

企業家胡光墉是清代績溪人，因官拜四品，世稱「紅頂商人胡雪巖」。胡光墉由伙計做起，因為待人誠懇，又懂得觀察臉色和借力使力，從一個小小銀莊學徒竟然做到清廷對外軍火買賣的四品大官。他的生意跨足金融、軍火、醫藥、絲茶等。精彩的、大起大落的人生經歷同時也是今日許多歷史小說和影集的取材對象。

思想家胡適是當代績溪人。他自美國哥倫比亞大學留學取得哲學博士後，回國任北京大學教授。在北大任教期間發表〈文學改良芻議〉，鼓吹白話文學，與陳獨秀同為五四運動的代表人物。胡適後來陸續擔任北京大學文學院院長及校長、駐美大使、國大代表、中央研究院院長等，在學術及政治上都有很高的成就。也因為胡適的極高聲望，他一生中共獲得英美各大學致贈名譽博士學位達三十五種。

第四篇

林郭何

高羅

林

古字小常識：从，是「從」的本字，即起初的寫法。

「林」這個姓氏是怎麼來的？

「林」這個姓氏最早的來源是「子」姓。殷商王朝的太師比干因為直言進諫商紂而被虐死。比干之妻逃到長林這帶躲藏，後來生下堅。周武王滅掉商朝後，找到比干之子堅，就著地名便賜姓「林」，還把他封在博陵，林堅的後人於是就以「林」為氏。「林」這個姓氏的第二個來源是「姬」姓。周平王的庶子開，他的字是「林」，後人於是以王父之字「林」為氏。至於外族改姓「林」的，如鮮卑族複姓「丘林」，在北魏孝文帝遷都洛陽時也都漢化改為漢單姓「林」了。

「林」字的歷史風貌

林	
甲骨文	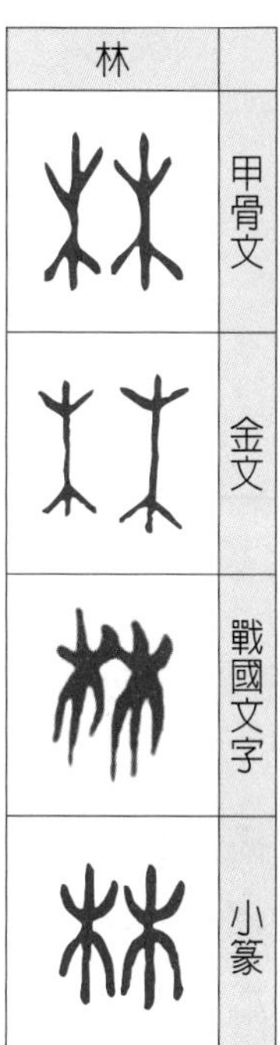
金文	
戰國文字	
小篆	

● 樹木多的地方稱為「林」。

「林」這個字究竟是什麼意思？

「林」這個字，《說文解字》解釋道：「平土有叢木曰林。从二木。凡林之屬皆从林。」中國文字凡是要表現「多」的意涵，都會把一個偏旁加以疊用，「林」是個疊用「木」的會意字——樹木很多的地方就叫作「林」。

和「林」的造字用意相當的還有：土很多叫「垚」、人很多叫「众」、火很大叫「焱」、水很寬叫「淼」等字哦！

既然很多樹木站著的地方叫「林」，於是乎有很多柱狀物立著的地方也可以稱作「林」。像商朝紂王好酒淫樂，在地上挖了個洞，灌滿酒；再烤了許多BBQ，接著把叉著肉的叉子全立樹在地上，然後叫男男女女在此縱慾逛歡。這個就叫作「酒池肉林」。商紂這麼不重視養生，吃

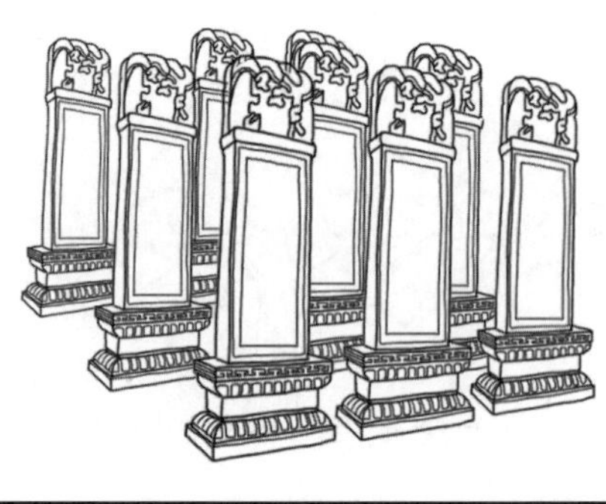

● 專門保留石碑的地方叫碑林。

油重鹹，難怪腦袋不清楚，輕易把王位拱手讓給別人。

漢魏之後，長安有個專門保留石碑的地方，收有到清代以來二千三百多件文物，包括漢代隸書曹全碑、唐代開成石經、唐代智永張旭懷素草書千字文等重要的文化資產，由於這裡的碑也是一根根的立起來，壯觀之餘也很像「森林」，所以此處就叫作「碑林」啦！

選美比賽裡，也有人用「美腿如林」來形容參賽佳麗們的美好身形的。為什麼這樣形容，應該不用多加解釋吧？

本家歷史名人

「林」家成員在歷史上屬於「大雞慢啼」型。要到中世才有較為出名的代表人物。如慈善家林默娘是宋代湄州人，據說她出生之時並不哭鬧，因而被長輩取名為「默娘」。默娘為了其父兄可以在出海捕漁後順利回港，常於天色不佳時攜燈到港邊高處護望，也因此許多船隻得以藉由這道光線平安返港。林默娘往生之後，鄉人感念她的德跡，建廟供奉並敬稱她為「媽祖」，後來還配祠千里眼和順風耳二位護法神。出海行商捕魚之人只要虔心供奉，都能得到保祐，出入平安。由於臺灣四面環海，渡海來臺移民甚多，媽祖也是臺灣具有極大宗教影響力的神祇之一。

政治家林則徐，是清末福建人，為官十分地有擔當。林則徐初抵廣州即展開禁煙工作，還在虎門海灘當眾銷毀二萬餘箱鴉片，因此引起了英國政府的不滿。為了防範英軍的報復，林則徐嚴格整頓水師。英軍封鎖廣州珠江口，鴉片戰爭爆發。但在林則徐的部署下，英軍在廣東沿海無隙可乘，只得往北襲擾。雖然中國在後來的鴉片戰爭中戰敗，但林則徐和廣東沿海居民的英勇抵抗，反映出中華民族對抗列強入侵的不屈不撓勇氣。

文學家林語堂是當代福建龍溪人。雖然出身在貧困的牧師家庭，但林語堂並不自暴自棄，反而異常的用功。後來得到機會到美、德留學，回國後林語堂利用流利的外文能力，引入了不少優良的西方圖書，同時也著手編寫眾多外語教材，對民國初年的國家語文教育貢獻很大。林語堂後來歿於臺北，臺北陽明山上有其墓，墓旁「林語堂故居」為其紀念館。

本家其他歷史名人

．明 清 林爽文

林爽文是清初臺灣人，加入天地會後成爲彰化天地會首領，後來發動抗清運動，圍攻諸羅（今日嘉義）數月，最終兵敗被捕，史稱「林爽文事件」。

．清 林覺民

政治家林覺民是清末爲同盟會黃花崗反清起義烈士之一，之後受傷被捕，從容就義。起義前林覺民給妻子所寫的〈與妻訣別書〉，成爲許多中文課本所選錄的範文。

．當代 林尹

林尹是當代國學大師，師從黃侃，先後在中國大陸各大著名大學任教。一生培育國學碩、博士數百。抗戰期間亦投入民族救亡工作。

郭

古字小常識：从，是「從」的本字，即起初的寫法。

「郭」這個姓氏是怎麼來的？

「郭」這個姓氏最早的來源是「姬」姓。相傳周武王封他最大的弟弟虢叔在西虢，這個封地在周平王東遷時被收了回去而送給了鄭武公。為了補償虢叔後人，周朝後來又將他的後人虢序給封在陽曲，號郭公。虢序之所以號郭公，這是因為「虢」、「郭」二字古音很近的關係。又「郭」字本身也有「城郭」的意思，居住在各個大城城郭之間的老百姓也就有以居住區域「郭」為氏的。至於外族改姓「郭」的，如唐代回紇定居中原後，因為佩服唐將郭子儀的關係，其中就有改成漢姓「郭」的。

「郭」字及相關諸字的歷史風貌

	郭	享	邑
甲骨文			
金文			
戰國文字			
小篆			

「郭」這個字究竟是什麼意思？

「郭」這個字是個會意字，从「享」从「邑」。漢代許慎《說文解字》認為它是個地名，即齊國的郭氏墟；如果通「虢」，那就是陽曲。因為是地名，所以从義符「邑」。「邑」是會意字，下面所从跪著一個「卩」（人跪著），表示這是人住的地方；「邑」字上部的「囗」（音「圍」）則畫出了人所住的區域。那為什麼「邑」字裡寫的是跪著的人？一個可能是為了牽就字的書寫空間，要寫個立「人」，空間怕不夠；一個可能是住在「邑」裡面的人是被封君所統治的人，所以用跪著的「卩」來表示他們較為低下的身分吧！

「郭」字的另一個義符「享」則是象形字，它是一種建築物——宗廟；「享」

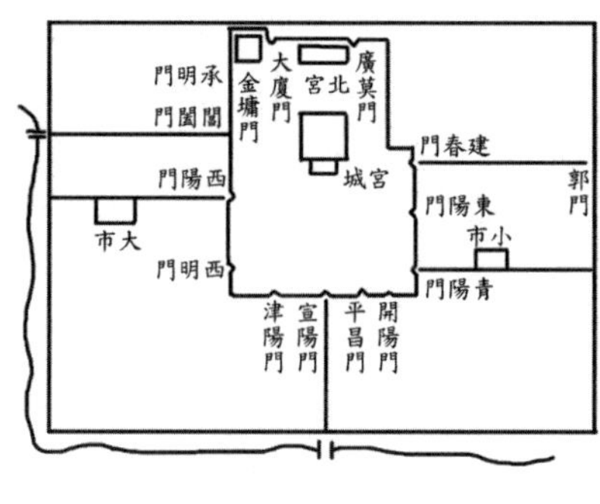

● 北魏洛陽城郭圖

● 「享」字與祭祖有關係。

字就是在描繪這個祭祀祖先的地方：你看小篆「享」字形的上部像是一座有屋頂的房子，下部則是畫出奉獻給祖先的物品。

由於宗廟是祖先「享受」祭品的地方，於是乎「享」字後來就發展出動詞「享受」的意思了。

「郭」字因為隱含著建築物的意涵，後來可以用來指稱保護邑民的城牆。自古以來的都邑通常都有兩道用來保衛的高牆，內牆之內是封君等人居住和辦公的所在，這面牆叫作「城」；都邑的最外層、若有敵人來攻的最開始衝突之處，那面外牆叫作「郭」。城和郭之間就是一般老百姓居住的地方。

除非經濟條件很差，否則為了安全，老百姓一般都不會住在城外無遮蔽無保障之處。至於郭內再要築一城牆，這並非是那些封建統治者的駝鳥心態——以為外郭被攻破，內城還能安在。而是雖然外郭淪陷，但若內城可以抵禦敵人，或許就能拖到救兵前來馳援！

本家歷史名人

本家後代中，以晉朝的學問家郭璞最為有名。思想家兼文學家的郭璞是東晉時期聞喜人，他非常的博學，所學貫通儒、道、釋，還曾為《爾雅》、《山海經》、《方言》、《楚辭》等書作注。很多後世的佛、道、勘輿家都視其為極重要的宗師或始祖。郭璞又寫得一手好詩，最有名的是說明他對神仙生活如何嚮往的組詩〈遊仙詩〉。據說郭璞又精通陰陽曆算五行卜筮之術，每卜必驗。不過後來也正是因為卦筮的結果違逆了權臣王敦而被害身亡，這還真是諷刺！

在郭璞之前，西晉「郭」家也另有一位頗有名氣的學問家郭象。郭象是洛陽人，他的口才極佳，人家都說他只要一開口就像河水傾瀉一樣停不下來，「口若懸河」就是在說他。郭象對《莊子》研究得特別透澈，他反對道家傳統認為「有」生於「無」的觀點，以為天地間一切事物都是獨自生成變化的。在向秀的《莊子注》散佚之後，郭象的《莊子注》便成研究魏晉時期「莊子思想」發展的重要著作。

軍事家郭子儀是唐代華州人。唐玄宗時發生「安史之亂」，郭子儀除了率領唐軍平亂外，還引回紇軍來支援，遠征吐蕃。外族對郭子儀的能力和氣度十分的佩服。因為赫赫戰功，郭子儀得封汾陽郡王，世稱「郭汾陽」。郭子儀一生歷事玄宗、肅宗、代宗、德宗四朝，聲望很高，還能安享晚年，未遭政爭黨禍，這在中國歷史上是十分少見的。

政治家郭威是五代時期堯山人，他是五代後周王朝的開國帝王。郭威的父親郭簡曾任刺史，後來在戰亂中被殺，不久母親也去世。所以郭威從小依靠姨母韓氏提攜撫育。長大後郭威應募做軍卒，由於孔武有力，加上懂一點兵法，從基層做起，前後花了三十年，最終掌握舉國兵權，滅掉後漢而自立。郭威執政時期減免刑罰，廢止苛稅，分配官田，減輕人民不少的負擔；也提供了稍後宋代立國良好的社會基礎。

文學家郭定生，筆名柏楊，當代南輝人。由於撰文並轉載「大力水手」漫畫抨擊時政，被以政治犯身分關押於軍事監獄，隨後送綠島管訓，世稱「大力水手事件」。雖然遭到關押，但柏楊寫作不輟，在獄中陸續完成學術著作：《中國人史綱》、《中國歷代帝王皇后親王公主世系》、《中國歷史年表》等。出獄後更接著創作揭露社會「人吃人」實情的小說《醜陋的中國人》；柏楊翻譯的《柏楊版資治通鑑》也是當代史學重要著作之一。

何

古字小常識：从，是「從」的本字，即起初的寫法。

「何」這個姓氏是怎麼來的？

「何」這個姓氏最早的來源是「姬」姓。周武王之子唐叔虞被周成王分封在韓原。其後仕晉，世代在晉國為官，形成晉國國內勢力很大的「韓」氏公卿；後來還與趙、魏分晉，成為諸侯。韓國傳到韓王安，被秦國所滅，後世子孫分散於江淮之間，有的便以亡國名「韓」為氏。由於江淮語音的影響，「韓」字也有寫作「何」的，於是「韓」氏裡又分出「何」氏。另外一種有趣的說法是：韓王安的後人韓瑊為了躲避秦國的迫害，向南渡河逃亡。沒想到途中遭到官員盤問姓氏，韓瑊不好明說，於是指著天寒江水，官員追問其是否姓「河」？韓瑊回說姓氏應當从「人」，官員於是就登載成「何」姓了。至於外族改姓「何」的，五代時期吐谷渾族就有人改漢單姓「何」；明代朝廷亦曾賜給吐蕃宣慰使「何」姓。

「何」字及相關諸字的歷史風貌

	何	人	可
甲骨文			
金文			
戰國文字			
小篆			

「何」這個字究竟是什麼意思？

「何」這個字原先是個象形字，在甲骨文裡的寫法就是一個人手握着鋤柄，用肩頭扛鋤的樣子。所以「何」字很明顯的就是表示「荷擔」的這個動作。之後再從本義引伸出「擔荷」、「負荷」的意思。不過「何」字到了金文裡的寫法，那個扛鋤頭的「人」還在，但鋤頭卻不見了，取而代之的是「可」這個聲符。所以後來的「何」字便變成形聲字了。

後起的「何」字，它的聲符「可」是個會字，从「口」「丂」。「丂」象徵從嘴巴吐出來的氣。原本是個語詞，也就是「可」的初文。由於認可或同意一件事，直覺會發出「丂（可）」這個語音，於是「可」也就引伸而有「認可」、「可以」的意思。後來「可」用來表示「可以」的

● 「可」字與人吐氣有關係。

● 「何」是描繪用肩頭扛鋤的樣子。

頻率太高，它的「口中所吐之氣」本義模糊了，才又再累加個義符「口」寫成「呵」了。

本家歷史名人

本家後代中，以思想家何休成名的較早。何休是東漢任城人，專攻儒家經典，因為成績很好，當時人就誇讚他：「精研六經，世儒無及者」。後來由於發生「黨錮之禍」，何休被禁止任官，只好在家中專研經典。他最為有名也是目前僅存的著作是《春秋公羊解詁》。

軍事家何進是東漢南陽宛人，他的異母妹是靈帝的皇后，因此他這個外戚輕易得便官拜大將軍。何進因為破獲了黃巾賊在洛陽準備起義的勢力，被封為慎侯，他眼見宦官亂政，漢朝江河日下，便密謀引進董卓的軍隊誅滅亂政的宦官，不料事跡敗露被殺。何進的引兵入宮導致了董卓挾天子令諸侯與後來漢末群雄割據的大亂。

思想家何晏是何進的孫子。由於何家被董卓所滅，其母尹氏在避亂中生下他。曹操後來納尹氏為妾，對何晏十分地疼愛，何晏也親上加親的娶了曹操之女。何晏從小就十分聰穎，曹操讀兵書有不懂的地方也詢問他。何晏的學問和當時的著名學者王弼齊名，人稱「王何」。不過他雖然學問好，卻好清談及品評人物，魏文帝曹丕和後來的魏明帝曹叡因此而不喜歡何晏。加上他和試圖秉政的曹爽也走得太近，結果曹爽事敗，何晏亦受到牽連而死。

何瓊，即何仙姑，相傳為唐代永州人，名列道教八仙之一（其他七人為呂洞賓、鐵拐李、漢鍾離、張果老、曹國舅、韓湘子及藍采和），以手執荷花為特徵。何瓊之所以成仙，據說是因為進山採茶，巧遇呂洞賓。洞賓收其為弟子，並教她道術。洞賓後來賜給神物（仙桃或仙棗），何瓊服食後漸漸地不吃五穀，還變得健步如飛。一日在武則天召見途中，何瓊便登化飛天成仙了。

高

古字小常識：从，是「從」的本字，即起初的寫法。

「高」這個姓氏是怎麼來的？

「高」這個姓氏最早是出自「姜」姓。春秋時期，姜太公的六世孫齊文公呂赤之子受封於高，被稱為公子高。公子高的後人於是以封地名「高」為氏，這是「高」氏的最大宗來源。「高」這個姓氏的另外一個來源是「姬」姓。魯國惠公之子為公子祁，字子高，他的後人有以王父之字「高」字為氏的。而他姓改姓高的，像唐代高力士本姓「馮」，給宮中高延福收養才改姓「高」。至於外族改姓「高」的，像北齊鮮卑族人元景安、元文遙，因為有功而被賜姓「高」；北齊的高隆之所以姓「高」，則是因為他的父親由高歡養育成人，所以原來姓「徐」的他為了報恩就改姓「高」了；另外後燕鮮卑族皇帝慕容雲因為自稱高陽氏之後，也就改姓「高」囉！

「高」字的歷史風貌

高	甲骨文	金文	戰國文字	小篆

「高」這個字究竟是什麼意思？

「高」這個字，《說文解字》解釋道：「崇也。象臺觀高之形。从冂、口。與倉、舍同意。」漢代許慎對這個字的解釋幾乎全對，只不過「高」這個字不是「觀高」之意，它本身是個表示高樓這一類建築的象形字：「高」字上部明顯就是屋頂，中間則是閣樓一類的空間，再下面就是個墊高建築物的土臺，土臺中間還開了個「口」——門口，或是讓人方便進出，或是提供登上高樓的樓梯入口。這類高樓，一般蓋在城牆的大門之上，一來方便士卒平時監視進入的人員，二來在戰時也可以瞭望遠方，清楚觀察到敵人的布署。

戰鬥之時掌握制高點是非常重要的，〔明〕劉基《百戰奇略》就提到：「凡與

● 蓋在城牆大門上的城樓。

● 「高」是象形字，表示高樓那般的建築物。

敵戰，或居山林，或在平陸，須居高阜，恃於形勢，順於擊刺，便於奔衝，以戰則勝。」掌握制高點除了能及時掌握到敵人的動態，也可利用地形來加強攻擊或防守的戰力哦！

本家歷史名人

「高」家成員出名的很早。像戰國時期有名的音樂家高漸離就是本家名人之一。高漸離是荊軻的好友。燕太子丹收買荊軻圖刺秦王，臨別之時，高漸離曾為荊軻擊筑餞別。後來荊軻行刺失敗，高漸離逃亡難期間改名換姓，卻還是難逃被秦王政捕獲的命運。為了要放心聽高漸離擊筑，秦王政讓人弄瞎他的雙眼。不過早先高漸離已將筑灌了鉛，想等秦王政專心聽筑時用力擊殺他，給荊軻報仇。不過真到動手時卻失手，最後受誅而死。

軍事家高歡是南北朝人，雖然他自稱是漢人，但由於他鮮卑化太嚴重，也有人懷疑他其實是鮮卑人。因為生性聰明又懂得結交豪傑，高歡在戰場上為北魏、東魏立下許多戰功。可惜終生無法打敗西魏宇文泰，在一次與宇文泰苦戰之後竟抑鬱得病而死。其子高洋後來篡魏登基，建立北齊，追封高歡為北齊高祖神武皇帝。

高力士是唐代高州人。本姓「馮」，年幼時入宮由高延福收為養子，才改姓「高」。因為辦事能幹，高力士很得武則天的賞識，後來進入唐玄宗朝，因為做事仔細，還幫玄宗平定韋皇后和太平公主之亂，深得玄宗信賴，之後更代玄宗批閱奏摺，權傾一時。「安史之亂」中，高力士力勸唐玄宗除掉楊貴妃，才平安脫險。肅宗即位後與太上皇玄宗不合，高力士多加維護，卻得罪了權宦李輔國，遭到流放；後來聽聞玄宗駕崩，悲悶不食而死，可見其忠心。

政治家高拱是明代洪洞人。據說高拱五歲就已經會做對偶，八歲更能背誦千言文章。中進士後進翰林院。由於穆宗為裕王時高拱曾擔任其講學，對穆宗多有照顧，所以嘉靖年間受到推薦，官拜文淵閣大學士，後接任首輔。但高拱性急，恃才傲物，加上大權在握，得罪不少人。在與張居正（次輔）及馮保對抗的政爭中最終失敗，遭到罷官。

羅

古字小常識：从，是「從」的本字，即起初的寫法。

「羅」這個姓氏是怎麼來的？

「羅」這個姓氏最早是出自「妘」姓，是古帝祝融的後代。祝融後代有羅國，一開始封在宜城，後來遷徙枝江，傳到春秋時期被楚國所滅。羅國遺族在周末時主要居住在長沙一帶，後人有的就以亡國名「羅」為氏。他姓改姓「羅」的，譬如南方的「熊」氏，有一部分後來就改姓「羅」。至於外族改姓「羅」的，如唐代時西突厥可汗斛瑟羅進入中國，其後人便以王父名的漢字譯音「斛瑟羅」省略之「羅」為姓；另外像北魏複姓「破多羅」氏，隨魏孝文帝南遷洛陽後，便改為漢單姓「羅」；又近代清代皇族「愛新覺羅」氏中也有改漢單姓「羅」的。

「羅」字及相關諸字的歷史風貌

	羅	网	隹	鳥
甲骨文				
金文				
戰國文字				
小篆				

「羅」這個字究竟是什麼意思？

「羅」這個字，《說文解字》解釋道：「以絲罟鳥也。从网从維」，它是個从「网」从「維」的會意字，表示用網抓鳥。因為用網，所以从義符「网」；「网」就是「網」的初文。「网」是象形字，字形外頭表示網框，裡面則是交錯相結的繩子。這種網子外框由木或竹子構成，可以撐起網子並控制網子的方向。「羅」的另一個義符「維」，本身是個形聲字，从「糸」「隹」聲。「糸」表示「維」的質材（「糸」之本義詳參本書「孫」姓）；聲符「隹」則是象形字，《說文解字》解釋道：「鳥之短尾總名也。」本義為尾巴或羽毛較短的鳥，它的寫法從古至今沒有太大的改變，全字就是畫出一隻短尾鳥的樣子。

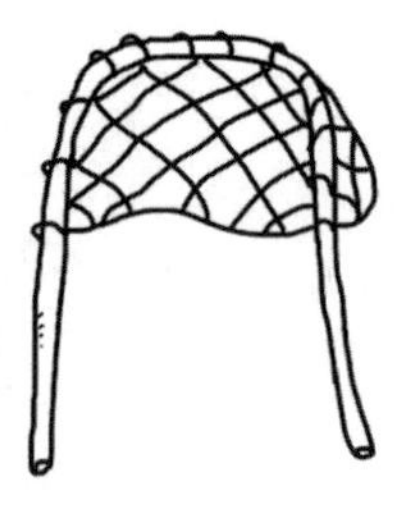

● 「网」是網子的象形。

● 「隹」是短尾鳥的意思。

和「隹」字有關的「鳥」字也是個象形字，《說文解字》解釋道：「長尾禽總名也。」「鳥」字本來指的是尾巴或羽毛較長的鳥，所以「鳥」字書寫的重點在於長到下垂的鳥尾。

从「糸」「隹」聲的「維」字是什麼意思呢？《說文解字》解釋道：「車蓋維也。」漢代許慎指出「維」就是固定車蓋的繩子。擴大來說，其實「維」也就是一種不太粗但夠堅韌的繩子。今天用這種堅韌但不會太粗的繩子來編成網，可以抓住比較大的動物而不會造成網繩的斷裂，這麼好用的網子就是「羅」囉！

本家歷史名人

本家後代中，以政治家羅珠較早出名。羅珠是秦末漢初武陵人，他是秦代末年武陵縣令羅君用之子。漢高祖劉邦掌權執政時羅珠擔任參軍，兼治粟內史。後來駐守九江郡，在交通要道上（贛江和鄱陽湖交會處）建築豫章城（今日南昌附近）。羅珠對豫章的開發成為後來江西重要交通重地南昌城的發展關鍵。

軍事家羅藝是隋末襄陽人，是著名的將領。隋大業年間因為戰功已升至虎賁郎將。宇文化及殺害隋煬帝後，各方勢力都來招降他。羅

● 「鳥」字本指尾巴或羽毛較長的鳥。

藝綜合判斷之後改投唐朝，沒多久就幫唐朝攻下徐河。可惜羅藝雖然有才華，但卻是個自負的人，征戰期間不意冒犯了李世民。後來李世民即位太宗，羅藝深怕遭到秋後算帳，起兵叛變，他的手下卻背叛他，最後遭到斬首。

文學家羅貫中是元末太原人，史料沒明確記載他的生平，只知道他善於寫作通俗小說。羅貫中最有名的小說作品就是總結明代以前眾多流傳於民間的三國故事的《三國志通俗演義》，此書也成為後來歷史小說爭相模仿的對象。另外他的作品如《南北史通俗演義》、《隋唐兩朝志傳》、《殘唐五代史演義》、《三遂平妖傳》等，也都十分的出色。

第五篇 鄭梁謝宋唐

鄭

古字小常識：从，是「從」的本字，即起初的寫法。

「鄭」這個姓氏是怎麼來的？

「鄭」這個姓氏的來源和其他姓氏相比，十分單純。最早是出自「姬」姓，周厲王最小的兒子友，受封在鄭，是為鄭桓公。周平王東遷洛陽之後，鄭又遷徙到溱、洧之間，號為新鄭。傳十三世到鄭幽公，被韓國所滅。鄭國的後人後來播遷在陳、宋之間，並以亡國名「鄭」為氏。

「鄭」字及相關諸字的歷史風貌

	鄭	奠
甲骨文		
金文		
戰國文字		
小篆		

● 「奠」字是描繪放在祭壇上的酒樽。

「鄭」這個字究竟是什麼意思？

「鄭」這個字，《說文解字》解釋道：「京兆縣。周厲王子友所封。从邑奠聲。宗周之滅，鄭徙溍洧之上，今新鄭是也。」它是個从「邑」「奠」聲的形聲字，表示地名。漢字裡，凡表示政治區域或是都邑的字，會多加「邑」偏旁（「邑」之本義詳參本書「郭」姓）。

「鄭」的聲符「奠」是個會意字，在甲骨文字裡，它的上部畫一個酒樽，下面的一畫則表示出放置酒樽的祭壇位置，全字表示以酒樽所盛飲食來致祭。到了金文、楚簡、小篆裡，「奠」字下部的一畫改成了「几」，一樣指的是祭壇，只不過這個祭壇或許是因為衛生的關係而被墊高了起來；酒樽不觸地，可以保持乾淨，也可顯示祭禮之慎重。

為了表示對所祭祀神明的尊重，擺置在祭壇上的食物水酒一定要放得四平八穩，以免傾倒。所以「奠」字又有「搞好基礎」、「奠基」的意思。又祭奠之時要特別的莊重嚴肅，所以「奠」字又有「奠（鄭）重」、「隆重」的意涵。

姬姓之後的鄭國和衛國，到了春秋末期流行起不夠典正莊重的音樂，孔子曾加以駁斥，認為是淫聲（不受約束、不合禮的音樂）。自此「鄭聲」或「鄭衛之音」、「鄭衛之曲」就變成不合於雅樂的音樂稱謂了。

本家歷史名人

因為來源自周宗室姬姓，鄭國又建國得早，所以「鄭」家成員成名的也比較早。最早出名的是工程學家鄭國。鄭國是戰國時期韓國人，為了耗損秦國國力，韓國向秦國推薦鄭國前去為他們規劃水利工程。沒想到秦國將計就計，採用鄭國的計畫來鑿通涇水，出北山向東流入洛水。渠道建成之後，可以大量利用含有肥沃淤泥的涇水灌溉低窪鹽鹼地，從此使得關中可以大量生產糧食，反而讓秦國得以有實力吞併各國。這條渠道後來也被命名為鄭國渠。

思想家鄭玄是東漢高密人，他是經學大家。年輕時學《易經》、《公羊傳》有成，人稱「神童」；鄭玄後來續陸向第五元先、陳俅、馬融學習，既懂古文經，又會今文經，融會貫通其間，集其大成。當代經學大師何休看了鄭玄的著作大為佩服，大嘆鄭玄能用何休自己的論述來攻擊自己的論點，就像跑到何休家裡拿了矛來對付他一樣（成語「入室操戈」的典故來源）。鄭玄除了講述，也遍注群經，是中國經學傳承上的重要關鍵人物。

文學家鄭光祖是元代襄陵人。他是元代著名的雜劇家和散曲家。由於史料缺載，鄭光祖的生平一直是個謎，只知道這個人雖然心直口快，但十分重視和朋友的感情。鄭光祖目前所存的作品有十八種，其中以寫作夢境與現實交雜戀情的雜劇《倩女離魂》最為有名。因為文學上的表現，鄭光祖與關漢卿、馬致遠、白樸合稱「元曲四大家」。

政治家鄭和是明代雲南人。明成祖時入宮為太監，因做事能幹麻利，所以皇帝賜姓「鄭」。鄭和後來兼負出海國外宣揚國威、暢通海上經貿路線的重要任務。他曾率領船隊航海至南洋、印度、波斯、非洲東岸等處；途中還幫助馬來西亞建國；海外諸國得知大明朝之後，也紛紛前來朝貢。史稱「三保太監下西洋」。

軍事家鄭成功是明末南安人。父親鄭芝龍本來是海盜，後來接受明朝招安。沒想到清兵大舉壓境滅明，鄭芝龍投降了清廷，但是鄭成功則在南方支持明桂王和唐王，因此唐王賜姓「朱」，民間遂稱呼鄭成功為「國姓爺」。鄭成功眼見各地起兵反清失利，便遁退臺灣，並擊退當時島上荷蘭守將，奪回國土，可惜不久就病死了。

文學家鄭燮是清代興化人，因號「板橋居士」，所以人稱「鄭板橋」。鄭燮自小就表現出聰穎和悟性，也常能在書中讀出與常人不同的看法。乾隆年間鄭燮中進士，享有「循吏」之名，晚年因病罷官揚州，以書畫為生，他的詩、書、畫作品水準俱佳，人稱「三絕」。他又常與揚州文人畫家金農、黃慎、李鱔、李方膺、汪士慎、羅聘、高翔等七人來往，世稱「揚州八怪」。

梁

古字小常識：从，是「從」的本字，即起初的寫法。

「梁」這個姓氏是怎麼來的？

「梁」這個姓氏最早的來源是「嬴」姓。治水有功得到賜姓「嬴」的伯益，其後佐助治國有功，他的少子康便得到周平王的賞賜，分封在夏陽，號為梁伯。梁後被秦穆公所滅，於是國人便以亡國名「梁」為氏。「梁」這個姓氏的另一個來源是晉國的解梁等五城，在晉惠公時五城割給秦國，居住於此地的居民於是以舊地名的省略「梁」字為氏。至於外族改姓「梁」的，在南北朝時期，北魏「拔列蘭」氏跟隨魏孝文帝移都洛陽，定居於中原，漢化後便改為漢單姓「梁」。

「梁」這個字究竟是什麼意思？

「梁」這個字，《說文解字》解釋道：「水橋也。从木从水，刅聲」，它是個从「水」从「木」「刅」聲的形聲字，本來表示水上所築的木橋。既然是水上木橋，所以从「水」這個義符，表示橋所在的位置；从「木」則表示橋的材質。後來為了區別陸上建築物的「棟梁」和水上的「橋梁」，才再另外累加一個「木」旁，寫成「樑」來專指前者。

「梁」的義符「水」，本身是個象形字，從甲骨文到小篆的寫法變化不大，全字筆畫表現出水波或水流動的樣子。「梁」的聲符「刅」則是「創」字的異體字。「刅」字就是揮刀下去，對被砍的東西造成創傷、缺口；而被砍劈的東西，碎片四散的樣子。所以「刅」全字就是個从

「梁」字及相關諸字的歷史風貌

	梁	水
甲骨文		
金文		
戰國文字		
小篆		

● 「刅」是从刀的指事字。

● 「梁」是象形字，描繪水流動的樣子。

「刀」再加二點表示被創物品碎片筆畫的指事字哦！

本家歷史名人

本家後代中，較早出名的是文學家梁鴻。梁鴻是東漢詩人，曾進入太學讀書，但並未任官；後來隱居讀書，娶妻孟氏。因為梁妻很有德行，梁鴻於是給她取名為孟光。梁鴻後來撰詩得罪了漢章帝，於是改名易姓逃往南方，幫他人耕種當佃農。一日東家進到鴻家，發現孟光奉食時「舉案齊眉」（成語典故來源），夫妻相互敬重，判斷他們應非尋常人家，於是禮遇梁鴻。梁鴻因此得閒可以閉門著書，精進學問。

軍事家梁紅玉是宋代名將韓世忠的繼室，本為東京名妓。南宋建炎三年，金兵南下，國內大亂，苗傅勾結劉正彥造反，並扣押梁紅玉及其子，藉以要脅韓世忠。後來在朱勝非的幫忙下，梁紅玉母子脫困和韓世忠會合，並發兵解了宋高宗之圍。建炎四年韓、梁夫妻苦守京口，與來犯的金兀朮決戰黃天蕩。梁紅玉親自登上高樓擊鼓助戰，困死金兵，使得金兀朮不敵而敗逃。智勇雙全的梁紅玉實在是女中豪傑！

思想家梁啟超是清末民初新會人。他是康有為的弟子，在清末和康有為一同倡議變法維新，人稱「康梁」。不料百日變法失敗，「戊戌政變」後康有為遭清廷追捕而逃亡日本。因為梁啟超長期在海外鼓吹進步的思想，享有清譽，民國初年曾回國擔任司法、財政總長等職。晚年梁啟超專以著述講學為務。著作以《飲冰室文集》最為有名。梁啟超之子梁思成因為家學淵源，自美國留學歸國後致力於傳統建築的保存及維護，是民國初年著名的建築史學家；與當代呂彥直、劉敦楨、童寯、楊廷寶合稱「建築五宗師」。

文學家梁實秋是清末民初北京人，在五四運動後留學美國，回國時先後任教於東南大學、青島大學等，同時大力引進西方文學理論。除了創作，梁實秋也有大量的優良譯作。後來還曾經和魯迅就文學的內涵及功能進行論辯。梁實秋主張文學沒有階級意識，不應該成為政治工具，文學創作應以人性為依歸。

謝

古字小常識：从，是「從」的本字，即起初的寫法。

「謝」這個姓氏是怎麼來的？

「謝」這個姓氏最早的來源是「姜」姓。古謝國原先是黃帝任姓之子在洛水支流謝水所建立的，後來周公東征，將當地一些包括古謝國的小方國往南移，古謝國於是改遷到南陽。古謝國後來被周宣王所滅，並將原來的土地賜給其舅父申伯，封地也改名「申國」；沒多久國名又改沿用「謝國」。謝國國亡之後，後人於是以亡國名「謝」為氏。「謝」這個姓氏的另外一個來源是外族改姓。根據《唐書·文苑列傳》，謝偃的祖父孝政本姓直勒氏，是鮮卑族人，後來改為「謝」氏。

「謝」字及相關諸字的歷史風貌

	謝	射	身	言
甲骨文				
金文				
戰國文字				
小篆				

「謝」這個字究竟是什麼意思？

「謝」這個字，《說文解字》解釋道：「辤去也。从言射聲」，它是個从「言」「射」聲的形聲字，原來指「推辭」、「拒絕」這一類意思。因為是一種拒絕之詞，所以从「言」這個義符。「言」是指事字，从「口」再外加一個表示樂器的符號，全字像是一張嘴含著樂器吹奏的樣子。

在甲骨文裡，「言」和「音」的字形相同：「言」指嘴巴發出聲音講話、「音」則指嘴巴吹奏樂器發出聲音；兩個字的造字用意相當。但也有一種說法，認為「言」字就是一個人滔滔不絕的說話，舌頭不斷跑出嘴巴的樣子。「射」作為「謝」字的聲符，它本身則是個从「弓」从「又（寸）」會意字，全字表示手拿

● 射箭的「射」本身是从弓和从寸的會意字。

● 「言」也有滔滔不絕地談話的意思。

● 「謝」字從言，而「言」像個嘴吹樂器的樣子。

箭，搭上弓弦之後拉滿弓（「弓」之本義詳參本書「張」姓），打算把箭給射出去的樣子。

由於「弓」字和「身」字的字形太相似，產生了混淆，加上古文字裡「又」、「寸」等義近字在做為義符偏旁時可以互用（「寸」是個指事字，字由「又」和「一」兩個部件組成，「又」是手的象形，「一」是指事符號，並非數字「一」；「寸」全字表示距手掌一寸的地方，即「寸口」，為中醫診脈的部位），所以「射」才變成从「身」不从「弓」、从「寸」不从「又」。

由於「謝」字有「謝絕」的意思，後來覺得對人家不好意思，覺得自己不值得別人這麼好的對待，心裡有點「辭謝」之意，也就引伸出「謝罪」、「感謝」這一層意思來了。

本家歷史名人

本家後代中，較早出名的有政治家謝安。謝安是東晉陽夏人，因為才能出眾，年紀輕輕就已經很有名。不過幾次朝廷的徵召都被他所拒絕。謝安隱居在東山，直到四十幾歲才出任桓州司馬。孝武帝時，前秦苻堅率大兵壓境，謝安廣挑良將，並訓練精兵，組成戰力超強的「府兵」，和前秦軍隔淝水相拒，並命侄子謝玄應戰，雖然以少擊多，但四戰皆捷，秦兵敗退潰逃，史稱「淝水之戰」。

文學家謝靈運是南朝時期會稽人，他是名將謝玄的曾孫，襲封康樂公，所以人稱「謝康樂」。謝靈運在詩、書、畫各方面都很有造詣，文章也和顏延之齊名。由於謝靈運性喜遊山玩水，並將所見所聞寫入詩中，開創了後來的「山水詩派」。

文學家謝朓是南朝時期陽夏人，母親是南朝宋長城公主。由於文章寫得很好，謝朓一直很得高層喜愛，連唐代大詩人李白也十分佩服他的文采，撰詩誇讚他「中間小謝又清發」。謝朓因建武年間出任宣城太守，世稱「謝宣城」。期間也常出入竟陵王府邸，與一起交遊的文人蕭衍、沈約、王融、蕭琛、范雲、任昉、陸倕合稱「竟陵八友」。

宋

古字小常識：从，是「從」的本字，即起初的寫法。

「宋」這個姓氏是怎麼來的？

「宋」這個姓氏主要是出自「子」姓。周武王滅掉商朝後，按禮法不能讓諸侯絕祀，於是把紂王之子武庚封在殷。沒想到武王死後武庚叛亂，周公出兵平定了叛亂，便改將商紂王的庶兄微子啟封在商丘，建立宋國，以接奉商的祭祀。宋國傳到宋襄公，因為幫助齊國平定內亂，成為「春秋五霸」（其他四霸為齊桓公、秦穆公、晉文公、楚莊王）之一。到宋桓侯時，王位遭到大夫戴剔成篡位，其弟戴偃接著成為宋康王。沒想到宋康王沒顧慮到宋國的真實國力，南征北討，得罪了大國齊、楚，後來終於被齊國所滅。國亡之後，國人便以亡國名「宋」為氏。至於外族改姓「宋」的，要到唐代之後才多了起來，像是五代沅陵辰州蠻酋有「宋」氏，北宋西夏國黨項族有「宋」姓，清代滿洲八旗「嵩佳」氏族後來全改姓「宋」即是。

「宋」字及相關諸字的歷史風貌

	宋	宀
甲骨文		
金文		
戰國文字		
小篆		

「宋」這個字究竟是什麼意思？

「宋」這個字，《說文解字》解釋道：「居也。从宀从木」，這個字是個从「宀」从「木」的會意字，表示某種可用來住人的建築物。「宋」字所从義符「宀」本身是象形字，全字就是把屋頂和牆壁、撐住屋頂的柱子給畫出來。由於「宀」是建築物的基本構造，所以凡是和「居住」有關的字，如：「宮」、「室」、「家」、「寢」、「宇」等等，都是用這個偏旁。

至於「宋」另外一個義符「木」，標示出這些建築物的建材成分：早期人類所居的建築物多半以木頭做為建材，所以「宋」字原意指的就是由木材搭建而成、可以遮風避雨的居所。後來「宋」字作為地名、國名或姓氏，那都是假借的用法

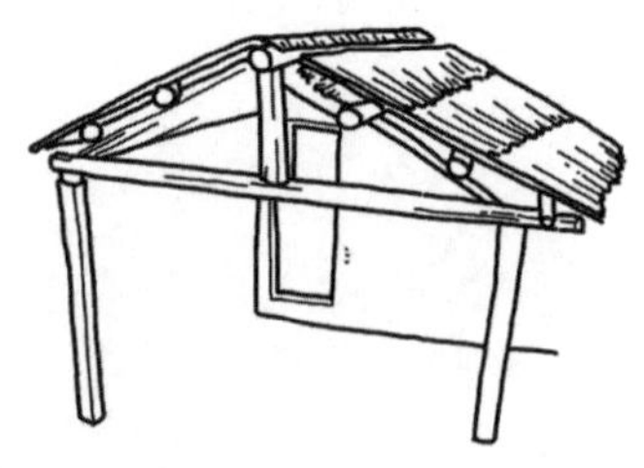

● 這幅圖像就是「宀」的具體形象。

● 「宋」字有以木材建屋，用來居住的意思。

了。

講到宋國，有一句成語和它有關，叫「杞宋無徵」。杞國是禹的後代所建立的國家，傳到周朝已經一千多年；宋是殷商後代所建立的國家，國內保存了很多關於商朝的史料。如果有一件古事，是向杞國或宋國徵詢也問不清楚的，表示這件古事太過久遠，大概也沒人能說得清楚。所以「杞宋無徵」即是指事情證據不足，難以釐清的意思。

本家歷史名人

由於「宋」國歷史悠久，「宋」家人出名得也早。文學家宋玉是戰國時期楚國人，大約生於周赧王二十五年，卒於楚亡之年。宋玉和屈原一樣，常常遭人毀謗，別人問他，他說這是因為「曲高和寡」（成語典故來源；唱的歌太難，別人無法跟著唱）。因為宋玉曾經出任過掌管史料的蘭臺令，世稱「蘭臺公子」。宋玉擅長創作辭賦，作品〈九辯〉、〈招魂〉等都十分有名而被收入漢代劉向所編的《楚辭》一書。據說宋玉是屈原的學生，不過這層關係並不可考。因為文名，宋玉與屈原合稱「屈宋」。

文學家宋之問是唐代弘農人，他是屬於很難相處的那種人，雖然與甥劉希夷同登進士，但卻因創作上的爭執，竟將劉希夷給活埋了。後來宋之問因為幫權臣張易之奉溺器，天下人十分不齒；沒多久就遭到唐睿宗賜死。因為宋之問和沈佺期大量創作格律嚴明的詩作，為近體詩奠下良好基礎，文學史家合稱「沈宋」。

法醫學家宋慈是宋代建陽人，他的父親擔任基層司法官員，家庭環境對宋慈影響很大。宋慈學成後中舉任官。除了參與地方上的平亂工作外，亦投入司法領域。宋慈總結宋以前法醫學的精華，撰成《洗冤集錄》，書成即刻成為全國執法單位重要參考資料。宋慈的風雲故事也被拍成著名的影集「大宋提刑官」，流行於海內外。

思想家宋濂是明代浦江人。既聰敏又強記，五經皆通，還好作詩文。元末朝廷曾徵召他出任翰林院編修，但遭到他拒絕。隨後宋濂隱居龍門山十幾年，直到大明朝時才出任翰林學士。除了為太子講學之外，宋濂還奉旨編修《元史》；因為文學方面的優秀表現，宋濂與劉基、高啟並列「明初詩文三大家」。

科學家宋應星是明代奉新人，由於早期科舉失意，宋應星改而走訪各地，實地考察各種民生工作的原理。後來宋應星擔任江西分宜教諭、福建汀州府推官等職，期間開始著手編寫《天工開物》。《天工開物》詳細記錄各地工農業生產技術，圖文並茂，所記錄的內容很多與今日科學原則相符，是中國科學技術史上的代表重要著作之一。

唐

古字小常識：从，是「從」的本字，即起初的寫法。

「唐」這個姓氏是怎麼來的？

「唐」這個姓氏最早源自「祁」姓。唐氏是帝堯之後，因為帝堯初封為唐侯，所以後來帝舜執政，也封堯之子丹朱為唐侯。進入夏朝，丹朱裔孫劉累遷到魯縣，周朝之後改稱唐公。唐國傳到周成王時，被周朝所滅，成王並將唐地改封給叔虞，號唐叔。然後將原來的唐公遷到於杜地，由公的身分降爵為伯。不論是「祁」姓之「唐」或是「姬」姓之「唐」，亡國之後都有子孫以亡國名「唐」為氏。至於外族改姓「唐」的，據說三國時期的隴西羌族中便有人改姓「唐」。

「唐」字及相關諸字的歷史風貌

	唐	庚
甲骨文		
金文		
戰國文字		
小篆		

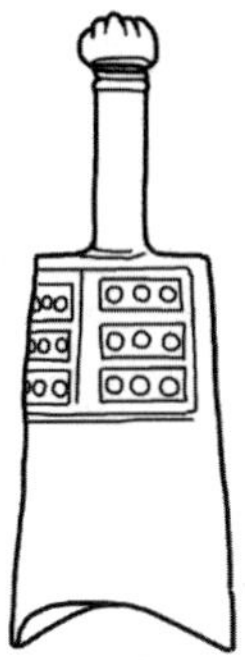

●「鉦」是一種古樂器。

「唐」這個字究竟是什麼意思？

「唐」這個字，《說文解字》解釋道：「大言也，从口庚聲」，它是個从「口」「庚」聲的形聲字，本意指說大話。因為表示說大話，所以从「口」這個義符；而「庚」則是聲符。「庚」本身是個象形字，全字描繪有耳可搖的樂器，即是「鉦」字的初文。

出土文物中常見「鉦」這種樂器：金屬鉦在打擊時會發出鏗鏘之聲，這是「庚」字的字音由來，「庚」也因此能作為「康」、「唐」等字的聲符。

「唐」原本表示說大話，後來怕人將它與國名或姓氏的「唐」搞混，「吹牛皮、說大話」這一層意涵就再另造一個複詞「荒唐」來表示，唐代韓愈〈桃源圖〉詩：「神仙有無何渺茫，桃源之說誠荒唐」即其用例。由於說大話的內容遠遠脫離事實常軌，所以「荒唐」又衍伸出言行乖謬、不合禮法的意思，宋代蘇軾〈初到黃州〉詩：「自嘆平生為口忙，老來事業轉荒唐」即其用例。說了大話便怕別人拆穿，心裡不安穩，容易慌慌張張；加上「慌張」和「荒唐」字音接近，所以「荒唐」在某些地方又能表示「慌張」，元代朱凱《黃鶴樓・第一折》：「那周瑜不弱如與劉滅楚的這漢張良，索仔細，莫荒唐」裡的「荒唐」就當「慌張」來用。

本家歷史名人

「唐」家家族成員和其他姓氏相比，成名較晚。政治家唐順之是明代武進人，在翰林院擔任編修時，校對了各朝實錄，對史料的保存很有貢獻。當時倭寇常進犯沿海，唐順之領兵大敗倭寇於崇明島，立下赫赫戰功。除了政治，唐順之的文學表現也很好，尤以散文水準為高，風格屬於唐宋文派。唐順之也因為他的散文成就，和歸有光及王慎中合稱「嘉靖三大家」。

藝術家唐寅是明代吳人，他兼有畫家和文學家的身分。因為字伯虎，所以人稱「唐伯虎」。唐寅在詩、詞、書、畫各領域都有很高的造詣。他詩學劉禹錫、白居易，畫學李唐、劉松年，書工及意境都很棒。書畫與祝允明、文徵明、徐禎卿四人稱為「吳中四才子」；文章則與文徵明、沈周、仇英合稱「明朝四大家」。

思想家唐君毅是清末民初宜賓人，從中央大學畢業後歷任四川、華西、中央各大學教授。國共內戰時避居香港，與錢穆、張丕介等創辦新亞書院。因為深感西學對東方的侵略，所以新亞書院辦學的目的便設定在重振中國哲學。唐君毅精通中西哲學，從這裡頭建構出一套上承新儒學並能貫通天人的唯心哲學系統，是近現代重要的思想家。

語言學家唐蘭是清末民初嘉興人，早年學醫，後來改學傳統國學，學成歷任東北、輔仁、燕京等大學教授，後來供職故宮博物院。唐蘭在中國文字及聲韻學方面的研究成果很豐碩，所著《中國文字學》、《古文字學導論》是學習中國文字的重要教科書之一。

第六篇

許鄧馮韓曹

許

古字小常識：从，是「從」的本字，即起初的寫法。

「許」這個姓氏是怎麼來的？

「許」這個姓氏最早的來源是「姜」姓。周武王滅掉商朝後，封伯夷的後人文叔在許國，稱為許文叔。許國傳到許男斯時，由於許國的保護國楚國首都郢被吳國攻克，許國頓時失去屏障，馬上就被鄭國滅掉。後來也曾有幾位許國君主在楚國的扶植下，被當地百姓或許國遺民所擁立，許國也就這樣斷斷續續的維持著。到了楚惠王封公子結擔任許國君主，總共也才多傳了五世。戰國初期，許君就被楚國廢黜，澈底滅亡。許國亡後，後人於是以亡國名「許」為氏。另外傳說帝堯時代的賢士許由後代，亦以父祖名「許」字為氏，不過此事在史料上找不到足以證實的記載。

「許」字及相關諸字的歷史風貌

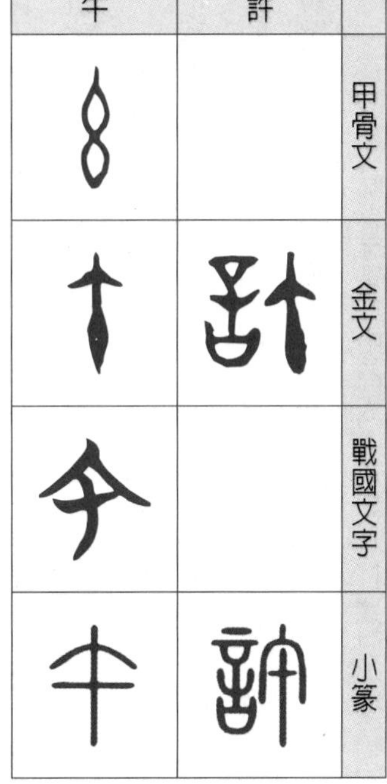

●「杵」是「午」的後起形聲字。

「許」這個字究竟是什麼意思？

「許」這個字，《說文解字》解釋道：「聽也。从言午聲」，它是個从「言」「午」聲的形聲字，不過漢代許慎的意思並非「許」字指「聽」的這個動作。在古代，「聽」這個字有瞭解情況後進行判斷的意思。所以「許」字本來指的是聽完陳敘或要求之後提出結論或給予允許的意思。

由於「許」是由嘴巴說出結論或同意的話，所以从「言」這個義符（「言」之本義詳參本書「謝」姓）；至於「午」則是它的聲符。「午」是「杵」的初文，它是個象形字，全字描繪「杵」的模樣。

「杵」的中間較細，方便握持，前後兩端粗重，在上下搗動時發揮重力加速度的效果，可以在最省力的情況擊碎堅硬的食物外殼，或將之搗碎成粉末。因為「午」後來被假借表示正午前後的這段時間，所以才再加義符「木」造了個後起形聲字「杵」。

「午」在使用時會發出「扣扣扣」的聲音，所以从「午」的「許」字有時也可以當作表示這種聲音的狀聲詞哦！像《詩經．小雅．伐木》：「伐木許許，釃酒有藇」，詩裡的「許許」指的或是人伐木施力時的吼聲，或是斧頭在木頭上的砍擊聲。

本家歷史名人

本家後代中，最早出名的是政治家許由。許由是上古陽城槐里人，這個人非常的聰明。據說帝堯想要將天下交給他治理，不過許由並不接受，還跑到箕山隱居起來。後來帝堯又希望他出任官位，許由不肯聽，跑到潁水之濱洗耳朵去了。許由死後，葬在箕山山頂。帝堯稱號他是「箕山公神」，以後許由就以山神的身分配食五嶽。

經學家許慎是漢代召陵人，他是當朝重要的經學家。許慎個性非常沉穩，年輕時已經遍觀經籍，也拜師著名經學家賈逵為師。由於學問很好，當時人稱譽「五經無雙許叔重」。為了讓人能更懂經書裡的字句意思，許慎寫作《說文解字》十四卷，這是中國有史以來第一部系統分析字形和考究字義的專著，對經學的傳播有很大的幫助。

宗教家許遜是晉代南昌人，年輕時打獵射中懷孕的母鹿，看到母鹿慘死，心生頓悟，於是循入道教修行。後來因緣際會，許遜任官豫章一帶，體國體民，所以政績卓越，廣受人民的愛戴。許遜同時也率領教團到處傳教，民間因此稱呼他為「眾仙之長」。由於傳教過程特別強調孝慈之道，東晉寧康二年升天成仙後，許遜也被封為「孝道之宗」。

文學家許地山是當代揭陽人，他從燕京大學畢業後前往美國和英國留學，取得了文學學位。回國後歷任燕京、清華、北京、中山、香港等大學教授。除了研究宗教，許地山在散文和小說創作方面也有很高的成就，是當代重要的文學作家。

鄧

古字小常識：从，是「從」的本字，即起初的寫法。

「鄧」這個姓氏是怎麼來的？

「鄧」這個姓氏最早是出自「子」姓。商王武丁分封他的叔父曼季在鄧國，稱鄧侯。西周時期，鄧國和宗周及其他姬姓國來往密切，也有聯姻關係。到了楚文王時期，文王借道鄧國去攻申國。文王父親楚武王娶有鄧曼夫人，來自鄧國，加上二國有姻親關係，所以鄧君就很放心的答應了楚國的要求。沒想到楚滅掉申國後，回程也順便把鄧國給滅了。鄧國亡後，子孫於是以亡國名「鄧」為氏。由於鄧氏是曼季的後裔，所以說「鄧」出自「曼」姓也是可以的——二姓同宗。至於他姓改姓「鄧」的，像五代南唐後主李煜第八子李從鎰受封為鄧王。南唐亡國後，李從鎰之子李天和逃亡，因王父曾封鄧王的原因，所以李天和後來就改姓「鄧」。

「鄧」字及相關諸字的歷史風貌

	鄧	登	止
甲骨文			
金文			
戰國文字			
小篆			

「鄧」這個字究竟是什麼意思？

「鄧」這個字，《說文解字》解釋道：「曼姓之國。今屬南陽。从邑登聲」，它是個从「邑」「登」聲的形聲字，表示地名。因為是地名，所以从「邑」這個義符；而聲符「登」本身是個會意字，从二個相對的「止」和「豆」。「止」是象形字，全字描繪腳掌的樣子。「登」从兩個「止」，表示二隻腳在往上爬。那它們在爬什麼呢？

「登」下面所从的「豆」，本來指的是一種盛裝祭品的高腳容器，但在這裡，它指的是一種高腳凳子（「豆」字就是這種凳子的側面照）。

這種高腳凳子用來幹嘛呢？原來古代的馬車並沒有梯子：擁有馬車的貴族、君子等知識分子，身分既然尊貴，穿著當然

1.「止」是象形字，描繪腳掌的樣子。
2.「豆」原是古代盛裝祭品的高腳容器。
3.「豆」在「登」字裡指的是高腳凳子。
4. 古代的馬車車廂高，必須踩著凳子才能登車。

也很華麗。出個門坐個車，爬上爬下的很不好看，也很失禮。於是馬車就要配備有這種高腳凳子，好讓人方便上下。所以「登」這個字本義是兩腳踩豆以登上馬車的意思，「登」就是「蹬」的初文。古文字裡的「登」字後來有加「収」形的，「収」表示兩隻手舉著，一個是指把使用完畢的高腳凳子放回車上收起來的意思；一個則是因為「登」字後來由「登上」引伸出「提（晉）升」、「進獻」這一類意思，加個「収」形即是用來標示那雙「進獻」或「提（晉）升」某人某物的手了。

本家歷史名人

本家後代中，比較早出名的是後宮鄧曼。鄧曼是春秋時期楚武王夫人，從鄧國嫁來。當時武王之子屈瑕想討伐羅國，鄧曼知道屈瑕的個性輕忽，預言此戰一定失敗，後來果然如此。武王想討伐隋國，心裡頭有些罣礙，鄧曼嘆息說：「武王的福份已經到頭了！」後來武王果然戰死。因為鄧曼的聰慧和先知，當時人都稱讚她說：「鄧曼知道天的運作道理呀！」

政治家鄧通是漢代南安人，它是漢文帝的寵臣。鑄錢一向是國家的工作，但由於文帝實在是太喜歡鄧通，竟然賞給他銅山，還讓他可以自己鑄錢流通。因此鄧家成為富可敵國的有錢人，「鄧通錢」也變成錢幣的代稱。沒想到鄧通得到國家的恩惠，卻不思報國，反倒行為不檢。文帝駕崩後，景帝即位，對鄧通看不順眼，便把鄧家家產充公。諷刺的是鄧家原本是富可敵國的，鄧通最後卻是因為飢貧而死。

軍事家鄧艾是三國時期棘陽人，是曹魏陣營的名將。原本鄧艾的任務是防禦蜀漢大將姜維，沒想到他趁機偷渡陰平，直取蜀國，逼得蜀後主劉禪投降，輕易的就滅掉了蜀國。後來因功高遭人所忌，鄧艾被鍾會等人陷害，其子亦一同殉難。據說漢初周昌有回被劉邦問到廢太子之事，沒想到周昌口吃：「臣期期……以為不可」；鄧艾也有同樣的口吃問題，每回自我介紹時都說：「艾艾艾……」。結果這二個故事就被合併成形容說話口吃的成語「期期艾艾」了。

馮

古字小常識：从，是「從」的本字，即起初的寫法。

「馮」這個姓氏是怎麼來的？

「馮」這個姓氏最早是出自「姬」姓。據說周武王滅掉商朝後，文王第十五子畢公高被封在畢地，後來又被改封在馮城。他的後人有的就以封地名「馮」為氏。「馮」這個姓氏的另一個來源是「歸」姓。據說鄭國大夫馮簡子本為「歸」姓之後，他的子孫有的改以王父之名的簡省「馮」字為氏。

「馮」字及相關諸字的歷史風貌

	甲骨文	金文	戰國文字	小篆
馮				
冫	（商朝金文）			
冰				

「馮」這個字究竟是什麼意思？

「馮」這個字，《說文解字》解釋道：「馮，馬行疾也。從馬，冫聲」，它是個从「馬」「冫」聲的形聲字，表示馬跑得很快的樣子。因為字是表示馬奔跑的速度，所以這個字从「馬」這個義符。而「馮」所从的聲符「冫」，本為「冰」字初文，它像是金鉼相疊在一起的樣子。只是為了書寫方便，用二筆來表示。由於金屬的散熱速度快，一般摸起來都「冰冰的」，所以在造字表示「冰」這種觸覺時，才造二塊（鉼，音ㄅㄧㄥˇ，古代一種餅狀的金銀塊）金鉼相疊的構形。不過水到了零度以下，結成固體的冰，它也是「冰冰的」，於是後來又在「冫」旁多加一個義符「水」，寫成「冫」字的後起形聲字「冰」。

● 很多鉼（音ㄅㄧㄥˇ，一種餅狀的金銀塊）互相疊起來的樣子就是「冫」。

● 「馮」字表示馬兒快跑的樣子。

因為「馮」字有「跑」的這一層意思，加上「馮」字也常通假作「憑」，因此便發展出「登」、「藉」的意涵。《詩經．小雅．小旻》裡有：「不敢暴虎，不敢馮河」，裡頭的「馮」讀同「憑」，指的就是「徒步渡過」的意思。《論語．述而》中，子路問孔子若擔任三軍統帥，最想要什麼人隨行？孔子回道：「暴虎馮河，死而無悔者，吾不與也。必也臨事而懼，好謀而成者也。」孔子回答他最怕那種藉著勇力不怕死的人跟隨；話中「馮」字和《詩經》的用法一樣。後者也是成語「暴虎馮河」的典故來源。

本家歷史名人

「馮」家成員早最出名的是一位獵人，他的名字叫馮婦，是春秋時期晉國人，本身具有徒手搏虎的美技。不過因為馮婦其實想要當個有修養的人，於是立誓不再殺生。沒想到有次路上看到一群人對一隻負隅頑抗的老虎沒辦法，他忍不住跳下去跟著打虎，最後把老虎給制服了。獵人們雖然很讚賞他，但馮婦卻受到有教養者的嘲笑。這個故事出自《孟子．盡心下》。由於能徒手搏虎的人不多，後來就稱勇猛或凶狠的人為「馮婦」。而重操舊業則稱作「重作馮婦」。

政治家馮驩，名或作馮諼，是戰國時期齊國人。他原是孟嘗君門下的食客，有天因為彈著劍鋏高唱「食無魚、出無車」，抱怨自己身為食客，待遇卻很差，孟嘗君聽了不問原因便加以禮遇。後來馮驩幫孟嘗君去薛城收債，但卻把欠債者叫來當著面燒掉借據。孟嘗君本來不懂他為何這麼做，馮驩解釋孟嘗君什麼都不缺，錢收回來也買不了什麼必需品，他於是藉由燒借據來幫孟嘗君買民心。後來孟嘗君落難，果然薛城百姓都跳出來努力的加以維護。此外馮驩還建議除了收買民心，孟嘗君要讓齊王重視他這個人才、還要讓齊王在自己的封地建宗廟，如此「狡兔三窟」（成語典故即源自此）才能長保無憂。

文學家馮延巳是五代南唐廣陵人。馮延巳多才多藝，而且口才很好，官途順遂，一路從祕書擔任到宰相。馮延巳對詩詞及樂府的創作特別有心得，不過題材多限於閨情離思。雖然作品的題材狹隘，但馮延巳用字清新脫俗，十分感人，「吹皺一池春水」就是馮延巳的名句。他的用詞方式對後來北宋初期的詞風造成不小的影響。

文學家馮夢龍是明代吳縣人，考過貢生，也擔任過知縣。馮夢龍在經學和文學方面頗有造詣，也會寫戲曲。他對中國文學最大的貢獻在於蒐集及創作通俗的警世小說，並將之集結成冊。他編寫的小說集：《警世通言》、《喻世明言》、《醒世恆言》保留了很多原本散佚的短篇小說，很有史料價值，文學史稱呼這三本小說集為「三言」，與明代凌濛初的「二拍」：《初刻拍案驚奇》、《二刻拍案驚奇》齊名，合稱「三言二拍」。

韓

古字小常識：从，是「從」的本字，即起初的寫法。

「韓」這個姓氏是怎麼來的？

「韓」這個姓氏最早來源是黃帝之孫韓流，韓流的後人有以王父之名的簡省「韓」字為氏的。但「韓」這個姓氏最大一個來源則是「姬」姓。話說中國歷史上的第一個韓國是中國西周初年分封的姬姓國，也就是《左傳》中：「邘、晉、應、韓，武之穆」其中一國。這四國的開國之君都是周武王之子。不過這一個韓國在周平王時被晉國所消滅。滅韓的晉國是周成王分封其叔虞在唐邑，由於鄰近晉水，所以叔虞之子燮繼位後改稱為晉侯。晉侯之孫畢萬後來被封在這個被滅的韓國原地。韓氏和趙、魏兩氏在晉國日益坐大，最後「三家分晉」，周烈王承認三家為諸侯，三家之「韓」也就是廣為大家所認識的戰國七雄之一。戰國末年韓國是第一個被秦國所攻滅的諸侯國，後人就以亡國之名「韓」為氏。至於外族改姓「韓」的，如北魏有「出大汗」氏，後來改漢字單姓「韓」氏即是。

「韓」字及相關諸字的歷史風貌

	甲骨文	金文	戰國文字	小篆
韓				
韋				

「韓」這個字究竟是什麼意思？

「韓」這個字，《說文解字》解釋道：「井垣也。从韋，取其帀也；倝聲」，它是個从「韋」「倝」聲的形聲字，本義指用來防守的、接連不斷的城垣。「韋」是「韓」字的義符，它是「衛」或「圍」的初文。「韋」字所从「口」，若將「韋」解釋成「衛」，它表示防守的區域，也可以看作是城牆所圍起來的防守範圍。

而「口」外面的「止」是表示腳掌的象形字（「止」之本義詳參本書「鄧」姓）。在這個字的上下部分寫上二個「止」，標示出來回巡守城池的軍士足跡，或者是繞城巡守的路線。

但若是從「圍」字的角度來理解「韋」字，那「韋」的全字就是用重兵將所想攻下的區域給團團圍住的樣子了。

至於「韓」字所从的聲符「倝」，《集韻》解釋道：「日始出，光倝倝也。」它从「昜」「㫃」省聲。「倝」的義符「昜」指的是太陽初升，陽光普照大地的樣子（「昜」之本義詳參本書「楊」姓）；聲符「㫃」則是象形字，全字描繪飄揚的軍隊旗旗。這種軍旗，上面有軍隊的代表符號，並裝飾有布穗或布條，風一吹就會揚起，使得軍容更加壯盛。

本家歷史名人

「韓」這個姓氏出現的早，但著名成員好像下場都很悲劇。像戰國時期宋國人韓朋，娶妻何氏，沒想到宋康王知道何氏美貌，竟然橫刀奪愛。韓朋後來愧憤自殺。何氏知道後也跟著跳樓殉情。康王心狠，故意不合葬他們，只是沒想到二人墳頭各生一樹於空中交枝，枝上亦常棲有鴛鴦一對。這故事後來也被寫入文學作品〈韓朋賦〉裡；同時也是唐朝白居易〈長恨歌〉詩：「在天願作比翼鳥，在地願為連理枝」的典故。

思想家韓非是戰國末年韓國的貴族，與李斯一同師學荀子。韓

● 「韓」字所從的聲符「倝」，即表示旌旗飄揚狀。

● 「圍」字描繪重兵包圍的樣子。

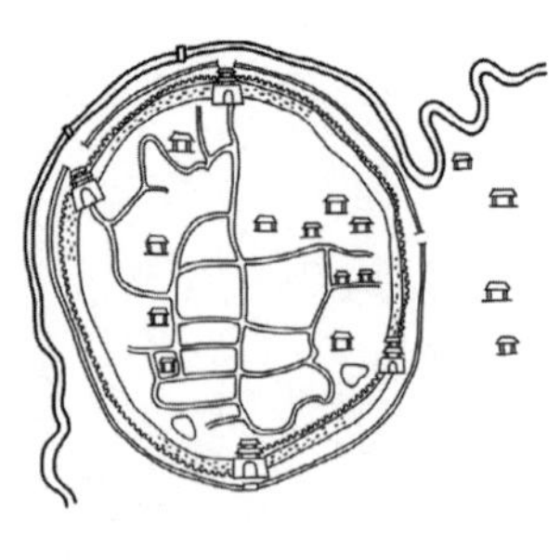

● 城圍示意圖。

非從荀子的禮學思想中發展出綜合型態的法家思想，是法家集大成者。他的著作被秦王嬴政讀後，秦王為了得到這個人才，還以攻打韓國做要脅。但韓非到秦國後，由於口吃不善言詞，不得秦王重用，最終被同門李斯陷害而死。

軍事家韓信是秦末漢初淮陰人，年輕時曾經忍受過無賴的胯下之辱，可見他是個會忍住眼前虧的人。後來由蕭何推薦，韓信助漢高祖劉邦從蜀地突破。劉邦曾問韓信自己的帶兵能力，韓信說十萬人可以；劉邦不服，反問韓信，韓信自信的說自己「多多益善」（成語典故來源），讓劉邦側目。由於劉邦對韓信「言聽計從」（成語典故來源），韓信先後伐魏、舉趙、降燕、破齊，是劉漢陣營最優秀的軍事將領。韓信成名後以「一飯千金」（成語典故來源）回報故鄉資助過他的老嫗，蔚為美談。然而因為功高震主，漢朝建立沒多久就遭到高祖猜忌，最後被呂后、蕭何設計所殺。死前韓信嘆道：「成也蕭何，敗也蕭何！」（蕭何曾自蜀追回逃亡的韓信並促成劉邦拜他為將）

思想家韓嬰是漢代鄭人，在漢文帝時已擔任博士。韓嬰專研《詩經》，著有《韓詩內傳》、《韓詩外傳》等，今日只剩《外傳》傳世。韓嬰是《詩經》傳承過程中十分重要的關鍵。除了他之外，漢代轅固生講學「齊詩」、申培講學「魯詩」，他們傳的詩學和「韓詩」合稱為「三家詩」。

文學家韓愈是唐代河陽人。身通六經百家之學，因為對儒學非常推崇，所以排斥佛老思想，也因此遭到迷信的皇帝們所不滿，仕途並不順遂。韓愈文章平易，自成一家，他和柳宗元以豐富的創作支持所推動的「古文運動」，對中國散文、小說的發展影響很大。後人將他與其他重要的唐宋古文作家：柳宗元、歐陽脩、蘇洵、蘇軾、蘇轍、王安石、曾鞏合稱為「唐宋八大家」。

軍事家韓世忠是宋代延安人。宋高宗時韓世忠帶兵平定苗傅、劉正彥的叛亂，也率領其妻梁紅玉大破金國金兀朮大軍於黃天蕩，號稱大宋中興第一功臣。後來因為主和派秦檜想討好北國，於是收回韓世忠的兵權。韓世忠英雄無用武之地，自此絕口不談軍事，隱居西湖以終。

曹

古字小常識：从，是「從」的本字，即起初的寫法。

「曹」這個姓氏是怎麼來的？

「曹」這個姓氏是中國最古老的姓氏之一，其中一個來源是自顓頊之後，陸終之子安為「曹」姓。到周武王時期，曹安的後人曹挾被封於邾地，楚國滅掉邾之後，後人有以亡國名「邾」為姓，有的則再恢復回「曹」氏。「曹」這個姓氏另外一個來源是「姬」姓，相傳周文王第十三子叔振鐸受封於曹地，後來被宋國所滅，子孫於是以亡國名「曹」為氏。至於他姓改姓為「曹」的，像是後漢時期的曹嵩原來姓「夏侯」，曹嵩先祖輩們後來決定改姓為「曹」即是。

「曹」字及相關諸字的歷史風貌

	曹	曰
甲骨文		
金文		
戰國文字		
小篆		

● 「曹」從「甘」，而「甘」即口中美食的意思。

「曹」這個字究竟是什麼意思？

「曹」這個字，《說文解字》解釋道：「獄之兩曹也。在廷東。从㯥，治事者；从曰。」漢代許慎認為「曹」就是官司案件中的兩造，但這其實是「曹」字的引伸義。「曹」字原本是會意字，它最先的寫法就是畫二個束口袋，原意本來表示「二個」、「一對」這一類的觀念。後來字形所加「口」形、「甘」形，乃至小篆字形中「口」、「甘」被替代成「曰」形，讓「曹」字變成會意字，它們都是在強調「曹」的引伸義——「官司中兩造互相指控」的這一層意思。

金文裡的「曹」字从「甘」，「甘」字像是口中含有美味的食物（以一個小點表示），屬指事字。因口中有美味食物，所以覺得「甘甜」。小篆裡的「曹」字从

「曰」，「曰」字亦是指事字，全字像是從口中吐出一個詞或是一個語氣（以L形表示）。在字的書寫還沒嚴格規範的先秦，義符是可以用同意或意近的其他字替代的。所以用「甘」、「曰」等取代「曹」稍早的「口」義符是漢字造字很常見的做法。

由於「曹」有「二個」、「一對」的意思，後來設置政府部門成為偶數單位，也用「曹」來指稱。譬如漢成帝置尚書四人為四曹，世祖則分為六曹。「曹」字自此和政府部門發生意義上的連結，也因此「曹」字後來也能指「官府」。唐代《語林・卷三・方正》：「朝廷上下相蒙，善惡同致。清曹峻府，為鼠輩養資，豈所以裨政耶？」即其用例。

本家歷史名人

本家後代中，成名較早的要數軍事家曹劌。曹劌是春秋時期魯國人。魯莊公時齊國來犯，無人能出面抵禦。曹劌自告奮勇。帶領魯軍上陣時，由於兵力較少，曹劌主張堅守，等到齊軍第三次來犯，他才號令魯軍出擊，結果大勝齊軍。莊公問他致勝的原因，曹劌說前二次齊軍來犯都沒有收穫，擊第三次鼓進攻，已經後繼無力，所以我方迎擊就能輕易打敗齊軍。這也是成語「一鼓作氣」的典故由來。後來追擊齊軍，曹劌也十分謹慎的觀察地上的齊軍撤退腳步車轍痕，確定齊軍並未佯敗才趁勝追擊。從這裡可以出曹劌是行事十分謹慎的人呀！

政治家曹參是漢初沛人，他是漢高祖劉邦身邊重要的謀士之一，與蕭何一起佐助高祖平定天下。漢朝建立後封地在平陽。曹參繼蕭何之後擔任國相，有關蕭何所頒定的規章，曹參無一更改，對穩定漢初局勢很有幫助。成語「蕭規曹隨」典故即源自這裡。

軍事家曹操是東漢沛國譙人。曹操有雄圖大志，既善於權謀，也頗有文采。曹操一開始起兵擊敗黃巾，繼而聲討董卓；官渡之戰還大破袁紹陣營，漸漸的在中原站穩腳步。後來更是挾天子自封丞相，拜大將軍，爵魏公又封魏王。不料赤壁之戰兵敗，之後占據北方，與東吳、西蜀三雄鼎足而立。曹操死後長子曹丕篡漢，追諡他為魏武帝。

文學家曹植是三國時期曹操第三子，魏文帝曹丕之弟。曹植十歲就寫得一手好文章；才思敏捷，詩也寫得特別好。後來的謝靈運就曾誇他：「天下才共一石，子建獨得八斗。」此即成語「才高八斗」的由來。曹植特別得到曹操寵愛，曹操也很想立其為嗣。曹丕深知父親心意，於是用酒設圈套陷害曹植，讓曹操懷疑曹植的政治能力。等到曹操死後曹丕篡漢自立，因為妒忌曹植的才能，故意不重用弟弟，還千方計的想陷害他，並曾以死逼得曹植要「七步成詩」，這都是大家耳熟能詳的故事。

文學家曹雪芹是清代江寧人，曹寅之孫。曹家祖上本來受到清朝皇帝的寵幸，富貴榮華。但到了曹雪芹之父曹頫時，因朝廷追究他虧空的公款，家道逐漸中落。曹雪芹工詩善畫，據說後來他依照自己的家世變化，寫成著名小說《紅樓夢》八十回，風行一時。高鶚等人以為《紅樓夢》並未寫完，於是續作四十回，合為一百二十回，今日所見的《紅樓夢》版本就是出自高鶚之手。

第七篇

曾彭蕭
蔡潘

曾

古字小常識：从，是「從」的本字，即起初的寫法。

「曾」這個姓氏是怎麼來的？

「曾」這個姓氏可以說是所有漢族姓氏來源中最單純的一個姓氏。它只源自「姒」姓。據說夏朝少康中興夏室，把他最小的兒子封在鄫。鄫國由於國小，常被莒國、邾國和魯國壓迫，所以必須和其他國進行聯姻來延續國祚。鄫國最常聯姻的對象就是魯國；魯國也因此代表鄫國出面，向霸主晉國表示願意資助鄫國進貢。可是由於鄫國過度靠近魯國、晉國的行為，惹得莒國不快，最後慘遭莒國所滅。鄫國後人於是以亡國名去掉「邑」偏旁的「曾」為氏。因為「曾」這個姓氏的來源非常單純，所以有民間有「天無二曾」的說法。

「曾」字及相關諸字的歷史風貌

	甲骨文	金文	戰國文字	小篆
曾				
甑				

「曾」這個字究竟是什麼意思？

「曾」這個字最原先是個象形字，它是「甑」字的初文，全字描繪一個可以加熱散出蒸氣的食器。「曾」的下部可以裝水，並加高，可以讓柴火加熱，上方則有孔洞，讓水加熱後的蒸氣可以向上加熱食物。

中國的甑發明得非常的早，上古時期的遺址就已經發現到陶製的甑，它是中華民族利用蒸氣熱能的早期實踐。在善用蒸食技巧的東方，蒸食烹飪手段深遠地影響飲食文化的發展。西方擅長烤和熬，所以發展出麵包、濃湯這類西點；東方則靈活運用包括蒸在內的六大手法（除了蒸，還有拌、炸、煎、煮、炒），發展出來的飲食種類和花樣因此遠遠勝過西方。

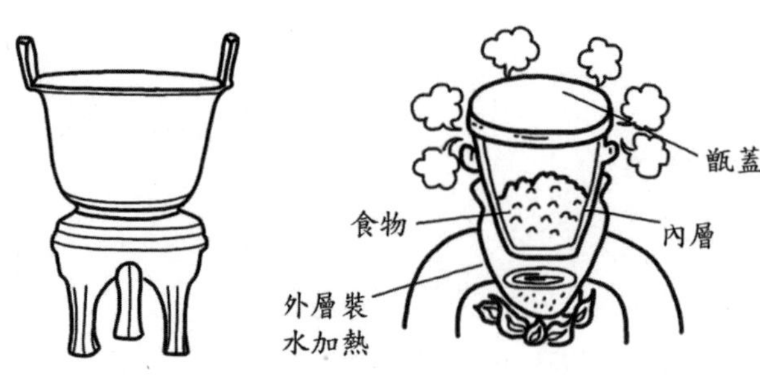

● 原來「曾」字和食器有關。

由於「曾」字常被借用作語詞，表示「曾經」，所以金文以後的「曾」字才多再加了「口」或「曰」等可以表示「說話」、「詞語」意思的義符來標誌；也由於「曾」字假借為語詞的頻率太高，結果一借不還。後來才又再加了個義符「瓦」，造了一個後起形聲字「甑」來還原它本來的字義。

本家歷史名人

本家後代中，最早出名的要數思想家曾參了。曾參是春秋時期魯國人，十六歲就拜孔子為師。求學期間，一日街里大叫「曾參殺人」，曾母驚懼但一時之間還不敢相信，可是通風報信的人一而再，再而三，還有人勸曾母快點逃亡以免遭到波及。曾母雖然動搖，但想到曾參的修為，實在不信曾參會殺人。後來曾參回家，才搞清原來是同名同姓的另一位曾參犯了案。成語「曾參殺人」典故即源自這裡。曾參從孔子那裡學得最好的就是「孝」的思想；他也提出過「吾日三省吾身」的修養方法。由於曾參在生活中努力的實踐孝道，所以戴德的《禮記》對曾參的行誼也記載得特別仔細。據說《大學》一書也是曾參寫的。由於曾參傳播了許多孔子所重視的價值觀，因而大家都尊稱他為「曾子」，後世還封他為「宗聖」。曾參除了強調「孝」，也特別重視「信」。有天曾參妻子要上市場，小孩想跟去，曾妻哄騙小孩留在家中，並表示回來後會殺豬給他吃。後來曾妻從市場回來卻反悔不殺豬了。曾參以為不可對小孩無信，於是殺了豬。成語「曾子殺彘」講的就是這個故事。

文學家曾鞏是宋代南豐人，因為他出生在南豐，所以世稱「南豐先生」。曾鞏十二歲就已寫得一手好文章，十六歲開始專攻古文，是歐陽脩的得意門生。曾鞏後來順利中舉，為官也難得地得到改革派舵手王安石的肯定。曾鞏的文章長處在說理，結構也十分嚴整，所以名列「唐宋八大家」之一。

軍事家曾國藩是晚清樹坪人，他是晚清中興的重臣，在對抗太平天國的過程中建立起「湘軍」，並成為清代軍事的主力與勁旅。除了在軍事方面很有建樹外，曾國藩的文學表現也不凡，主要集中在散文方面。曾國藩寫文章力主古文，是晚清散文「湘鄉派」的創始人。曾國藩後來累官至兩江總督、直隸總督、武英殿大學士，封一等毅勇侯，名列晚清「中興四大名臣」（另外三位為李鴻章、左宗棠、張之洞）之一。

彭

古字小常識：从，是「從」的本字，即起初的寫法。

「彭」這個姓氏是怎麼來的？

「彭」這個姓氏最早是源自「彭祖」。彭祖是顓頊之後的陸終六子之三，因為被封於大彭，後世子孫於是以封地名的簡省「彭」字為氏。「彭」這個姓氏的另外一個來源也和顓頊有關。話說顓頊之後的祝融（陸終伯父），他的後代派衍出八姓，其中就有「彭」（另外七姓是「己」、「董」、「禿」、「妘」、「斟」、「曹」、「芈」）。至於外族改姓「彭」的，如安定胡、永胡各族中都有改姓「彭」的；另外西羌與南蠻族中也有改姓「彭」的。

「彭」字及相關諸字的歷史風貌

	彭	壴
甲骨文		
金文		
戰國文字		
小篆		

「彭」這個字究竟是什麼意思？

「彭」這個字，《說文解字》解釋道：「鼓聲也。从壴彡聲」，它是個从「壴」从「彡」會意兼聲字。「彭」字所从的「壴」本身是象形字，本意指架在鼓架上的「鼓」。鼓的發聲原理是藉由手或鼓棒打擊鼓皮，讓鼓皮發生振動，這個振動再在鼓桶內出現共振效果，加大打擊的聲音後，鼓聲就可以傳得很遠。「彭」字所从「彡」，指的就是「鼓」被敲擊之後所發出的深遠聲音：「**膨膨膨**～～～」囉！

一般「鼓」的構造是一個木質的圓桶狀外框，桶的一面或二面蒙上綁緊的獸皮。但也有連鼓面都是用金屬質材如銅來製作的鼓——「銅鼓」。「銅鼓」主要流行於南方少數民族，是重要節慶擺放在集

● 節慶用的銅鼓。

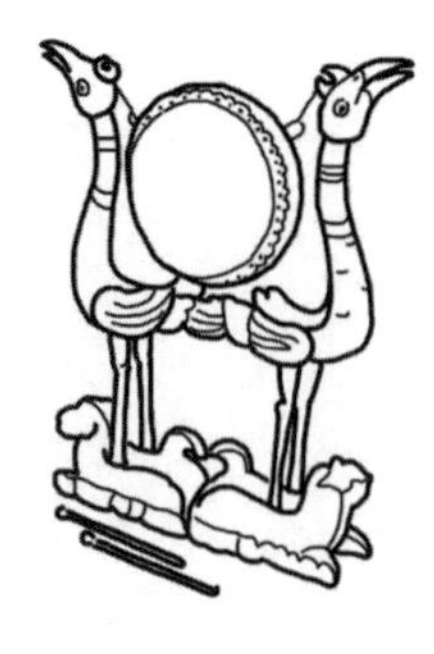

● 「壴」指置放在鼓架上的鼓。

會場所正中央演奏的重要樂器。

在演奏場合出現的鼓，它所擔負的是標誌出旋律的重音節奏所在。也因為「鼓」常出現在演奏的場合，所以从「壴」（「鼓」之初文）的字，像「喜」、「嘉」等字，都有快樂、歡慶的意思。

另外一個出現鼓的場合是戰場。這是因為鼓的聲音可以傳播的很遠，在眾聲紛沓的戰場，必須要有一個強而有力的聲音來指揮兵士；所以古人便約定，當軍隊聽到擊鼓聲時就要「一鼓作氣」地進攻，而聽到敲打青銅樂器所發出的聲音就要「鳴金收兵」囉！

本家歷史名人

本家的先祖彭祖就是個歷史名人。彭祖本名籛鏗，是帝堯的臣下，他是陸終的第三子，帝顓頊後代。因為被封在彭城，所以世稱「彭祖」。據說彭祖他一生經歷了虞夏至商朝，活了八百歲，是中國史上著名的人瑞。在商代時，彭祖擔任守藏史，官拜賢大夫；周代時改擔任柱下史；娶妻四十九人，生子五十四人。因其長壽，民間就傳說他是南極仙翁轉世；「彭祖」兩字後來也和「長壽」畫上等號。

軍事家彭越是秦末漢初昌邑人，他是大漢的開國功臣。因為佐助高祖有功而被封為梁王。可是有人密告他意圖謀反，結果遭到劉邦誅殺三族。誅了三族劉邦還覺得不洩恨，更將彭越製成肉醬賜給諸侯，以示懲戒。九江王英布因不忍心看到彭越如此下場，就將劉邦賜的肉醬投入江中。民間傳說這些肉醬化為江蟹，變化成為「彭（蟛）越（蛸）蟹」了。

彭紹升是清代長州人，他是著名的在家修行居士。雖然進士及第，但朝廷授官他卻辭不赴任。在一個偶然的機會裡彭紹升讀到明代高僧紫柏的全集，受到佛法的感動而潛修佛法。彭紹升信仰淨土宗，還特別推崇省庵閉關。自己也常閉關念佛。他的信佛行為和相關著述，對後來的佛教淨土信仰的推廣有很深遠的影響。

蕭

古字小常識：从，是「從」的本字，即起初的寫法。

「蕭」這個姓氏是怎麼來的？

「蕭」這個姓氏最早的來源是「子」姓。周武王滅掉殷商之後，封商紂的庶兄微子啟在宋，他的後人叔大心因為平定南宮長萬有功，被封在蕭地。蕭國自西周傳到春秋，後來被楚莊王所滅，子孫於是以亡國名「蕭」為氏。「蕭」這個姓氏另外一個來源是「嬴」姓。相傳黃帝後七世有柏翳，柏翳之子被封於蕭地，他的後人遂以封地名「蕭」為氏。至於外族改姓「蕭」的，主要源於契丹族。遼國時期，大遼政權的契丹民族中只有「耶律」和「蕭」兩姓。這是因為遼太祖仰慕漢高祖，所以將自已的「耶律」氏比附兼稱「劉」氏，再以族內大姓「乙室」和「拔裡」比附兼稱著名漢相蕭何，契丹的「乙室」、「拔裡」二氏後來就改成漢單姓「蕭」了。

「蕭」字及相關諸字的歷史風貌

	蕭	艸	屮	肅	聿	淵
甲骨文						
金文						
戰國文字						
小篆						

「蕭」這個字究竟是什麼意思？

「蕭」這個字，《說文解字》解釋道：「艾蒿也。从艸肅聲」，它是個从「艸」「肅」聲的形聲字，指的就是艾蒿。艾蒿在臺灣也是常見的植物。

「蕭」字上面的「艸」當義符用，它是「草」的初文。「艸」从二個「屮」，各時期的寫法變化不大；「屮」就是小草。

凡是表示「很多」的意思，在造字時都習慣把字加以重複書寫來表現。「艸」表示很多小草長在一塊兒，那就是「艸（草）原」了。

「蕭」所从的聲符「肅」，《說文解字》解釋道：「持事振敬也。从聿在淵上，戰戰兢兢也」，它是個會意字，所从的「聿」為「聿」的省形。「聿」是指事

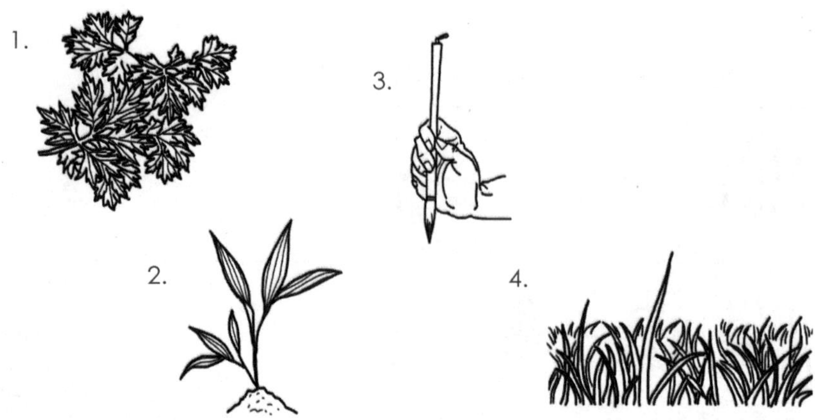

1.「蕭」的本義是艾蒿。　2.「屮」像小草的樣子。
3.「蕭」字從「聿」，而「聿」又從「又」，表示執筆寫字。
4.「屮」茂密生長即形成一片「艸（草）原」。

字，从「又」執筆，表示以手拿筆寫字的樣子。

「㪽」則是「淵」之初文，屬於象形字，全字具體描繪一泓深不見底的水窪。

从「聿」省从「㪽」的「肅」字，本身則是個會意字，這麼怎麼說呢？按古人書寫用筆墨為之，一旦寫定就很難塗改；加以為了便利書寫的流暢，多用懸腕持筆。在這些條件下書寫，一定特別專注小心。如果是在深水之旁要專注書寫，那心情肯定「如臨深淵」、「如履薄冰」，也就會異常的「嚴肅」、「肅穆」了！

本家歷史名人

本家後代中，以政治家蕭何成名的最早。蕭何是秦末漢初沛縣人，在秦代主政時期，時任沛縣獄吏的蕭何能力已經為自己爭取到不少名聲，但蕭何其實並不想為秦朝獻力。陳勝、吳廣起兵抗秦後，蕭何跟隨昔日部下亭長劉邦起義。蕭何知人善任，還很有遠見，在劉軍先一步攻入關中咸陽時，其他人急忙接收秦朝珍寶，只有蕭何把中央政府的各種書冊和全國性的統計資料妥善保管，此舉使得劉軍得以掌握天下大勢。後來在楚漢相爭之中，蕭何更為劉邦追回逃亡的韓信來領軍。韓信在戰場上用兵如神，屢屢擊敗各路諸侯。後來天下大定，蕭何還為漢朝擬定各種典章制度，是中國歷史上著名的丞相之一。

政治家蕭衍是南朝蘭陵人，年輕時即享有文名，與沈約、謝眺、王融、蕭琛、范雲、任昉、陸倕一起遊於竟陵王蕭子良門下，人稱「竟陵八友」。蕭衍父親蕭順之是齊高帝的族弟。因為這層原因，蕭家在朝中算是掌權派。後來齊高帝崩，接連繼位的幾位皇帝既不理政務，又濫殺功臣。於是蕭衍仗恃自己的軍功，迫使齊和帝禪位，建立了梁朝。蕭衍在位時間達四十八年，初期勤儉執政，頗有政聲。後來頗多迴護皇族，把名聲漸漸搞壞。晚年蕭衍還迷信佛教，雖然對佛教的傳播發揮很大的影響力，但卻過度沉迷而不理政事，終於爆發「侯景之亂」，被囚禁而死。

文學家蕭統是南朝蘭陵人，他是梁武帝之子，即著名的「昭明太子」。蕭統年輕時讀遍儒家經典，對文學創作也很有興趣，門下亦聚集了不少文人墨客。熱愛文學的蕭統後來帶領門下文人編成《昭明文選》三十卷，這本文選是中國史上現存最早的文章總集。《昭明文選》的選文標準：「事出於沉思，義歸乎翰藻」，注重文學的形式美、辭藻美，對後世的文學創作造成很大的影響。

蔡

古字小常識：从，是「從」的本字，即起初的寫法。

「蔡」這個姓氏是怎麼來的？

「蔡」這個姓氏最早出自「姞」姓。黃帝二十五子當中有「姞」姓。「姞」姓後來又派衍出「蔡」、「光」、「魯」三氏。「蔡」這個姓氏的另一個來源是「姬」姓。相傳周武王滅掉商朝後，分封文王第五子叔度在蔡國，他的後人有以國名「蔡」為氏的，這也是「蔡」氏的最大源頭。另外外族如北宋金女真人、清滿州八旗以及貴州和廣西少數民族等，也有改姓「蔡」的。

「蔡」字及相關諸字的歷史風貌

	蔡	祭	示
甲骨文			
金文			
戰國文字			
小篆			

「蔡」這個字究竟是什麼意思？

「蔡」這個字，《說文解字》解釋道：「艸也。从艸祭聲。蒼大切」，〔漢〕許慎認為它是個植物名。單是从小篆字形的角度來看是沒錯。不過「蔡」的本義其實是一種祭祀名或是一種肉刑。

上古時期人類的祭祀行為十分原始，除了使用活生生的動物做為獻祭之外，也可以用人殉。人殉的來源可以是出征擄獲的敵人（奴隸），也可以是犯了死罪的人。人殉在使用上，或用全人，但也可以用人的一部分，如頭以外的軀體。

「蔡」這個字在甲、金文裡的寫法像是拿鋸子將人的腳給鋸下來。如果「蔡」字是祭名，那麼被鋸下來的腳或鋸剩的身體就可能做為祭祀儀式中的犧牲來使用。

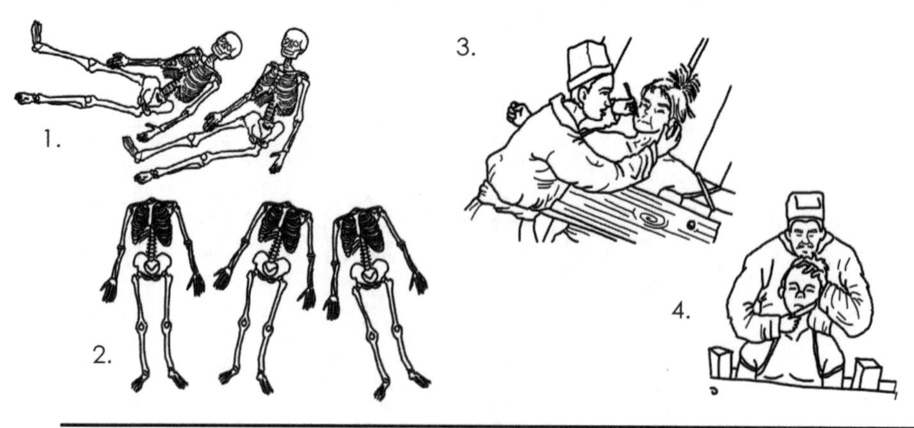

1. 上古時期用全人的殉葬。　2.「蔡」字與肢體殉葬有關。
3. 殘酷的劓刑。　4. 不仁道的墨刑。

由於使用活人或活牲祭祀太過血腥，後來改而採用土塑或草紮的犧牲代替，如《論語》裡提到的「俑」、《老子》裡提到的「芻狗」就是土塑或草紮犧牲的一種。或許因為這層原故，後來也能表示祭祀義的「蔡」字才由原本从「大」从「刀」省的會意字改而為从「艸」从「祭」會意兼聲字。

「蔡」除了可能是祭名，也有可能是一種「肉刑」。「肉刑」是指對犯人的身體加以殘害，使其殘缺不全，在生活上和尊嚴上給以嚴厲打擊的一種處罰。肉刑主要有五種：

其一、「墨」，又稱「黥」，指在犯人臉上刺字。

其二、「劓」，指割去犯人鼻子。

其三、「刖」，夏稱「臏」，周稱「刖」，秦稱斬趾。指斬斷犯人的某隻腳或雙腳；另外有種說法說「刖」是削去膝蓋骨。據說齊國孫子就是因為遭到龐涓陷害受到臏刑，才叫「孫臏」。

其四、「宮」，又稱「淫刑」、「腐刑」、「蠶室刑」，指割去或毀棄犯人生殖器的全部或一部分。

其五、「大辟」，即「死刑」，又分為「戮」（亂刀砍死

● 「示」字描摹了神主實物的形狀。

● 宮刑是指割去生殖器。

● 臏刑是指斬斷腳。

或亂刀毀屍）、「烹」（煮死）、「車裂」（五體綑繩獸拉而死）、「梟首」（斬首豎於木尖）、「棄市」（執行死刑後棄屍於市）、「絞」（吊或絞緊而死）、「凌遲」（以刀不斷片肉而死）等。

如果「蔡」指的是肉刑的一種，那它的執行方式應該最為接近「刖」刑。

「蔡」字所从的義符「祭」，本身是個从「又」執「肉」以獻給神主「示」的會意字。「肉」是難得的食物（「肉」之本義詳參本書「趙」字），以難得的食物來祭神，表示對神的尊重；「示」字描摹了神主實物的形狀，在象徵神祇的神主之前將肉給獻上，那就是「祭」了！

本家歷史名人

本家後代中最有名的要數工藝家蔡倫。蔡倫是漢代桂陽人，頗有發明的頭腦，累官至中常侍。由於當時紙的製造十分不便，容易書寫的柔軟絹布又很昂貴，這對政府日常文書及知識的傳播極為不便。於是蔡倫將樹皮、麻頭、破布、魚網等放到鍋子裡，加以烹煮軟化後用來製造紙張，人稱「蔡侯紙」；蔡倫也是一般人認為的「中國紙」發明者。

蔡邕是東漢陳留人，不止學問好，亦寫得一手好文章。書法方面自創「白書」，藝術成就卓絕。熹平年間，朝廷頒布石經六種，史稱「熹平石經」，即是出自蔡邕之手。蔡邕極為愛才，某日知道王粲來訪，來不及穿鞋即出門迎接。後來形容愛才至極的成語「倒屣相迎」，典故就是出自這裡。後來董卓挾天子專政，被諸侯聯軍所討伐。董卓死後蔡邕被王允捕獲，死在獄中。

軍事家蔡瑁是漢代襄陽人，在劉表麾下時曾擔任過太守，是劉表的重要軍師。劉表薨後其子劉琦、劉琮爭位，劉琮在蔡瑁等人支持下即位。後來劉琮降曹，蔡瑁改投曹操麾下，累官至漢陽亭侯。不過在《三國演義》中，蔡瑁並沒有好下場。小說寫到曹操中了離間計，在赤壁之戰前殺了蔡瑁和張允，種下了赤壁敗北的禍根。

軍事家蔡鍔為清末民初邵陽人，他曾留學日本，辛亥革命後出任雲南都督，未久遭到解除兵權。袁世凱稱帝時蔡鍔潛回雲南號召討袁，並命雲南軍為護國軍；蔡鍔起義，全國響應，是促成袁世凱垮臺的重要人物。後來黎元洪繼任總統，任命蔡鍔為四川督軍兼民政長。不過蔡鍔當時身染患結核病，傳言說他愛美人不愛江山，與情人拋下一切名利，遠赴日本治療；後來歿於日本東京。

教育家蔡元培是清末民初紹興人，清光緒十八年中進士，並留學德、法，專攻哲學。民國時期蔡元培歷任教育部總長、北京大學校長、中央研究院院長等要職。在北大任校長時，以「思想自由」為其辦學宗旨，使得北大成為許多文化運動的發源地。蔡元培對中國近代公民素養的養成和自由思想的推廣貢獻很大，其所創立的中央研究院更是國家的研究重鎮。說他是廿世紀中國最重要、影響也最深遠的教育家之一，一點也不為過。

潘

古字小常識：从，是「從」的本字，即起初的寫法。

「潘」這個姓氏是怎麼來的？

「潘」這個姓氏的最大宗的來源是「姬」姓。據說周文王之後有畢公，畢公之子季孫采邑在潘地，他的後人就以封地名「潘」為氏。「潘」這個姓氏的另一個來源是「羋」姓。春秋時期楚國公族潘崇氏擔任楚成王世子商臣的太師，後人於是以其字省略的「潘」字為氏。另外在南北朝時，北魏有代北複姓「拔略羅」氏，隨著魏孝文帝南遷洛陽並漢化後，改為漢單姓「潘」氏。臺灣地區亦多「潘」姓，起因於清代康熙年間大肚頭目阿穆歸順清廷，賜姓「潘」，乾隆之後各原住民接續用漢單姓「潘」的原故。

「潘」字及相關諸字的歷史風貌

	潘	番	釆
甲骨文			
金文			
戰國文字			
小篆			

「潘」這個字究竟是什麼意思？

「潘」這個字，《說文解字》解釋道：「淅米汁也。一曰水名，在河南滎陽。从水番聲」，它是個从「水」「番」聲的形聲字，本意指洗米將水瀝乾的動作，也同時是河南的一條河流名。因為「潘」字和用水洗米或河流名有關，所以从「水」這個義符。至於它所从的聲符「番」，本身是個增體象形。「番」上部所从的「釆」，字形看來很接近「米」，不過它可是獸爪的抽象繪形。但不過若只寫個「釆」形，很容易和「米」搞混，所以下面再加一個表示獸爪留下的足跡「田」（不是「田地」之「田」）。

一般野獸的獸爪除了具有尖爪外，為了行走的舒適和埋伏獵物時行動能寂靜無聲，依品種的不同，各種獸足也演化出數

●「番」部從「釆」，是獸爪的抽象繪形。

●「番」下部的「田」，表示獸爪留下的足跡。

量不等的肉墊。若行走於鬆軟的泥地上，這些肉墊就會留下凹凸不一的足跡。因為田地經過翻地和灌溉，土質較鬆，容易留下獸類走過的足印，於是「番」字裡，下部原本增體用來表示足跡的部件，慢慢的就變形為「田」旁了（「田」之本義詳參本書「黃」姓、「周」姓）。

本家歷史名人

本家後代中，最有名的要數文學家潘岳。潘岳字安仁，所以世人多稱「潘安」，他是西晉中牟人。傳說潘岳除了很會寫文章，人還長得非常帥氣。家住洛陽，隨便出門逛一逛，街上婦人就會往他車上拼命丟水果以示好，動不動就裝滿一車。後來用以表示受到女子歡迎的成語「擲果盈車」的典故即在此。潘岳擅長哀誄文體，有〈悼亡詩〉傳世。「八王之亂」中，孫秀誣賴潘岳想要謀反，結果慘遭連坐誅三族。

軍事家潘美為宋初大名人，與宋太祖趙匡胤交情深厚，宋代周立，潘美受到重用，帶兵四處平亂，既是北宋平定南漢的重要功臣，亦參加討伐南唐及北漢的戰事。不過潘美伐遼受

挫，改駐西北邊防。之後宋代仍然多次伐遼，但都失敗收場。最後一次伐遼撤軍途中，潘美失職，使楊業全軍覆沒，因而被削秩三等。潘美死後因其孫女嫁給宋真宗，才被追封為王。

筆名琦君的文學家潘希珍，是當代瞿溪鄉人。琦君的童年在農村度過，這段人生經歷成為她日後重要的創作題材；琦君年幼時受到傳統國學的熏陶，對她未來用筆的靈活度幫助很大。琦君的作品以散文為主，兼及小說、評論、翻譯及兒童文學。作品風格被認為上承李後主和李清照，在今日華文圈流傳很廣；重要的作品有《琦君自選集》、《橘子紅了》、《桂花雨》等。

第八篇

田董袁於余

田

古字小常識：从，是「從」的本字，即起初的寫法。

「田」這個姓氏是怎麼來的？

「田」這個姓氏其一個來源是「媯」氏。虞舜後裔胡公滿之後，傳到春秋時期陳厲公，厲公有子陳完，字敬仲。陳國太子御寇因故被宣公所殺，敬仲和太子素來交好，深怕被牽連，敬仲於是避禍奔齊，在齊桓公宮廷任官。齊桓公封給敬仲的采邑在田地，後人便以封地之名「田」為氏。至於他姓改姓「田」的，譬如明惠帝時，黃子澄謀圖削減諸王封地和權力，引起燕王等諸王不滿。燕王（後來的明成祖）後來率起兵攻破京師時便殺了他。黃子澄的後人為了避禍，於是改姓「田」。

與「田」相關之字的歷史風貌

井	
甲骨文	
金文	
戰國文字	
小篆	

「田」這個字究竟是什麼意思？

「田」這個字是個象形字，全字把田地之中的阡陌給畫出來，而最外圍一圈則是田界（「田」字本義詳參本書「黃」姓、「周」姓）。中國歷史上最有名的田制就是周代的「井田制」。「井」是象形字，全字把古時以木板、石板或陶交疊撐出井壁的地井給畫出來，小篆中還加了表示水瓢的一點。「井田制」，即是在一個單位的田中畫出「井」形，分成九區，一區約有百畝，外圍八區私田由八家來耕，所生產出來的作物為各家私有；中間一區是公田，一樣由八家出力來共同耕作，但所生產的作物則為公家所有。因為畫成九區的一個單位裡，中間阡陌像是「井」字形，於是稱作「井田制」。

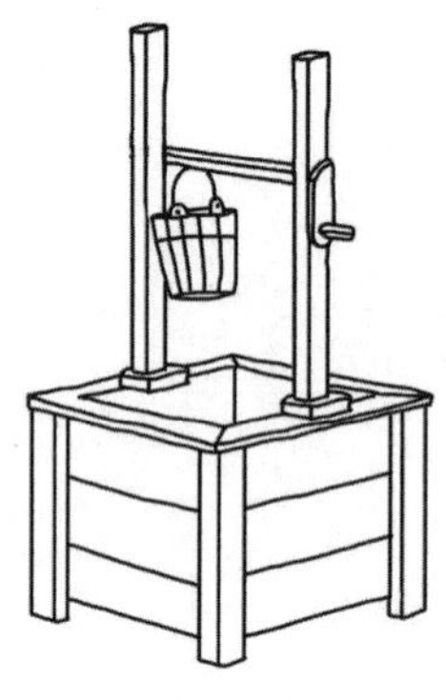

● 「井」是象形字。

平地可以輕易的得田耕地，但山坡地就不容易開墾了。於是古人便放火燒山，把原本應該要用人力砍削的雜枝亂草給燒光，這叫火耕法。火耕法的好處是省時省力，而且植物焚燒之後的灰燼也是耕作時的良好肥料來源。但它的缺點就是焚林得田，也會一併破壞了當地的生態，造成野獸繁殖的困難，火勢若控制不當，也會一發不可收拾，變成森林大火。另外如果採用火耕法的區域不大，那還沒什麼關係，若人口增加，火耕區域也跟著不斷擴大，就會造成生態浩劫。其實有關火耕法的使用及其影響，古人早已料想到。《韓非子．難一》就提到：「焚林而田，偷取多獸，後必無獸。」漢代劉向《說苑．卷十三．權謀》也說：「焚林而田，得獸雖多而明年無復也。」可見古人已經很懂得如何去取得己身生存和大自然永續發展之間的平衡。

本家歷史名人

「田」家由於獨立得早，後來還代齊而立，所以名人不少。本家後代中，軍事家田單是戰國時期齊國的名臣。燕國軍隊在樂毅良好的指揮下攻破齊國，長驅直入，造成齊湣王出奔。齊國幾乎亡國，戰至最後只剩莒城和即墨二城而已。即墨人知道田單懂得領兵，於是推舉他當將軍來抵禦燕軍。田單一方面挑撥燕國君臣之間的信任，讓立下大功的樂毅被召回國，一方面在夜裡利用燃燒尾巴的火牛攻打燕人（火牛陣），造成燕人不明究理的恐慌，最後收復失土，重建齊國。

政治家田文是齊國著名相國田嬰之子。田文是著名的「戰國四君子」之一「孟嘗君」。孟嘗君的賢名遠播，秦昭襄王想請他任相，但又怕他處處為齊國著想，於是想要殺了前來秦國作客的孟嘗君，以絕後患。所幸孟嘗君門下能人很多，有人學狗叫，騙過守門狗不吠，好讓另外一個門客能從秦王那偷回可以賄賂秦王愛妾的裘袍，讓愛妾勸得秦王心軟放人；有人會學雞鳴，騙得守將開城門讓孟嘗君躲掉了秦王的追殺（成語「雞鳴狗盜」典故來源）。後來司馬遷到田文的封地薛去探查，發現當地果然龍蛇雜處，才深深體會田文門客之多、才藝之廣，果然「名不虛傳」（典故來源）。

思想家田駢是戰國時期齊國人，早年學習黃老之術，和著名的學者尹文、宋鈃都是同學；也因為學問好，田駢與當時的學問家慎到齊名。田駢和慎到二人也被認為是法家思想的源頭之一。田駢後來到齊國稷下學官講學，因為口才很好，有雄辯之才，人稱「天口駢」。

軍事家田橫是秦末狄縣人，他是田齊的後人。當韓信攻破秦朝末年自立為諸侯的齊國之後，田橫自立為齊王，率領五百人渡海逃至東方海島。漢高祖坐穩中原大位後曾派人招降，田橫卻不願意稱臣，還憤而自殺。他所率領的五百親信知道田橫自殺身亡後也跟著自殺效忠，後來這座東方海島便以「田橫」命名，作為紀念。

董

古字小常識：从，是「從」的本字，即起初的寫法。

「董」這個姓氏是怎麼來的？

「董」這個姓氏最早是出自「姬」姓。周朝的大夫辛有二個兒子，他們被派往晉國擔任太史。太史的工作內容就是督管晉國史書典冊，「督」和「董」音近通假，所以他們的後人就以王父職官內容「董」為氏，著名的晉國史官董狐就是他們的後人。「董」這個姓氏的另外一個來源是「己」姓。據說黃帝之後有「己」姓，「己」姓飂叔安之子董父因為喜歡龍，龍也都多董（通「總」）集在他家，於是帝舜就賜姓「董」了。

與「董」相關之字的歷史風貌

	重	從「王」之字
甲骨文		
金文		（廷）
戰國文字		（廷）
小篆		（廷）（挺）

「董」這個字究竟是什麼意思？

「董」這個字是個形聲字，从「艸」「重」聲，本意是植物的根；《玉篇》說它是「藕根」，《續博物志》說它「董蕖者，婆羅門云阿苗根，似白芷。」因為和植物有關，所以「董」字从義符「艸」（「艸」之本義詳參本書「蔡」姓）。至於「董」字的聲符「重」，原來是個从「人」从「東」的會意字。「東」是一種有雙開口的束袋（「東」之本義詳參本書「陳」姓）；「人」揹著「東」就是「重」——「重」全字表示一個人揹著大束口包包，揹久了所以覺得很重。

只是後來這個「人」旁和「東」的上部連筆在一塊兒，分不清楚了，於是在字下又加一個表示人站得直挺挺的「王」（全字先畫一個人，再加上供人站立的地板，意思指的就是一個人直挺挺的站在地板上，顯得嚴肅拘謹的樣子），後來才成為戰國和小篆文字「重」的寫法。

「董」字和「督」字音近，所以借用為「督」，當動詞用，《爾雅．釋詁》：「董，督，正也」，有監督和糾正的意思。所以現在一間公司裡，一群負責監督全公司運作的人，我們都叫他們「董事」；實際負責監督總經理及以下員工的大老闆，我們就叫他「董事長」囉！

● 「董」字的聲符是「重」，表示指著大包包很沉重。

本家歷史名人

本家後代中，較早出名的是史學家董狐。董狐是春秋時期晉國史官。當朝靈公治國無方，正卿趙盾屢屢勸諫都無效。後來晉靈公想要殺趙盾，趙盾於是逃亡國外。由於趙盾還沒逃到國境，他的族弟趙穿就殺了靈公，趙盾於是折回國都繼續當他的正卿。史官董狐就在史書上寫：「趙盾弒其君。」趙盾不服，董狐解釋說：你逃亡到國境並未離國，表示不是真心逃亡；回國之後又不討伐弒君的趙穿，暗示你們可能有勾結。今天你官最大，當然推測你是弒君的主謀者。趙盾眼見勸說董狐無效，只好讓董狐把這筆紀錄寫在國史裡。

思想家董仲舒是漢代河北廣川人，年輕攻讀《春秋》，後來通曉儒家經典，到景帝時擔任博士。董仲舒提倡獨尊儒術，為了使迷信的漢武帝能夠喜歡儒學，還特地用陰陽五行對儒家思想進行包裝，終於使儒學成為政壇上的主流思想。董仲舒另著有《春秋繁露》傳世。

孝子董永是漢代千乘人，年輕時母親就已經過世。由於家中非常貧困，董永父親死後竟然無錢下葬，他只好賣身籌錢。傳說因為董永的孝行感動上天，上天便派仙女來與其結髮為妻，還幫他織出品質優良的縑來賣錢還債。董永「賣身葬父」是中國二十四孝故事之一。

軍事家董卓是漢代臨洮人。桓帝時任官羽林郎；靈帝時，擔任前將軍。靈帝駕崩，何進想用董卓的軍隊進宮殺掉亂政的宦官，沒想到事敗，何進身亡。董卓趁勢引兵入宮誅殺宦官後，廢掉少帝，改立獻帝，並弒太后，自任為太師。由於董卓生性淫亂凶暴，挾天子令諸侯，使得各方不服，袁紹等人便起兵討伐。後來董卓因為和其義子呂布產生嫌隙，被呂布所殺。

藝術家董其昌是明代華亭人，萬曆年間中進士，累官到南京禮部尚書。董其昌個性平和，喜歡佛法，既寫得一手好文章，在書畫方面也很有天分，最特別是他的書法生動而瀟灑；董其昌著有《畫禪室隨筆》、《容臺文集》、《畫旨》、《畫眼》等藝術專著傳世。

古字小常識：从，是「從」的本字，即起初的寫法。

袁

「袁」這個姓氏是怎麼來的？

「袁」這個姓氏最大宗的一個來源是帝舜之後胡公漢。胡公漢八世孫名諸，諸字伯爰，它的孫輩濤塗於是以王父之字「爰」為氏，全名「爰濤塗」。「爰」、「袁」音同，「爰濤塗」又寫作「袁濤涂」。爰家世代為陳國上卿，家大業大，之後便派衍出「袁」氏了。

「袁」字及相關諸字的歷史風貌

	袁	从「叀」之字	衣
甲骨文		（專）	
金文		（惠）	
戰國文字		（惠）	
小篆		（專）	

「袁」這個字究竟是什麼意思？

「袁」這個字，《說文解字》解釋道：「長衣貌。从衣，叀省聲」，本意指長擺的上衣，所以从「衣」這個義符。「衣」本身是象形字，全字具體描繪上衣的領子和左右衽。

從甲、金文的字形可以看出「袁」字是从「衣」从「○」（「圓」、「圜」的初文）的會意字，字形還特別標示出衣服領口的部分，所以「袁」字指的是具有圓領口的長擺上衣。

但是漢代許慎認為「袁」字是形聲字，這是何故？因為到了小篆，「袁」字上部的確與「叀」的上部相同。「叀」是象形字，全字就是紡錘的具體描繪。

紡織時集中注意力拿好紡錘便是「專」（从「叀」从「又」）；心中只想

著紡織便是「惠」（从「叀」从「心」）。從「叀」的字音和字形來看，小篆之後从「叀」省聲的寫法應該是「袁」字上半變形聲化的結果囉！

●「叀」字具體描繪出紡錘的樣子。

●「袁」字指有圓領的長擺上衣。

●「衣」字描繪出領子和衽的上衣。

本家歷史名人

本家後代中，最早出名的是軍事家袁紹。袁紹是漢末汝陽人，他是漢末割據中國的諸派軍閥勢力裡最強大的一支。袁紹出身於世家大族汝南袁氏，高祖袁安官至司空、司徒，袁安之子袁京為司空，袁京之子袁湯為司空、司徒太尉，袁湯之子袁逢亦至司空，袁逢胞弟袁隗亦至司徒、太傅。袁家四世中居三公之位者多達五人，人稱「四世三公」。袁紹是起兵討伐董卓聯盟的成員之一，全盛時期控制了幽、并、冀、青等四州。但是由於袁紹猜疑心重，無法得到賢士和軍民的支持，與曹操戰於官渡，大敗，史稱「官渡之戰」，袁紹敗戰後因氣急發病而死。

文學家袁宏道是明代公安人，年十六為諸生，便組織了文學社團。萬曆年間登進士，之後歷任吳知縣、禮部主事、吏部驗封主事、稽勳郎中等職。袁宏道和他的兄弟袁宗道、弟袁中道服膺李卓吾的「童心」思想，反對前、後七子在散文創作上一味擬古、復古的作法，主張散文的寫作最重要的是「獨抒性靈，不拘格套」。時人合稱「三袁」。三袁的作品都清新脫俗、趣味盎然。因家在公安，三袁所開創出來的散文流派便稱「公安派」，作品則號「公安體」。三袁的作品對明以後的小品文發展影響很大。

文學家袁枚是清代錢塘人。乾隆年間中進士，由翰林放為知縣，後來棄官歸隱。因為袁枚在江寧城西築了「隨園」，終日以吟詠為樂，所以人稱「隨園先生」。袁枚的詩寫得特別好，為詩主張「性靈說」，反對清初以來的擬古和注意形式所造成的詩學流弊，一新詩壇耳目。袁枚的文筆與紀曉嵐齊名，時稱「南袁北紀」。其詩與蔣士銓、趙翼並稱「江右三大家」；駢文與孔廣森、孫星衍、洪亮吉、劉星煒、曾昱、邵齊燾、關錫麟並稱「清代駢文八大家」。

于

古字小常識：从，是「從」的本字，即起初的寫法。

「于」這個姓氏是怎麼來的？

「于」這個姓氏最早的來源是「姬」姓。據說周武王第三子受封在邘國，號邘叔。後來晉國滅掉邘國，子孫於是以亡國名「邘」字去掉「邑」旁的「于」字為氏。「于」這個姓氏的另一個來源是外族改姓。東海于公裔孫跟隨拓跋陵遷徙到代地，這支遷徙的部族名叫「萬紐于」氏。後來「萬紐于」氏至北魏孝文帝時期改為漢單姓「于」氏。「于」這個姓氏的第三個來源則是避諱而來。據說唐代「淳于」氏為避唐憲宗李純之的名諱，便改為漢單姓「于」。

「于」字及相關諸字的歷史風貌

	竽	于
甲骨文		
金文		
戰國文字		
小篆		

「于」這個字究竟是什麼意思？

「于」這個字原先是個象形字，全字就是古代吹奏樂器「竽」的具體描繪：「竽」的下部有金屬基座，上面安插有不同長度的竹管。利用手指頭開合「竽」上的孔洞，控制進入竹管的口吹風力強度與路徑，便能形成不同的音高。後來「竽」字在書寫的過程中，象徵樂器外框的筆畫省掉了，只留下象徵樂器「竽」表面花紋的筆畫，於是寫成了「于」。由於「于」在上古很常假借為介詞，詞用和「於」字相同，所以後來才又加了個義符「竹」，造了個後起形聲字「竽」來指稱這類樂器。

一說到竽，大家一定馬上想起這個故事：戰國齊宣王喜愛聽竽，而且特別愛聽合幾百個人的大合奏。結果有位南郭先

● 「于」是象形字，描繪出「竽」這種古樂器。

生，他不會吹竽卻羨慕吹竽的好待遇，於是想法子混入樂隊當中，終於給他如願。每次在齊宣王跟前演奏時，南郭先生就混在隊伍當中，跟著別人做假動作。後來宣王薨，齊湣王繼位，湣王的習慣與宣王不同，他喜歡聽竽獨奏。南郭先生知道再這樣下去肯定落個欺君之罪，於是就逃之夭夭——這就是成語「濫竽充數」的典故。

本家歷史名人

本家後代中，成名的最早是漢代于公，但文獻未留有全名。政治家于公是漢代東海郡郯縣人，曾任廷尉。當時發生著名的東海孝婦冤案。話說孝婦周青雖然年紀輕輕的就守寡，但侍奉婆婆卻仍十分勤謹。不過婆婆惟恐拖累孝婦，自己上吊自殺。小姑不察，反而指控大嫂害命，結果東海太守糊塗地判了死刑。于公爭理不得，抱著相關案件卷宗離去；好在後來周青冤案終於得到平反。由於于公執法公允，還常說治獄公平是在做功德；後來他的兒子于定國官至丞相，他的孫子于永則官至御史大夫，也算是善有善報。

政治家于謙是明代錢塘人。由於文采好、口才佳，深得明宣宗賞識。還曾隨宣宗平定漢王朱高煦之亂。擔任地方巡撫時，于謙也處理了不少冤案。宣宗知道此人可委重任，所以于謙官位連番跳級。不論官居何職，于謙甫習慣訪察各地，藉以瞭解弊端和百姓的需求。後來雖然遭到太監王振陷害，但因為功在家國，隨即復用，並主持軍政。「土木堡之變」，英宗親征卻被蒙古軍俘擄。于謙力主防守政策，得到留守的郕王支持，後來郕王即位為景帝，穩定了國內。京都保衛戰中于謙更成功打敗敵軍，逼得瓦剌軍主動求和並送回英宗；于謙功不可沒。

政治家于成龍是明末清初寧州人，初任廣西羅城縣令。于成龍一到任就發現當地人口凋零，匪賊橫行。於他是招募流民開墾荒地，並強化保甲制度以打壓匪賊；治安好了，百姓各個安居樂業。後來于成龍改任四川合州知州、湖廣黃府同知等，也都能有效鎮壓匪賊，發展農業。因為清廉、有能力又聽訟公平，福建巡撫吳興祚大讚于成龍是「閩省廉能第一」。于成龍後來高升戍衛京畿的直隸總督，再遷兩江總督。據說于成龍死時，「士民男女無少長，皆巷哭罷市」，可見他十分得民心，康熙還親自為他寫碑文以為紀念呢！

政治家于右任是清末民初三原人。于右任勇於譏刺時政，也因為倡言革命，所以加入同盟會。後來在護法之役中，于右任擔任陝西靖國軍總司令；國民政府定都南京時于右任出任國民政府委員，遷監察院院長，院長一任就是三十幾年，國民政府中罕見有能擔任高級官員如此之久的。于右任也是近現代著名的書法家，作品當中以草書的藝術價值最高。

余

古字小常識：从，是「從」的本字，即起初的寫法。

「余」這個姓氏是怎麼來的？

「余」這個姓氏最早出自「姬」姓。周武王之子叔虞封於唐，唐虞的兒子封為晉侯，傳到晉哀公，哀之子由余目睹朝政混亂，所以出走西戎。由余後來到了秦國，佐助秦穆公有功，得到不少封賞。他的後人有的就以王父之名中的「余」字為氏，有的則以「由」為氏，所以人稱「由余同宗」。「余」這個姓氏的另一個來源是大禹之後。一說大禹後人有越王無余，子孫以王父之名的省略「余」字為氏；一說大禹第三子得姓「余」，用以紀念大禹之妻「塗山」氏（「塗」字从「余」）。「余」這個姓氏也有源自外族的，像周王朝時期，活動在北部的遊牧民族「潞」、「洛」、「甲」、「余」、「滿」五姓後來和華夏通婚，其中「余」姓後裔仍沿用原姓；不過這個外族所用的「余」姓讀同「徐」哦！另外在漢代，住在檮余山的匈奴「檮余」部漢化後改漢單姓「余」氏，這個外族用的「余」姓則讀同「涂」。所以今日「余」氏裡頭既有原來的「余」氏，也有外族改姓後形成的「徐」氏和「涂」氏的成份呀！

「余」字及相關諸字的歷史風貌

	余	涂
甲骨文		
金文		
戰國文字		
小篆		

「余」這個字究竟是什麼意思？

「余」這個字是個象形字，關於「余」字究竟本義為何，並沒有一個比較好的說法。《說文解字》解釋道：「余，語之舒也。從八，舍省聲」，這是從「余」字後來做為語詞的用法來理解此字。但看看古文字中的「余」，寫法並不是从「八」，可見漢代許慎的說法並不十分理想。

一說「余」字在描繪一種結構最簡單的建築物。這個建築物只有屋頂、橫梁和單柱，並沒有牆壁。可能是用來做簡單儲物或遮蔽風雨之用。這種建築大概就是鄉里田間常看到的工寮。

但也有人說「余」字从「木」省，全字是描繪一棟樹屋。樹屋並不是現在才流行起來的東西。上古洪水氾濫，加上猛獸

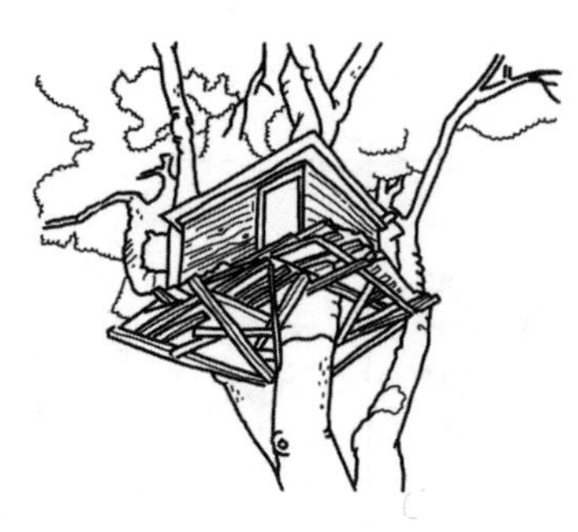
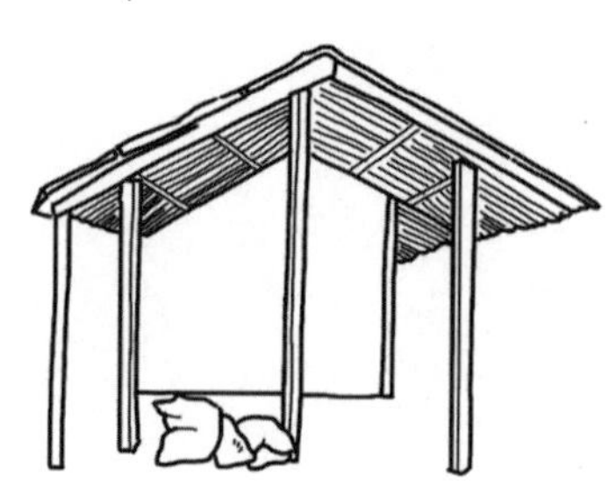

● 「余」字和樹屋可能有關係呢！

● 「余」字是描繪屋頂沒有牆壁的建築物。

常不意的攻擊侵犯，先民得住在樹上才能避免這些危險。《路史》就記載：「昔載上世，人固多難，有聖人者教之巢居，冬則營窟，夏則居巢。未有火化，搏獸而食，鑿井而飲。檜秸以為蓐，以辟其難。而人說之，使王天下，號曰有巢氏。」大家耳熟能詳的上古「有巢氏」傳說，講述的就是具有這樣一個居住習慣的時代。

本家歷史名人

「余」家雖然有三千多年的歷史，但「余」家人出頭的時間卻很晚。較早出名的政治人物余靖是宋代曲江人，他因為敢言而得名，在當時與歐陽脩、王素、蔡襄合稱「四諫」。也因為敢言、主張強勢對待西夏，受到當權主和派排擠而宦海浮沉，後終累官工部尚書。

軍事家余玠是宋代廣濟人，因為家裡太窮無法讀書，余玠只好投效軍旅。由於屢建戰功，多次得到升遷。余玠後來任職四川時積極改革弊政、開墾良田。因為政績卓越，轉而南向發展，也時常與與蒙古軍發生衝突。在與蒙古軍衝突的三十幾場戰鬥中，余玠都有所斬獲，可見他確有軍事方面的天才。不料後來遭到權貴的忌憚，進讒撤職，不久服毒自盡。

文學家余光中是當代永春人，現居臺灣高雄。余光中擅長創作新詩、散文，另外對文學的評論、國外作品的翻譯和引介等也不遺餘力。余光中的文學作品多次列入臺灣、中國大陸、香港等地語文教科書。由於文字運用意象靈活，今人喻為「語言的魔術師」。

第九篇

葉蔣杜
蘇魏

葉

古字小常識：从，是「從」的本字，即起初的寫法。

「葉」這個姓氏是怎麼來的？

「葉」這個姓氏最早的來源是「姬」姓。相傳周文王之子聃季的采邑在沈地，他的後人便以封地名「沈」為氏；「沈」氏傳到春秋沈諸梁，擔任楚國令尹，沈諸梁也就是成語「葉公好龍」中的「葉公」，因平亂有功，沈諸梁被封於葉。自此，他的後人有的就以封地名「葉」為氏；所以人稱「沈葉同源」。至於外族改姓「葉」的，像漢代時期南方葉調國曾有南下中國的移民，取漢名時多以故國名「葉」為氏。另外蒙古族、滿族、錫伯族等也都有改成漢單姓「葉」的。

「葉」字及相關諸字的歷史風貌

	葉	枼	世
甲骨文			
金文			
戰國文字			
小篆			

「葉」這個字究竟是什麼意思？

「葉」這個字，《說文解字》解釋道：「艸木之葉也。从艸枼聲」，它是個从「艸」「枼」的形聲字。因為「葉」就是植物的葉子，所以从「艸」義符；而它的聲符「枼」本身其實是個後起形聲字，「枼」所从的「世」是象形，即「葉」的初文，全字就是寫實描繪樹枝上的葉子。

由於樹葉一般是一歲一枯榮，就像人世的變化具有循環的特質，於是「世」便假借為三十年或父子相繼之一代的「世代」之「世」。後來「世」被假借久了，原義不明，才先加「木」旁、後加「艸」旁，造出「枼」或「葉」字這些後起形聲字了。

樹葉發於枝端，參差各異，後來用來形容外沿不規則的雲彩、瑞兆或祥氣四射

● 「世」是「葉」的初期寫法。

的樣子，也有以枝葉比喻的，像晉代崔豹《古今注．卷上．輿服一》：「黃帝……與蚩尤戰於涿鹿之野，常有五色雲氣，金枝玉葉，止於帝上……」即其用例。因為這些金枝玉葉一般的祥瑞，都是伴隨帝王或顯貴之人出現，「金枝玉葉」後來也就能指代身分尊貴的人，如《水滸傳．第五十三回》：「我家是金枝玉葉，有先朝丹書鐵券在門，諸人不許欺侮」即其用例。

本家歷史名人

本家後代中，較早出名的是軍事家葉雄。葉雄為漢末董卓部下，勇猛善戰，官拜都尉。根據《三國志》記載，孫堅曾參與討伐董卓之役，沒想到兵敗逃亡，後來收拾殘兵，擇地進行大反撲。由於這個反撲出乎董卓軍意料之外，結果大破董卓軍，並將董軍將領葉雄給梟首。後來由於小說作品誤繕，將被梟首的葉雄寫作華雄。這位華雄也就是《三國演義》裡被關羽「溫酒斬華雄」的那位苦主呀！

文學家葉夢得是宋代吳縣人。紹聖年間登進士第，歷任翰林學士、戶部尚書、江東安撫大使等官職。晚年隱居湖州玲瓏山石林，故號「石林居士」。葉夢得是宋代南遷後少數以英雄氣概作為題材的詞人。他的這種寫法，既擴展了詞的創作題材，對兩宋詞風的轉變也發揮推波助瀾的關鍵力量。

思想家葉適是宋代永嘉人，淳熙年間中進士，累官至工部侍郎、吏部侍郎兼直學士院。葉適與徐照、徐璣、趙師秀、翁卷等人稱「永嘉四靈」的學者素有來往，他自己也是南宋永嘉學派的代表人物。葉適還因為學問好，與當朝學者朱熹、陸九淵齊名。葉適從愛國與功利的角度來反思理學，認為功利對強國有效，也不必然與儒家道德有衝突。此外，葉適也重視商業，他認為商業之中亦有道理，不必把商業行為全都看得如此卑鄙。史學家因為葉適的識見卓絕，將他定位為南宋最後一位重要的思想家。

文學家葉聖陶是清末吳縣人，他經歷了甲午戰爭、戊戌政變、列強割據。所以他的文學作品充滿愛國思想，一心想用文學和教育來改變中國。五四運動後葉聖陶投入文學運動，除了參加北大學生的「新潮社」，並陸續發表小說、新詩、小品文、文學批評等不同形式的作品。他也和茅盾、鄭振鐸等組織「文學研究會」。葉聖陶的作品和他在教育上的投入，對現代中國的語文教育影響深遠。

蔣

古字小常識：从，是「從」的本字，即起初的寫法。

「蔣」這個姓氏是怎麼來的？

「蔣」這個姓氏最大宗的來源是「姬」姓。周公姬旦第三子伯齡封在蔣國，蔣國後來被楚國所滅，子孫就以亡國名「蔣」為氏。「蔣」這個姓氏另一個來源是「子」姓。據說商王族後裔有封於蔣地者，後人於是以封地名「蔣」為氏。另外少數民族也有改姓「蔣」的，像滿族「蔣佳」氏漢化後就改漢單姓「蔣」。此外如蒙古族、回族、拉祜族、保安族、布朗族、苗族、瑤族、傣族、土家族、壯族、羌族及苦聰族中少數民族中都有漢化後取漢單姓「蔣」為氏的。

「蔣」字及相關諸字的歷史風貌

	甲骨文	金文	戰國文字	小篆
蔣				
將				
爿				(牀)
寸				

「蔣」這個字究竟是什麼意思？

「蔣」這個字，《說文解字》解釋道：「苽蔣也。从艸將聲」，它是個从「艸」「將」聲的形聲字，本意是草本植物茭白；因為是植物，所以从「艸」這個義符。茭白，就是今日臺灣南投名產茭白。它的口感近似竹筍，所以又名茭白筍；因為種在水田裡，俗名又叫水筍。著名產地埔里還因為茭白貌似美人玉腿，又稱它叫「美人腿」。

「將」在「蔣」字裡頭當聲符使用，它本身是個會意字，全字就是从「寸」取「肉」置於「爿」的連續動作。「爿」是象形字，它是「牀」的初文，指的是一種高腳桌。

由於古代的牀既有桌子的功能，又可以躺臥，所以「牀」在古代至少有「高腳

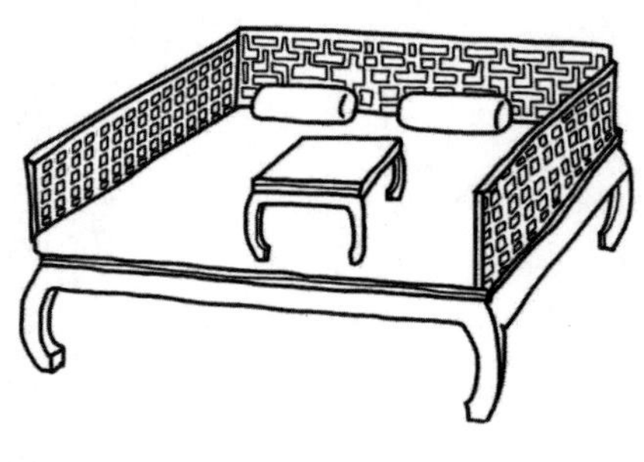

● 「爿」也有「寢牀」的意思。

● 「爿」是象形字，指一種高腳桌。

桌」和「寢牀」這二個意思。書寫上，若將「爿」橫寫，太占空間，所以就把它豎著寫，這樣也方便把它擺到全字的旁邊去。

「將」字的義符「肉」，本身是個象形字，全字即是肉塊的具體描繪，字的筆畫還特別把肉的紋路給清楚畫出來（「肉」之本義詳參本書「趙」姓）。而做為漢字構形的零件，从「寸」與从「又」的差別並不大，都有「用手（拿取舉握）」的意。因此「將」的全字就是將肉置於牀上的意思，再從這層意思引伸可表示「處置」、「進獻」、「奉達」等。在軍隊之中因為只有首領可以處置和率領軍隊，所以「將」又名詞化而可指軍隊之首「將軍」之「將」；「將」字是把肉放著準備「將來」要吃或祭拜之用，後來也能表示「將要」之「將」的意思囉！

本家歷史名人

本家後代中，較早出名的是政治家蔣琬。蔣琬是漢末湘鄉人，他是三國蜀漢的重要人物。在年輕時蔣琬即與其表弟劉敏名重當世，後來進入劉備軍中，曾因貪杯誤事，諸葛亮求情才得以免罪。劉備任漢中王時，蔣琬即入府為智囊；諸葛亮為丞相，他改入丞相府。由於蔣琬處事穩重、中庸，諸葛亮生前就曾交待身後國事可交給蔣琬；後來蜀漢國事果然也是由蔣琬接任。蔣琬採取閉國息民政策，使得蜀國國力大為提升。諸葛亮死後，蜀漢得與長時間和吳、魏相抗衡，蔣琬功不可沒。

文學家蔣防是唐代義興人，曾任翰林學士。蔣防頗有文名，散文和詩作都被收入《全唐詩》和《全唐文》裡。但所有作品中最為人所樂道的反倒是他的唐傳奇作品《霍小玉傳》。《霍小玉傳》故事記敘書生李益與霍小玉相戀，後來李益得授鄭縣主簿，行前信誓旦旦要對小玉負責。沒想到任官後貪圖權利，改娶鳳閣侍郎盧誌之女。黃衫俠客得知此事後，要挾李益前去向小玉請罪。沒想到小玉知情後悲憤而死，後來化成厲鬼，終於鬧得李益與侍郎之女感情不睦收場。

文學家蔣士銓為清代鉛山人，乾隆年間中進士，得選庶吉士，授翰林院編修。蔣士銓文學成就優異，作品當中以詩最佳。他的詩，題材廣選社會矛盾與人民疾苦，代表詩作有〈飢民嘆〉、〈禁砂錢〉等。因為文名，乾隆帝稱蔣士銓與彭元瑞兩人為「江右兩名士」；又與袁枚、趙翼合稱「江右三大家」（或「乾隆三大家」）。

杜

古字小常識：从，是「從」的本字，即起初的寫法。

「杜」這個姓氏是怎麼來的？

「杜」這個姓氏於史有徵的最早由來是「祁」姓。周成王滅唐後，將帝堯裔孫劉累的封地封給了叔虞，改封劉累子孫到杜地，劉累後人有的就以封地名「杜」為氏。「杜」這個姓氏的另外一個來源是「羋」姓，出自春秋時期楚國君杜敖，杜敖的後人有的以王父之名「杜」為氏。至於外族改姓「杜」的，如南北朝北魏鮮卑拓拔部「獨孤渾」氏，漢化後改成漢單姓「杜」。傳說中「姬」姓的夏朝第五代君王杜康，因發明釀酒法而留名後世，其後人也有以「杜」為氏的。

「杜」字及相關諸字的歷史風貌

	杜	土
甲骨文		
金文		
戰國文字		
小篆		

● 原來「土」是描繪土塊，為象形字。

「杜」這個字究竟是什麼意思？

「杜」這個字，《說文解字》解釋道：「甘棠也。从木土聲」，它是個从「木」「土」聲的形聲字。从「木」這個義符，表明「杜」是植物的一種——甘棠。甘棠花開白色，果實雖然略澀，但可以食用。樹皮還可入藥。為加強梨樹的生命力，也常用棠幹作為嫁接的砧木。《詩經．召南》有一篇〈甘棠〉詩，全詩懷念賢能的召伯，除了寫到受到百民敬仰的原因外，還提到召伯在甘棠樹下聽訟，處斷公允。所以日後「甘棠」也就變成召伯德行——「聽訟無失」的代表哦！

「杜」的聲符「土」，它本身是個象形字，全字是地上土塊的寫真描繪，後來為求書寫便利，原本表示土塊的那一圈或一粗筆便簡省成一豎筆。但這一豎筆太長，在空間上顯得空洞又難看，於是豎筆中間又加了筆小橫筆作裝飾，就成為今日「土」字的寫法了。

「土」或「土塊」在民間的觀念裡，某種程度是政權或封地的象徵。據說公子重耳離開晉國，流亡在國外。到了衛國，實在無以為繼，只好向路邊的農人乞食。沒想到農人不但沒給吃的，反而丟了土塊給他。重耳遭到這番羞辱，想要鞭打這名農人，結果隨從狐偃勸告他：「這是上天的恩賜，表示你將得到封地呀！」還恭敬的把土塊拿回車上放。後來重耳果然一如狐偃的預言，回國即位為晉文公，在賢臣的輔佐之下成為春秋五霸之一。

本家歷史名人

「杜」家成員中因事聞名的，除了杜康之外，幾乎全部集中在唐代。政治家杜康是夏朝第五代君王（扣除大禹），一說他就是少康。夏朝末年后羿和寒浞交相作亂，使得少康之父相被殺，他的母親后緡氏逃亡回娘家有仍氏。少康因為有才能，陸續在有仍氏和有虞氏任官。後來更聯合二氏和夏遺民的力量滅掉寒浞，奪回夏朝，史稱「少康中興」。傳說杜康發明釀酒法，所以「杜康」二字就成為「酒」的代表了。

政治家杜如晦是隋末唐初杜陵人。年輕時已極為聰悟。隋朝開始踏入仕途；秦王李世民平定京城時，用杜如晦為秦王府兵曹參軍，他也因此成為李世民決策的重要幕僚。後來杜如晦隨李世民東征西討，平定了薛仁杲、劉武周、王世充、竇建德等各路不服唐朝的勢力。「玄武門之變」後，李世民被立太子，杜如晦擔任太子右庶子；世民即位為太宗，杜如晦累官至吏部尚書、尚書右僕射，與左僕射房玄齡同掌朝政，世稱為良相，史家更讚譽他和房玄齡是「房謀杜斷」。杜如晦四十六歲因病早逝，追贈司空，徙封萊國公。

文學家杜審言是唐代鞏縣人，本人極有才華，但頗恃才傲物。因為文名，與李嶠、崔融、蘇味道合稱「文章四友」。杜審言任官後因故得罪郭若訥、周季重等權臣，被貶定罪。杜子為了報父仇，潛入行刺周季重而死，孝行震動朝野。武則天得知這件事後召杜審言入京師，加以重用。杜審言擅長五言律詩，明代胡應麟贊其作品為「初唐五律第一」；代表作為〈和晉陵陸丞早春遊望〉。

文學家杜甫是唐代鞏縣人，是杜審言之孫。由於年少家境優沃，讀了幾年安樂書。後來鄉試不第，投靠時任兖州司馬的父親杜閒，四處遊散，據說也此時結識了李白。杜甫科舉不順，困居長安十餘年，最後謀得兵曹參軍低職，返家時獲知稚子餓死，寫下寫實詩代表作〈自京赴奉先縣詠懷五百字〉。更慘的是杜甫稍後遇到「安史之亂」，只能四處流浪。他將戰亂中的所見所聞寫成動人心魄的「三吏」——〈新安吏〉、〈石壕吏〉、〈潼關吏〉和「三別」——〈新婚別〉、〈垂老別〉、〈無家別〉，這些也是他有名的寫實詩作品。因為杜甫詩作深刻書寫時代，被稱為「史詩」，杜甫也因其作品關心底層百姓生活，而被稱為「詩史」、「詩聖」。

文學家杜牧是晚唐萬年人，他是宰相杜佑之孫，累官至監察御史，宦途比起杜甫要順利太多。但疑因牛李黨爭，杜牧遭外放到各州擔任刺史。後來杜牧雖然回到中央，但深知無可作為，於是四處憑弔名勝和寫詩，累積了很多五言古詩和七律的佳作。為使與杜甫有所區別，人稱杜牧為「小杜」，並與當時詩詞名家李商隱同稱「小李杜」（小李指李商隱，大李指李白）。

蘇

古字小常識：从，是「從」的本字，即起初的寫法。

「蘇」這個姓氏是怎麼來的？

「蘇」這個姓氏最早是出自上古帝王顓頊高陽氏。顓頊生了稱，稱再生老童，老童之後有重黎和吳回；吳回生陸終，陸終長子名叫樊，在夏朝時被封於昆吾，他的後人就以封地名「昆吾」為氏。昆吾氏之後再分出「蘇」、「顧」、「溫」、「董」四氏，這四氏也是同宗。至於少數民族改姓「蘇」的，如漢遼東烏桓國有人遷入上谷、漁陽、右北平、遼西、遼東等地，其中便有改成漢單姓「蘇」的；北魏孝文帝實施漢化政策，鮮卑族「跋略」氏，也有改成漢單姓「蘇」的；清代滿族複姓開頭為「蘇」的亦多改漢單姓「蘇」；回族改漢姓後的十三姓中亦有「蘇」，也是取自原來的族名拼音第一個音節的同音漢字。

「蘇」字及相關諸字的歷史風貌

	蘇	魚	禾
甲骨文			
金文			
戰國文字			
小篆			

「蘇」這個字究竟是什麼意思？

「蘇」這個字，《說文解字》解釋道：「桂荏也。从艸穌聲」，它是個从「艸」「穌」聲的形聲字，本義就是紫蘇。从「艸」這個義符表示此字和植物有關；「穌」作為此字的聲符，本身也是形聲字，《說文解字》解釋道：「杷取禾若也。从禾魚聲」，它的本義就是用木杷把散亂的稻禾給杷疏整理一番（「若」字有爬梳之意，從菜叢中爬梳擇菜也用「若」字）。因為「穌」所杷的是穀物，所以从義符「禾」。「禾」是個象形字。雖然「禾」字書寫的筆畫和「木」很像，但「禾」字上頭垂下，和「木」並不相同。這是因為這種植物和其他植物最不一樣的地方在於它會結穗，一但結滿了「稻穗」，稻子自然就會低頭。所以「禾」在

1.「蘇」字的本義就是植物紫蘇。
2.「蘇」字從艸穌聲，而「穌」的本義即指用木杷整理稻禾。
3.「禾」字具體地描繪了稻子結穗的樣子。
4.「穌」的聲符為「魚」，是象形字。

書寫時特別把「禾」結穗後低頭的情況給畫出來。

　　也正是因為「禾」一結滿穗就會低頭，所以它也被認為是「謙虛」、「不自滿」的象徵。收割的稻禾集中之後，要先打穀，把穀和禾莖分離。分離出來的禾莖或者加以焚燒，變成農田的有機肥料，或者加以編成草繩等民生用品；穀則是加以鋪平曝曬，曝曬的目的，一則是要使具有水分的米和糠產生空隙，方便之後的脫殼，二則是乾燥之後的米，保存需要的空間變小，保存期限也可以拉長。用木杷將穀鋪平曝曬的同時，也可順便把沒挑乾淨的禾莖給剔除囉！最後米變成餐桌上香噴噴的飯，打下來的糠混和其他飼料後，既可以餵食家禽家畜，也可以做為枕頭或其他家庭用品的填充物哦！

　　至於「穌」的聲符「魚」，本身則是個象形字，全字就是一條活跳跳的魚。不過如果書寫上要照著「魚」的樣子橫寫，顯得太占空間，於是就把「魚」給豎著寫了。

本家歷史名人

　　本家後代中，最早出名的要數政治家蘇秦。蘇秦是戰國時期韓國人，是與當時著名謀士張儀齊名的縱橫家（相當於活躍國際間的說客）。蘇秦年少時師從鬼谷子，出山後四處遊說，但都不得重用，返家後還遭到妻子及兄嫂的賤視。後來蘇秦發憤讀書，半夜還用髮懸梁、以椎刺股這麼激烈的手段來提神（形容苦讀的成語「懸梁刺股」典故由來）。學成後成功說服東方六國「合縱」以抗西方強秦。蘇秦身繫六國相印，一時權傾天下，使得秦國十五年不敢出函谷關。據說蘇秦返家後妻嫂對他的態度與之前截然不同，讓蘇秦特別感嘆人性的現實（成語「前踞後恭」的典故由來）。

政治家蘇武是漢代杜陵人，天漢年間累官至中郎將。武帝為了向匈奴示好，於是派蘇武為正使，率領使節團及宣慰的財物出使匈奴。不料團中副使與匈奴重臣勾結，想推翻原來的單于不成，導致蘇武受到波連而被扣留。蘇武自刎求死，後救活。匈奴覺得蘇武不死，定是神人，於是幾番想請蘇武任官，都被他所拒絕。於是匈奴一方面向漢代表示使節團已全部死於內亂，一方面苦毒蘇武，像把他囚於寒天地窖不給飲食、送蘇武到北海牧羊等。可是蘇武都不為所動。後來蘇武還活著的消息傳回漢朝，在漢朝的壓力之下匈奴終於將蘇武送回南方。漢朝皇帝肯定蘇武的忠貞，將之封為關內侯。

文學史上的「三蘇」，指的是父親蘇洵，長子蘇軾、么子蘇轍三人。他們都是宋代眉山人，因為詩文都寫得好，都享有文名，合稱「三蘇」。蘇洵年輕時不愛讀書，娶妻程氏，見到程氏教子勤謹，才覺悟苦讀的。後來父子入京覲見歐陽脩，歐陽脩看了父子三人的文章大為讚賞，此事讓三蘇名滿京城；稍後蘇軾、蘇轍同登金榜，也轟動一時。未久父親蘇洵也中試，父子三人同朝為官，一時傳為佳話。蘇洵文章長於政論，論理清楚而氣勢雄健，有《嘉祐集》傳世。

蘇洵長子蘇軾又名蘇東坡，世人多稱「東坡居士」。嘉祐年間和弟弟同登進士後，因為與王安石新政意見相左，與是自請外調，歷任杭州通判、密州知州、徐州知州等，在地方上頗有建樹。今日西湖美景「蘇堤」就是蘇軾著名的政績之一。蘇軾宦海浮沉，並不十分得意。好在他個性豁達，心胸寬廣，服膺道家思想，很能自得其樂。據說「東坡肉」就是他逍遙於生活中的料理發明。蘇軾是宋代重要的文學家、書畫家、文學家、詩人、詞人。他以豪爽之氣入詞，以散文寫法作詞，是北宋豪放派詞人的代表，蘇軾的作品對開拓詞的境界也是影響深遠；著有《東坡全集》及《東坡樂府》等傳世。

文學家蘇轍為蘇洵么子，和其兄蘇軾分稱「大蘇」、「小蘇」。蘇軾長於詩詞、蘇轍則是散文寫得特別好，以策論最為拿手。蘇軾曾稱讚他的文章是「汪洋澹泊，有一唱三歎之聲，而其秀傑之氣終不可沒」。蘇轍與其父兄皆名列古文「唐宋八大家」；著有《欒城集》傳世。

魏

古字小常識：从，是「從」的本字，即起初的寫法。

「魏」這個姓氏是怎麼來的？

「魏」這個姓氏最大宗的來源是「姬」姓。周文王第十五子畢公高，封於畢地，他的後人畢萬在晉國晉獻公時期擔任大夫，封於魏地，世世代代發展下來，成為晉國權力最大的公卿家族；後來三家分晉，得到周王室的認證，成為諸侯，領有魏國。魏國亡後，後人便以亡國名「魏」為姓。「魏」這個姓氏另外一個來源是「芈」姓，顓頊帝後人有魏冉，他的子孫便以王父之名「魏」為氏。至於他姓改姓「魏」的，如宋代魏了翁本姓「高」，後來改姓「魏」。另外也有外族改姓「魏」的，如南北朝時期北方氏族造反，首領王元壽改名魏揭，後來被北魏鎮壓，他的族人避禍逃亡，就以先祖的漢姓「魏」為氏。此外如蒙古族、滿族等也都有改漢單姓「魏」的。

與「魏」相關之字的歷史風貌

	巍	委	女	鬼
甲骨文				
金文				
戰國文字				
小篆				

「魏」這個字究竟是什麼意思？

「魏」這個字，《康熙字典》解釋道：「《說文》本作巍。高也。从嵬委聲。《註》徐鉉曰：今人省山，以為魏國之魏。《詩．魏風譜》：『魏者，虞舜夏禹所都之地也。在禹貢，冀州雷首之北析城之西，周以封同姓焉。』」現在我們寫的「魏」字在小篆裡原本還有個「山」形，作「巍」；它是形聲字，从「嵬」省「委」聲，本意是指山勢之高，後來借為國名和氏名，「山」形就被省略掉了。

「魏」原先所从的義符「嵬」，《說文解字》解釋道：「高不平也。从山鬼聲」，它本身也是形聲字，表示山勢高而不平的樣子。因為形容山勢，所以从「山」；而「鬼」作為聲符，本身則是象形字；「鬼」全字描繪宗教儀式進行時，

● 「鬼」字描繪巫覡戴上鬼面具，象征鬼神降臨。

● 「鬼」字中的「**由**」表示鬼面具的形象。

● 「委」字像女子頭頂著作物的樣子。

巫覡在臉上載上恐怖面具，象徵鬼神降臨的樣子。在巫術施行的場合當中，據說只有巫覡才看得到鬼神，常人是看不到的。為了讓參加儀式的人心生肅穆，能夠以莊嚴的態度來對待儀式和無形的鬼神，所以巫覡通常就會把自己打扮成像鬼神那般恐怖、不可親近的樣子囉！

至於「魏」字所从聲符「委」則是個从「禾」从「女」會意字，全字就是稻田收割時，女子將稻禾等農作頂於頭上的樣子。

所以「委」字原意為「委託」之「委」；由於頭上頂著農作物，頭自然低下，於是「委」字後來就引伸出「委屈」的意思啦！

本家歷史名人

本家後代中，以政治家魏犨較早出名。魏犨即大名鼎鼎的「魏武子」，他是春秋時期晉國人，早年隨公子重耳出亡，後來重耳回國登上王位，成為晉文公，便封魏犨為大夫。城濮之戰中魏犨建立戰功，堵截楚國敗退的殘兵敗將，再予以迎頭痛

擊，造成楚軍元氣大傷。因為對重耳不離不棄，加上戰功彪炳，魏犨名列輔佐晉文公成為霸主的「五賢士」之一（其餘四人為狐偃、趙衰、賈佗、先軫）。他的後人如子芒季、孫畢萬都對晉國有功，使得魏氏成為晉國權力最大的公卿之一。

軍事家魏延是三國時期義陽郡人，在劉備入蜀時立了許多戰功。魏延雖然頗有武功，但個性卻太過自負，在許多想法上和諸葛亮意見相左，並公然唱反調，所以深為諸葛亮所顧忌。後來多次北伐，魏延皆有參與，但諸葛亮一直不敢賦予重任，使得魏延心生不滿。第五次北伐，諸葛亮設計讓魏延斷後，終於激起魏延和拔營南歸的蜀軍主力間的衝突，最後落得以謀反罪誅三族的不幸下場。

政治家魏徵是唐初館陶人，本來魏徵為太子李建成人馬，「玄武門之變」後唐太宗因為愛惜他的才華而留他一命。因為直言敢諫，唐太宗對魏徵又愛又恨。也因為魏徵的輔佐，使得唐太宗得以「兼聽則明」。大家耳熟能詳的「君，舟也，民，水也。水能載舟，亦能覆舟」政治名言就是魏徵他講的。魏徵深為唐太宗所器重，貞觀十七年魏徵病逝，太宗真情流露，還不捨的對群臣說：「人以銅為鏡，可以正衣冠，以古為鏡，可以見興替，以人為鏡，可以知得失。魏徵沒，朕亡一鏡矣！」魏徵也是中國史上著名的諫臣之一。

第十篇

程呂丁

沈任

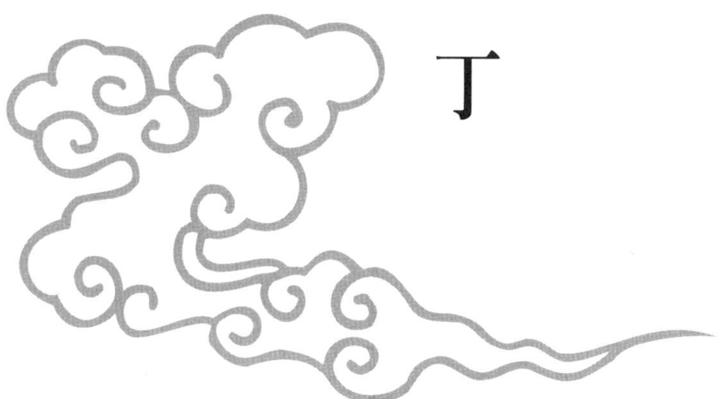

程

古字小常識：从，是「從」的本字，即起初的寫法。

「程」這個姓氏是怎麼來的？

「程」這個姓氏其中一個來源是「風」姓。據說顓頊之孫老童生了重黎，重黎擔任帝嚳的火正，號祝融；重黎的後代到了商朝被封在程地，後人於是以封地名「程」為氏。程國傳到程伯休父時，休父進入周朝擔任司馬，他的後人有的又以王父的官職名「司馬」為氏；所以這一支「程」氏和「司馬」氏是同宗。「程」這個姓氏的另一個來源則是「姬」姓。周文王十七代郇侯之後晉荀氏，他的庶子采邑封在程地，他的後人於是以封地名「程」為氏。

「程」字及相關諸字的歷史風貌

	程	呈
甲骨文		
金文		
戰國文字		
小篆		

「程」這個字究竟是什麼意思？

「程」這個字，《說文解字》解釋道：「品也。十髮為程，十程為分，十分為寸。从禾呈聲」，它是個从「和」「呈」聲的形聲字，本義是指稱量穀物的度量，引伸指一切規矩法度；在現代則常用來指一段路途。因為原先指的是稱量穀物的度量，所以「程」字从義符「禾」；「禾」就是「稻禾」的象形（「禾」之本義詳參本書「魏」姓）。

「程」从的聲符「呈」是個从「口」从「王」會意字。「王」本身是個指事字，它是「挺」的初文（「王」之本義詳參本書「董」姓）；「呈」所从「口」則表示這個站得直挺挺的人在評論或報告某事。「呈」字原來表示嚴肅的向上位者報告事情的樣子。所以文件資料什麼的要交

● 「呈」字表示人站得直挺挺地向上位者報告。

給上司，會說「呈報」給上司；簽給上司的公文，就叫「簽呈」了。

因為「程」字後來引伸可指一段路途，所以畢業紀念冊上為了祝福同學能夠在離校後像大鵬鳥一樣展翅高飛，我們多半都會簽上「鵬程萬里」這類的吉祥話。這句吉祥話原來出自《莊子‧逍遙遊》，用來比喻前程遠大，可以像大鵬一樣一振翅、一啟程就能飛到萬里之外的意思哦！

本家歷史名人

「程」家在歷史上留名的，很多都是忠義之士。醫者程嬰是春秋時期晉國人。晉國司寇屠岸賈和重臣趙盾一向不和。一日屠岸賈未請示在位的晉景公，即埋伏兵將，把趙家給滅門。趙盾之子趙朔妻是晉景公的姊姊，剛好有身孕，躲到景公宮中躲藏，還生下男孩趙武。後來趙武被託給程嬰。程嬰於是找來別的嬰兒代替，並讓與趙家交好的公孫杵假意指責程嬰洩密，以公孫杵自己之死讓屠岸賈相信程嬰交出來的嬰兒就是趙武；而程嬰則帶著真趙武逃到山中。等趙武長大後，程嬰便向景公告發屠岸賈假傳王命滅趙門的事，屠岸賈遂遭滅族。此事被後來的劇作家編成著名傳統戲曲「趙氏孤兒」，還拍成電影。

軍事家程普是漢末吳人，早年跟隨孫堅四處征戰，也討伐過黃巾賊。孫堅戰死後程普繼續跟隨其子孫策，屢建戰功。孫權登位，程普為孫權討伐不服之人，後來還與周瑜同為左右都督。由於程普愛戴孫主，又善於作戰，是少數能服侍孫家三代的將軍。當地吳人也因為他的忠義，尊稱程普為「程公」。

軍事家程咬金是隋末唐初濟州東阿人，本名程知節。程咬金本為隋末亂世梟雄李密人馬，李密兵敗，他改投王世充。不過程咬金發現王世充為人多詐，改而投唐，進入李世民秦王府中。在和李世民四處開疆闢土的過程中，程咬金立功無數，先封宿國公，「玄武門之變」後改封盧國公，位列「凌煙閣二十四功臣」之一。程咬金由於用兵靈活，常讓敵人不知其主力部隊在何處。他的運兵特色也成為俗語「半路殺出一個程咬金」——讓人猝不及防——的由來。

思想家程顥與其弟程頤是宋代河南人，他們不斷的發揚儒學的新理念，為宋代理學的發展打下良好的基礎，「新儒學」的成立，程氏兄弟功不可沒，世人也合稱他們兄弟為「二程子」。因為二程子長期在洛陽一帶講學，世稱二程子的學問為「洛學」，與當代著名學者：周濂溪的「濂學」、張載的「關學」、朱熹的「閩學」，合稱宋代理學四大派。

呂

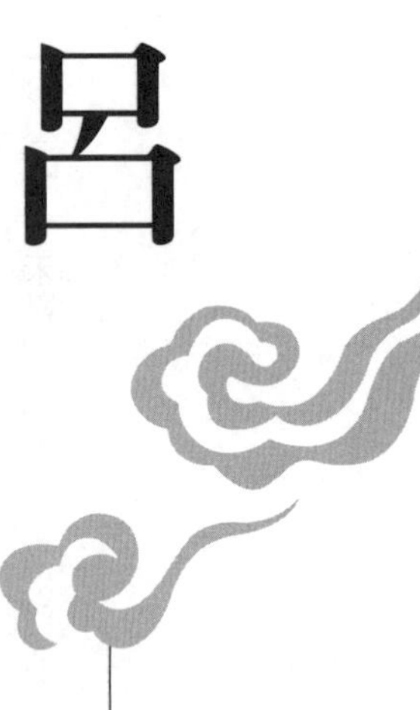

古字小常識：从，是「從」的本字，即起初的寫法。

「呂」這個姓氏是怎麼來的？

「呂」這個姓氏最早是源自「姜」姓。炎帝的後代伯夷在帝堯時掌管禮儀；到了大禹時還協助治水，於是被封在呂地，成為呂侯。呂國的國祚很長，到了春秋時期才被楚國所滅，變成楚國北方的軍事重鎮。呂國被滅後，後人於是以亡國名「呂」為氏。「呂」這個姓氏的另外一個來源也在春秋之時。當時晉大夫魏武子改姓「呂」，名呂錡，他的兒子呂相則沿用了父親所改之姓，這是「呂」氏較小的一支。至於外族改姓「呂」的，像三國時期有外族「叱呂」氏改複姓為漢單姓「呂」，後周時期有外族「俟呂陵」氏改複姓為漢單姓「呂」。

「呂」字及相關諸字的歷史風貌

	甲骨文	金文	戰國文字	小篆
呂				
膂				
鋁				

「呂」這個字究竟是什麼意思？

「呂」這個字，《說文解字》解釋道：「脊骨也。象形」，它是個象形字，為「膂」字的初文，全字就是脊骨（在人類身上又俗稱「龍骨」）的寫真描繪。但並不是所有動物都有這麼大塊又結實的脊骨；只有脊椎動物亞門裡的一部分動物才有。脊椎動物亞門是脊索動物門下的一個亞門，目前所知最早的脊椎動物是中國雲南昆明發現的昆明魚，距今約五億三千萬年前。

不像節肢動物的殼長在體外，軟體動物的體內無骨骼，脊椎動物亞門的動物，脊椎都是包在膂骨裡面。因為體內的骨頭既能撐起身體，又不會拘限身體的活動，加上體內的膂骨能保護著重要的脊椎，牠們可以說是脊索動物門中演變最先進的亞

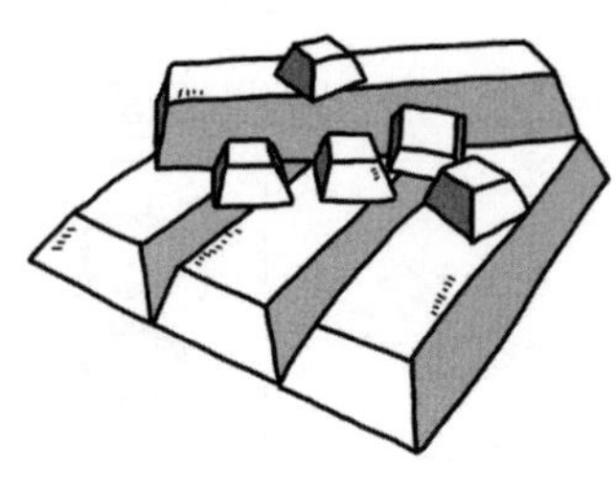

● 有些認為「呂」是「鋁」的初文，表示未加工的金屬錠。

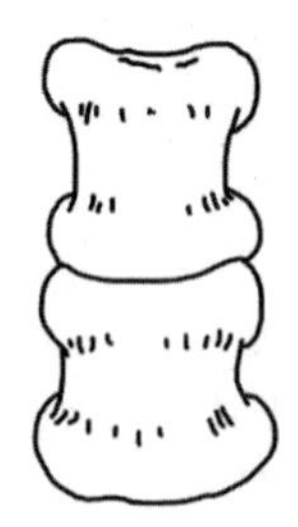

● 「呂」字是象形字，描繪人的脊骨。

門。除了以上提到的優越進化外，這個亞門的動物具有其他動物所沒有的特殊脂肪組織，可以一段時間不用進食而不會能量耗盡而死。持續生存的能力也比其他動物要強一點哦！

雖然漢代許慎認為「呂」即是「脊骨」。不過還有另外一種說法，這裡提出來做為參考：有一派學者認為「呂」不是「膂」而是「鋁」的初文，表示金屬在製成器物之前，由礦石內提煉出來成一塊塊還沒加工過的金屬錠。礦物先提煉成一塊塊的錠，主要是為了保存方便。之後再視情況加以銷熔後灌入模範，製作成想要的器物。

本家歷史名人

本家最有名的要屬得姓祖先之一，政治家呂尚。呂尚本姓姜，字子牙，商末周初東海人。因其祖先封在呂，所以姜子牙又以地名「呂」為氏，人稱「呂尚」。據說他年老時以釣客身分隱居，剛好遇到周文王出獵，二人相談甚歡。呂尚還忍不住說：「吾太公望子久矣。」也因為他講過這句話，所以呂尚又號「太公望」。呂尚後來成為周武王打敗殷商的重要軍師和武將。周朝滅殷之後，呂尚封於齊國，世稱「姜太公」。

政治家呂不韋是戰國末年衛國人。初為商人身分，累積身家至千金。由於他深深感到在那個時代，商人縱使再有錢，身分仍是低賤的，所以他想透過強有力的政治手段來扭轉商人的地位。於是他開始投資身處趙國為人質的秦國公子異人（成語「奇貨可居」的典故來源），並輔佐他回國登上王位，成為秦莊襄王。呂不韋因為對異人有恩，擔任秦國相十三年，門客三千。呂不韋還組織了門客編寫《呂氏春秋》，意圖作為未來即位秦王的政治教材。這本書一寫好，呂不韋滿意得很，還豪邁的稱說，如果有人能更動這書一字，則贈千金。這就是成語「一字千金」的典故來源。後來因為知道後宮太多秘事，影響秦王政的接班正統性，呂不韋被迫飲鴆自盡，結束他傳奇的一生。

呂雉為劉邦正室，後來劉邦得天下後封為皇后。史稱「呂后」。呂雉等人原本被楚營所囚禁，後來議和歸漢，吃盡了苦頭。為了鞏固自己的權勢，大漢朝腳步一站穩，呂后就開始誅殺建國功臣如韓信和彭越等人。劉邦所寵愛的戚夫人想要改立自己兒子趙王如意為太子，因此與呂后發生不快。劉邦死後呂后之子劉盈即位，呂后為了報仇就將戚夫人整治為「人彘」（砍掉手腳，使人有如豬豕），後來還廣封呂氏外戚為官，動搖劉家天下。直到周勃、陳平、劉章引兵平諸呂之亂，並廢掉呂后所立之少帝，改立代王劉恆為漢文帝，劉漢天下才算安定。

軍事家呂布為漢末九原人，是當時著名的軍事將領。呂布早先為并州刺史丁原的主簿，丁原與何進密謀誅殺宦官，並引董卓的軍隊進京。事成之後董卓誘使呂布殺丁原，再認為義子。後來因為董卓個性暴虐無道，加上呂布與董卓婢女有染，擔心東窗事發，呂布便與王允聯手殺董卓。呂布擁兵割據，先後投靠袁術、張揚、袁紹，最後被曹操設計擒殺。呂布雖有不世之將才，但為人勢利又不修德行，終究難得善終呀！

軍事家呂蒙是漢末富陂人。呂蒙本來窮苦，未曾讀書，在他姊夫鄧當引介之下踏入軍旅。呂蒙一方面建立戰功，一方面努力學習典籍，慢慢變成一位智勇雙全的將領。呂蒙最著名的戰役是「白衣渡江」襲荊州，擊敗鼎鼎大名的荊州守將關羽。呂蒙力學的故事也成為成語「士別三日，刮目相看」、「非復吳下阿蒙」的典故來源。

宗教家呂洞賓是唐代永樂人，他曾經中過進士而授縣令，後來遁世修道成仙。傳說中呂洞賓的道術高超，加以樂善好施、扶危濟困，很得百姓的敬仰。所以名列「八仙」之一（另外七位凡人修成神仙的有鐵拐李、漢鍾離、呂洞賓、張果老、何仙姑、曹國舅、韓湘子及藍采和）。

史學家呂祖謙為宋代金華人。呂祖謙力主抗金，累官直祕閣著作郎、國史院編修。知道歷史是人類吸取教訓的來源，所以呂祖謙非常重視史學，他還曾模仿司馬光的《資治通鑑》，撰寫《大事紀》等書；呂祖謙所著《東萊博議》、《歷代制度詳說》也是研究歷代制度的著名專書。後來朱熹與陸象山的著名辯論也是呂祖謙所促成的。因為學術上的成就，呂祖謙與朱熹、張栻合稱「東南三賢」。又因「呂」姓郡望在東萊，學者們也尊稱呂祖謙為「東萊先生」。

丁

古字小常識：从，是「從」的本字，即起初的寫法。

「丁」這個姓氏是怎麼來的？

「丁」這個姓氏最主要的來源是「姜」姓，這是出自姜太公之子姜伋的謚號。姜太公因為輔佐周武王滅商有功，封在齊國，他的兒子姜伋既是周成王的重臣，又是周康王的顧命大臣，對周朝貢獻很大，死後由周王室敕封為「丁公伋」，他的後人有的就以王父的謚號「丁」為氏，史稱「丁氏正宗」。「丁」這個姓氏的最早來源則是「子」姓，來自殷商諸侯丁侯後裔。丁侯在周武王伐殷時被滅，他的後人就以先祖謚號「丁」為氏。後來周朝封商紂庶兄微子啟在宋，使商不絕祀，世人稱其為宋丁公，他的後人也有以其字號「丁」為氏的。他姓改姓為「丁」的也有，像孫權因孫匡不慎燒毀茅芒，造成軍需短缺，所以孫權為了區別其族，改其「孫」為「丁」氏；宋代則有于慶取形近而改姓「丁」。至於外族改姓「丁」的，像明時西域人名多「丁」字，進入中原漢化之後，這些西域人就以「丁」為氏。

「丁」字及相關諸字的歷史風貌

	甲骨文	金文	戰國文字	小篆
丁				
釘				

「丁」這個字究竟是什麼意思？

「丁」這個字是個象形字，它是「釘」的初文。甲骨文、金文、楚簡的字形像是從俯視的角度去看釘頭，到了小篆，「丁」的寫法則是描繪出釘子側邊的形狀，上部是釘帽，下部是長而尖的釘子。「丁」字後來假借為天干，本義不明顯，因此才又另外造了「釘」字來表示釘子的本義。

由於「丁」尖看起來很小，被「丁」打出來的洞也不大，所以「丁」又能指稱細小的東西，像「雞丁」、「豆丁」等等。也由於「丁」很尖銳，不幸被刺中是很痛苦的事，所以「丁」又能拿來比喻想盡速除掉的禍患；如用「拔去一丁」比喻除去一害，《幼學瓊林．卷三．人事類》的：「拔去一丁，謂除一害；又生一秦，

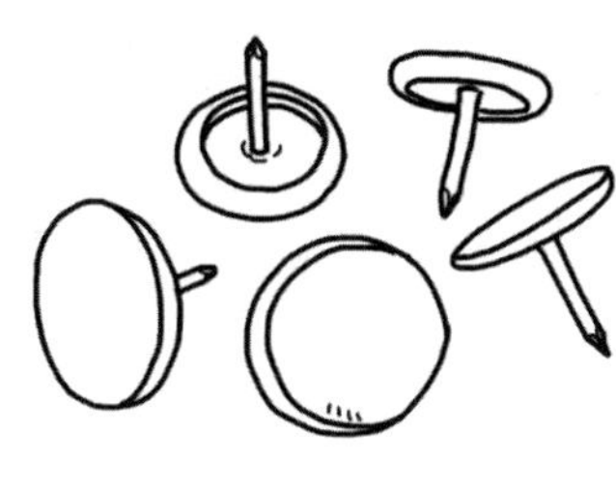

● 「丁」字是象形字，描繪釘子的形象。

是增一仇」即其用例。也因此，除去仇人我們會說這就像「拔去眼中丁（釘）」一樣呀！

「丁」字的筆畫極其簡單，是漢字裡極易認識的字。後來也用以借代簡單易識的字。如《舊唐書．卷一二九．張延賞傳》：「今天下無事，汝輩挽得兩石力弓，不如識一丁字。」又《幼學瓊林．卷三．人事類》：「村夫不識一丁，愚者豈無一得？」文中的「不識一丁」亦作「目不識丁」、「一丁不識」、「未識一丁」，都是形容人沒讀書、沒學問，連「丁」字都不認得的話。

本家歷史名人

本家後代中，以學問家丁度較早出名。丁度是宋代祥符人，個性樸實，累官至參知政事。奉仁宗指示，丁度和李淑等人刊修《韻略》，書名改為《禮部韻略》。又依例刊修《廣韻》，書名亦改為《集韻》。這二本書是今人研究中古音的重要指標性著作。丁度另外還奉詔與其他學者編撰《武經總要》，這本書書詳載兵法與兵器等戰爭相關知識，是中國古代著名的國防著作之一。

軍事家丁德興是元末明初定遠人，他的先祖是從拜占庭出使中國的官員。丁德興在元末各起義勢中選擇投靠朱元璋，建立不少軍功。因為喜歡穿深顏色衣服，老百姓還給他取了個外號「皂袍將丁德興」。後來丁德興先征陳友諒，再伐張士誠，鞠躬盡瘁，死在軍中。朱元璋不捨的慨讚他是「攻無不克，戰無不勝之虎將」。

政治家丁日昌是清代豐順人，為著名洋務派大臣。丁日昌早年投身曾國藩湘軍，負責監製火器；這些火器在戰場上發揮很大效果，丁日昌因而聲名遠播。後來丁日昌歷任江蘇巡撫、福建巡撫等，任內督導船政和水師，並兼理各國事務大臣等，負責大清朝的國防與外交。丁日昌深知清廷之患在洋人而不在太平軍，必須積極吸收洋人的工藝技術。為此他努力引進機械化以器製器的觀念，最終因為公務勞形，積病日久，死於福建巡撫任上。

軍事家丁汝昌是清末廬江縣人，本為太平軍，後來投降湘軍，又轉為淮軍，加入清廷對抗太平軍與捻亂的戰爭。李鴻章後來將他調回北洋海軍，由他來負責自英國帶回的二艘巡洋艦。後來甲午戰爭爆發，時任北洋水師提督的丁汝昌因為朝廷無法決定要戰或和，而得不到出擊的指令，只好困守威海衛。最後拒降而服毒殉國。

沈

古字小常識：从，是「從」的本字，即起初的寫法。

「沈」這個姓氏是怎麼來的？

「沈」這個姓氏最古老的來源是金天氏。少皞金天氏裔孫名叫臺駘，其後分出沈、姒、蓐、黃四國，其中沈國的後人便以國名「沈」為氏。「沈」這個姓氏另一個來源是「姬」姓。周文王第十子聃季，他的采邑在沈地，此一沈國又因聃季而名「聃國」。聃國在春秋時代由於國家太弱小，左右為難。因為靠近楚國，必須與楚國交好，不過此舉又得罪其他姬姓國，所以屢屢遭到中原諸國討伐。晉、魯、宋、陳、衛、鄭就曾聯兵伐過聃國；後來晉國召集各姬姓國，會盟於召陵，親楚的聃國拒不參加，晉國於是讓蔡國出兵滅了聃國。聃國滅亡後，國人就以亡國名「沈」為氏。「沈」這個姓氏還有一個來源是「羋」姓。楚國沈尹氏封於沈鹿，他的後人就以封地簡稱的「沈」為氏。至於外族改姓「沈」的，金國時期女真「沈谷」氏有改為漢單姓「沈」的；另外滿族中亦有改姓「沈」的。

「沈」字及相關諸字的歷史風貌

	甲骨文	金文	戰國文字	小篆
沈				
冘				

「沈」這個字究竟是什麼意思？

「沈」這個字和「沉」字是同字異形，《說文解字》解釋道：「陵上滈水也。从水冘聲。一曰濁黕也。」漢代許慎認為它是個形聲字，表示山丘上的積水。不過如果我們看它甲骨文的寫法，「沈」原來應該是個从「牛」的會意字，表示將牛一類的牲口給沉入水中，獻給河裡的水神的這個動作——它的本義原來是針對河神的「沉祭」。

古人直觀的認為祭祀時要依據神祇所在的處所不同，用不同的祭法給予獻祭，於是發展出：針對山神便要將祭品丟到山谷當中、針對天神便要焚燒祭品使其煙上達天庭、針對土地之神便要將祭品埋在地下；針對河神，自然要將祭品給沉到水中了。

● 「冘」表示脖子上戴枷鎖的樣子。

由於用在沉祭裡的不僅止於牲口，連奴隸和美女也都能投水獻神。為了怕這些即將要沉祭的人會反抗掙扎，所以要加以限制行動。於是後來「沈」字才改成人頸加上桎梏或枷的「冘」旁。「冘」本指人行進受阻而滯礙的樣子。人的脖子上掛著枷鎖，走起路來自然不輕鬆。

將人作為牲品投河獻祭，是極不人道的行為。到了戰國時期，在理性思想長足進展的環境之下，就出現對這類行為反動的事件。《史記・滑稽列傳》就記載到，魏文侯時，西門豹擔任鄴令。西門豹一赴任，當地長老們就說：「這裡因為每隔一段時間就要為河伯娶老婆，花費不少，所以大家都很貧苦。」等到下次幫河伯娶老婆時，西門豹趕往會場，地方上的重要人士全都在。於是西門豹請年老的女巫叫出要沉水給河伯的女子，再假意擔心女子太醜，便令老女巫投身河中，讓她請示河伯。過一段時間大家看老女巫沒上岸，西門豹又連續丟下老女巫的三名弟子下河。從此以後，再也沒人敢說要給河伯娶老婆。西門豹這一招，可是給了地方上耗費民脂民膏的迷信行為當頭棒喝呀！

本家歷史名人

語言學家沈約是南北朝武康人。沈約出身士族人家，歷仕、宋、齊、梁三朝，還曾主編《宋書》。由於傾心詩文創作，沈約提出漢語的「四聲」特徵，還歸納出創作詩文不可犯的八種毛病：「平頭、上尾、蜂腰、鶴膝、大韻、小韻、旁紐、正紐」，對隋唐近體詩裁的建立和詩歌的格律化，有著很大的功勞。

文學家沈佺期是唐初內黃人，擅長創作七言詩。沈佺期沿襲六朝文風，所以他的詩作辭藻華麗，格律嚴謹。沈佺期在文學上與宋之問齊名，合稱「沈宋」。沈、宋他們二個的作品對未久之後的唐詩律體定型，具有示範性的意義。

文學家沈既濟是唐代吳人，他對史學很有心得，又擅長寫作小說。除了撰有《建中實錄》外，有還傳奇小說《枕中記》、《任氏傳》等傳世。其《枕中記》記述盧生在邯鄲寄居旅館的時候，借道士呂翁枕頭一用，結果夢到自己從登科到累官丞相，榮華異常；可是一覺醒來，睡前店主所蒸發的黃梁還未煮熟，盧生因而覺悟富貴功名不過夢一場。這就是成語「黃粱一夢」的典故來源。明代湯顯祖還以此為題材，創作出著名的雜劇《邯鄲記》呢！

科學家沈括是宋代錢塘人，他是一位非常博學多聞的科學家，精通天文、數學、物理學、化學、地質學，氣象學、地理學、農學和醫學。最重要且影響中國最深遠的代表作是他寫成於夢溪園的《夢溪筆談》。這本書總結了當朝以前的所有科學成果，是不可多得的中國古代百科全書。

藝術家沈周是明代蘇州人。沈周博覽群書，散文創作學《左傳》，詩詞創作學白居易、蘇東坡、陸游，書法藝術則學黃庭堅，是一個全方位的文藝才人。沈周的畫作中以山水畫特別卓出，題材多選江南風景，技巧則師法董源、巨然、黃公望等人，所以名列明代「吳門畫派」四家之一（另外三位為文徵明、唐寅、仇英）。

史學家沈德符是明代秀水人。因為先祖庇蔭，他得以在國子監讀書。由於書讀得夠多，所以沈德符既精通音律，又熟悉掌故。沈德符所寫的《萬曆野獲編》，記載萬曆以前的朝章國故，並保存了有關戲曲小說的珍貴資料。這本書是研究明代文化與時人生活的人非讀不可的重要著作。

任

古字小常識：从，是「從」的本字，即起初的寫法。

「任」這個姓氏是怎麼來的？

「任」這個姓氏較早的來源是「熊」姓，據說出自黃帝少子禹陽的後代。黃帝有二十五子，其中十二人以其本身的德行特色為氏，其一自號「任」氏。「任」氏傳了六代，到了奚仲，被封在薛地。後來魏國的任座、秦國的任鄙，都是這一支「任」氏的後人。「任」這個姓氏的第二個來源是天干第九的「壬」。相傳遠古部落聯盟時期，炎黃二族先祖登上泰山祈禱，上天乃降下十天干（甲、乙、丙、丁、戊、己、庚、辛、壬、癸）。所有部族於是各取這十天干其中的二個用來命名，形成五大宗族；其中一族標記「丁壬」。西周初期，「丁壬」氏發展出「謝」氏、「章」氏、「薛」氏、「舒」氏、「呂」氏、「祝」氏、「終」氏、「泉」氏、「畢」氏、「過」氏這十個封國。十個封國的後人，有人遠追先祖「丁壬」氏的簡稱而以「任」為氏的。「任」這個姓氏的第三個來源是「風」姓，是太皞之後。太皞伏羲氏後裔封地在任，秦始皇統一中國後，廢掉任國而置任城縣，後人便以亡國名「任」為氏。至於外族改姓「任」的，如滿族中有人就改漢單姓「任」。

「任」字及相關諸字的歷史風貌

	任	壬
甲骨文		
金文		
戰國文字		
小篆		

「任」這個字究竟是什麼意思？

「任」這個字，《說文解字》解釋道：「符（保）也。从人壬聲」，但其實它不只是個形聲字，它還兼會意字，表示可堪負任的意思，這怎麼說呢？原來「任」的聲符「壬」本身也兼為義符。話說「壬」字和「工」字同源，只是後來為了表示區別，才在「工」字中間一橫加上一點，那一點又變成一橫飾筆，於是就寫成「壬」了。

「工」是個形聲字，它是一種生活中隨時都派得上用場的工具。它可能是一種折疊尺。「工」字字形就像是折疊尺中段因手拿持而伸直，兩端卻呈現彎垂的樣子；也可能是巫師拿在手上用來通天的權杖之類；又或者是夯土木錘的寫實描繪。

由於中國所產的黃土黏性很強，又不會因

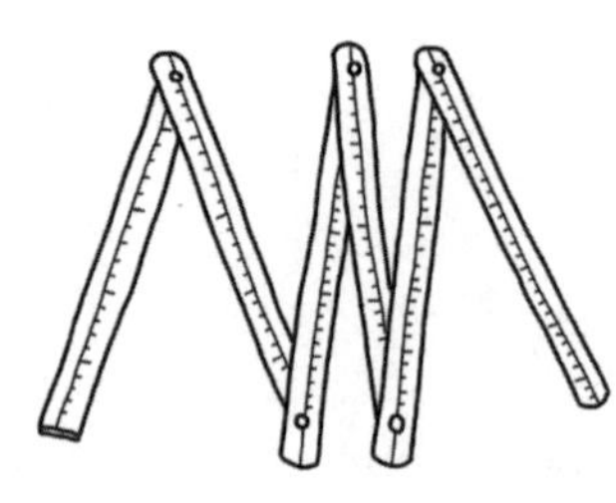

● 「任」的字形是模擬人抱著工具。

● 「工」字也可能是夯土的木錘的寫實描繪。

● 「工」是象形字，可能表示一種折疊尺。

乾涸而裂開，經過錘子加以夯實之後，往往可以成為建築物很厚實的基礎。只要用版築加以固定，逐層夯實，這樣的地板或土牆有時比水泥築成的還要堅固、還要耐得住氣候的挑戰。不論如何，萬變不離其宗，「工」字本義就是一種生活中常用的工具。

从「人」从「壬（工）」的「任」字，就像是一個人抱著工具，因為懂得使用工具，所以有能力處理生活的問題。就這樣，「任」才有「勝任」的這一層意義。又因為「任」字象人抱負工具，所以又引伸出「承擔」、「負任」的這一層意思。〔唐〕馬總《意林．卷一．尸子》：「車輕道近，鞭策不用，鞭策所用，道遠任重」是其用例。

本家歷史名人

本家後代中，較早出名的是思想家任不齊。任不齊是春秋末年楚國人，他是孔門七十二賢弟子之一。任不齊精通六藝，對詩和禮特別有研究，對樂的學習也很有心得。孔子死後，他是少數守靈三年以上的學生。後來楚王聽聞他的名聲，想要聘任不齊擔任上卿，但被任不齊所拒絕。任不齊無心仕途，熱愛學術；後來隱居家中，著作不斷，今傳有《任子遺書》十二篇。

軍事家任敖是秦末漢初沛縣人，為大漢開國名臣。任敖本來擔任沛縣的獄吏，平日和劉邦也有往來。劉邦剛起義時邀任敖作為幕客，任敖同時也擔任劉邦陣營的御史。後來劉邦立為漢王，出蜀與霸王項羽同爭天下，任敖改任上黨太守；天下大定，任敖再遷御史大夫。在劉漢王朝建立的過程當中，任敖一直不離不棄，是大漢王朝劉漢集團的重要成員。

政治家任安是漢代滎陽人。他曾擔任過益州刺史、北軍使者護軍等官。當時司馬遷因幫投降匈奴的李陵講話而被處以宮刑，出獄後雖然任中書令，但因為屬性接近宦官，遭到其他士大夫輕視。只有任安不稍嫌棄，選在這時候寫信給司馬遷加以安慰。不過當時司馬遷處境艱難，惟恐別人以為他要攀附任安，所以並未回信。直到任安因罪下獄，司馬遷才給他寫了著名的回信〈報任安書〉。

文學家任昉是南朝梁代博昌人，任昉歷仕宋、齊、梁三朝，很有政治手腕。任昉非常聰明，十六歲就舉秀才，後來擔任太常博士；到南齊時已累官至中書侍郎、司徒右長史。任昉是南朝的散文大家，以擅長表、奏、書、啟等應用文體而知名。他的名聲和當時「詩壇聖手」沈約齊名，人稱「任筆沈詩」。也因為他在文學的卓出表現，名列「竟陵八友」之一（其他七人為謝朓、蕭衍、沈約、王融、蕭琛、范雲、陸倕）。任昉同時也是著名藏書家，藏書多到萬餘卷，與沈約、王僧儒並稱為當世三大藏書家。

第十一篇

姚盧傅鍾姜

姚

古字小常識：从，是「從」的本字，即起初的寫法。

「姚」這個姓氏是怎麼來的？

「姚」這個姓氏的來源很古老，一個來源是「媯」姓。據說虞舜生於姚墟，居於媯汭，他的後人有的便以祖先出生地名「姚」為氏。虞舜的後裔胡公滿後來被封在陳，陳國傳到敬仲時，他出逃到齊國，在齊國又改「田」氏。王莽時期敬仲的後人田豐被封為代睦侯，田豐之子遷到吳縣，再改回「媯」姓，傳到第五代孫又改回「姚」姓。「姚」、「虞」、「胡」、「陳」、「田」五氏都是源自虞舜（詳本書「陳」姓、「胡」姓、「吳」姓、「田」姓），所以人稱「媯汭五姓」。「姚」這個姓氏的另一個來源是「子」姓。相傳春秋時期有姚國，國滅之後，子孫於是以亡國名「姚」為氏。至於外族改姓「姚」的，如漢末西羌燒當部首領姚弋仲，他的姓就是漢化之後才改的；另外元、明時期蒙古族禹爾部，在漢化後也改取漢單姓「姚」。

「姚」字及相關諸字的歷史風貌

	姚	女	逃	兆	卜
甲骨文					
金文					
戰國文字					
小篆					

「姚」這個字究竟是什麼意思？

「姚」這個字，《說文解字》解釋道：「虞舜居姚虛，因以為姓。从女兆聲。或為姚，嬈也」，它是個从「女」「兆」聲形聲字，可以指地名，也可以形容女子的美態。在小篆的寫法裡，「姚」字从「女」「兆」聲。「女」字是象形，寫的就是一個女子兩手交疊，端坐或站得好好的樣子。

而「兆」字本身也是象形字。「兆」字中央的線條表示龜殼的裂紋，左右兩旁的部件則表示龜殼裂開的狀態。小篆「兆」字和今日「兆」字相較之下還多出了個義符「卜」；「卜」字表示占卜的意思，它的字形是龜殼裂開的樣子，字音則是龜殼裂開的聲音。

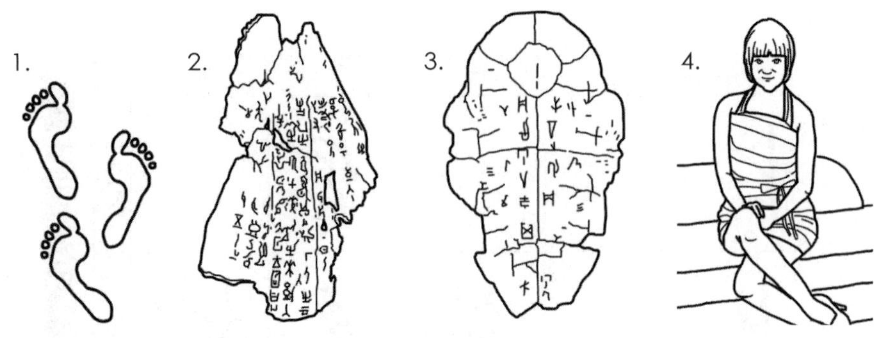

1.「逃」字表示匆忙逃脫時留下的足跡。
2. 獸胛上的文字也是古人占卜的記錄。
3.「兆」字有占卜之義，甲骨文就是古人龜卜的記錄。
4.「女」字表示女子兩手交疊的坐姿。

為何「兆」有占卜、預兆的意思呢？那是因為商周以前的古人遇事很愛求神問卜。而最常用的工具就是龜卜。使用龜卜的巫者，先在整治好的龜腹甲背後鑽幾個洞，再用燒熱的樹枝去觸炙這些洞。由於冷熱膨脹速度不同，被炙到腹甲背後面膨脹較快，而膨脹較慢的腹甲正面就會產生「卜」形的裂痕，裂開同時也會發出一聲「卜」。等裂痕產生後，巫者再從這些裂痕的方向和形式去判斷所卜問的事情會有怎樣的發展。同時也將卜問的問題及未來是否應驗的結果用刀子刻在甲骨之上，這些記錄在龜甲上的文字就是大家所熟知的甲骨文了。

除了龜甲，古代也有用獸骨來進行卜問的。由於獸骨並不平整，所以最常使用的是較為平坦的獸肩胛骨。

不過縱觀「姚」字各時期的寫法，小篆以前的「姚」字並不从「兆」得聲，卻从「逃」省聲。「逃」字在小篆之前都是會意字：字的左旁从「彳」（或加「止」的「辵」）這個義符，表示和行走有關（「彳」之本義詳本書「衛」姓）；字的右旁从兩個「止」

（「止」之本義詳本書「鄧」姓）和一個S形筆畫，則深刻描繪出一幅生動的逃亡畫面——兩隻腳拼命的往前跑，留下匆匆忙忙的足跡。

不只要死命的往前跑，還要迂迴的（S形）跑才不會被人給跟蹤追捕到，這個「逃」字造得讓逃亡這個動作歷歷如在目前呀！

本家歷史名人

本家後代在政治上的表現都十分地出色。政治家兼史學家的姚思廉是唐初吳興人，父親在南朝陳時擔任過吏部尚書，編著有《陳史》、《梁史》二書未完成，姚思廉於是繼承父業來鑽研史學。後來進到秦王李世民府內擔任文學館學士，成為李世民的重要智囊，還促成「玄武門之變」。貞觀初年姚思廉擔任著作郎，名列當朝「十八學士」之一。後來《陳史》、《梁史》修成，納入官方正史之中。

政治家姚崇是唐代硤石人，因家門庇蔭而入朝為官，武后時期因分析時弊得宜，得到武后的重用。中宗、睿宗時期外調地方，因為政績卓越，也很得地方軍民的支持。唐玄宗時期姚崇重回政治核心，不斷向玄宗提出與民休息、澄清吏治、禁止宦官皇戚干政等建議，深得玄宗之心。開元三年，山東發生蝗禍，姚崇利用昆蟲的趨光性，在夜間焚火滅蝗，使得百姓倖免於蝗難。之後因故去官，仍受到朝廷隆重禮遇。

思想家姚際恆是清代休寧人，他在經學方面十分有造詣，也兼涉諸子百家的研究。姚際恆費時十四年寫成《九經通論》，對於重要儒家經典的思想都有很好的發揮。姚際恆亦曾用力對經典進行辨偽，所提出來的結論因為引證詳實，自成一家之言。姚際恆的著作也是今日經學研究者必讀的重要參考書。

文學家姚鼐是清代桐城人，他是當朝著名的散文作家，和方苞、劉大櫆並稱為「桐城三祖」，因為主張古文，也用大量的創作來支持自己的理念，因此姚鼐成為清代古文派的開山始祖。乾隆二十八年姚鼐中進士，歷任禮部主事、四庫全書纂修官等。在四十歲時因無心宦途，辭官南歸，到處講學長達四十多年。除著有《惜抱軒全集》外，姚鼐也曾編選《古文辭類纂》，後者是學習古文者的必備著作。

盧

古字小常識：从，是「從」的本字，即起初的寫法。

「盧」這個姓氏是怎麼來的？

「盧」這個姓氏最早是源自「姜」姓齊太公之後公子高，他的兒子高傒采邑在「盧」，高傒的後人就以王父封地名「盧」為氏。另外在春秋時期，齊桓公後裔分封在盧蒲、葛盧，桓公後裔也就有封地名的簡稱「盧」為氏的。另外由他姓改姓「盧」的，像范陽的「雷」氏，就有因音近有改「盧」氏的；東漢「閭邱」氏也有因音近而改單姓「盧」的。

「盧」字及相關諸字的歷史風貌

	甲骨文	金文	戰國文字	小篆
盧				
虍				
虎				

「盧」這個字究竟是什麼意思？

「盧」這個字，《說文解字》解釋道：「飯器也。」漢代許慎還認為它是個从「皿」得聲的形聲字。其實許慎解釋字義算得上精確，「盧」就是「爐」的初文，是做飯的傢伙，許慎說它是「飯器」沒錯。但從甲骨文和金文的「盧」字寫法來看，其實「盧」字的下半已經很明顯是「爐」的象形寫法（詳下），多出來的上部「虍」應該是「盧」的聲符才對。

「虍」原來是「虎」字之頭，但在漢字的構形裡，用「虍」和「虎」的造字意義是一樣的。「虎」為象形字，全字具體描繪一隻兇猛的老虎。「虎」若橫著寫，太占空間，所以甲骨文和金文的寫法都把「虎」給豎起來囉！「虎」因為老虎的利牙特別嚇人，所以造字時在「虎」字上特

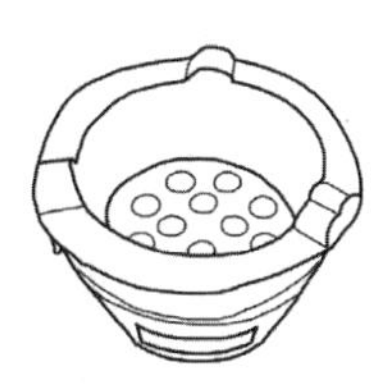

● 「鑪」為形聲字，是一種酒器。

● 「盧」字下部描繪爐的形象。

● 「虎」是象形字，描繪老虎的樣子。

別強調張口咬人的這一個意象。「虎」字最為特別的就是代表虎頭的「虍」這一偏旁，所以造字想以「虎」為偏旁時，往往就簡略地只取「虍」形了。

至於「盧」字下部就是「爐」的具象描繪。這個「爐」有腳，用以隔離地上的濕氣。上部寫得像「田」的其實是提供熱空氣上升、冷空氣補入、方便柴火得到氧氣助燃的孔洞。由於後來出現仿爐型的青銅「鑪」，作為酒器使用，於是這個字才又被加上「皿」這個義符，寫成「盧」。後來為了分別做為火爐和做為酒器的「盧」，才又再各別加了「火」和「金」的義符，造了「爐」和「鑪」這二個專用的後起形聲字。

「鑪」這個酒器樣子有四方的，也有圓口的，下面還有方便溫酒的設計。「鑪」現今雖然不常見，不過它曾經在一個人人耳熟能詳的才子佳人故事裡出現過。《漢書．卷五十七．司馬相如傳上》裡，跟著司馬相如私奔的卓文君，就是「（文君）當盧，相如身自著犢鼻褌，與庸保雜作，滌器於市中」，文中的「盧」正是酒器「鑪」——文君就是從「鑪」裡打酒來賣的。只不過司馬相如和卓文君並非真心賣酒，而是想要卓文君藉賣酒來拋頭露面，惹惱大戶卓家的不快，速速給錢資助他們的生活就是了！

本家歷史名人

本家後代中，較早出名的是文學家盧植。盧植是漢末涿郡人，年輕時師事馬融，靈帝時奉詔為博士。除了學問好之外，盧植也特別有骨氣，面對衰頹的東漢局勢，常有濟世之言。後來董卓率兵入京，挾皇帝令天下。文武百官沒有一個敢吭聲的，只有盧植一人跳出來反對，好在盧植只有遭到罷官，並未喪命。對局勢失望的盧植最後也就隱居上谷，不再過問世事了。

文學家盧諶是漢末范陽人，在西晉末年先後投靠劉琨、段匹磾、段末杯等勢力。雖然因為被段末杯阻止而不得南渡東晉，但後趙滅遼西國後盧諶反倒因禍得福，進入後趙宮廷。盧諶思緒十分有條理，清晰又敏捷。他鑽研《老子》、《莊子》有成，文章也寫得不錯；盧諶亦從父學習，寫得一手鍾繇風格的好書法。後趙末年發生戰亂，盧諶不免死在亂中。

文學家盧照鄰是初唐范陽人，年紀輕輕即有文名，並得到朝廷賞識，迅速升官至都尉。可惜卻不幸得到風疾（中風），常常感到病苦，也因病而離職。盧照鄰返鄉歸里之後病況加重，手腳萎縮，已經不能自理生活。難耐病痛之下，盧照鄰告別父母後即投潁水自盡。盧照鄰以詩歌和駢文聞名，風格清雅，所作詩篇多憂苦憤激之詞；因其文名而與王勃、楊炯和駱賓王合稱「初唐四傑」。

傅

古字小常識：从，是「從」的本字，即起初的寫法。

「傅」這個姓氏是怎麼來的？

「傅」這個姓氏最早也是最有名的來源是殷商時期的名相傅說。傅說商高宗武丁在位時，國勢衰微，為了求訪振興國家的人才，武丁到處尋訪，最後在傅岩找到說這個人，說也順利的佐助武丁興國振邦。說的後人於是以先祖出身地名「傅」為氏，說也就被後人稱為「傅說」。「傅」這個姓氏第二個源頭則是「姬」姓。相傳黃帝後代大由封在傅邑，他的後人便以封地名「傅」為氏。

「傅」字及相關諸字的歷史風貌

	傅	尃	甫	父
甲骨文				
金文				
戰國文字				
小篆				

「傅」這個字究竟是什麼意思？

「傅」這個字，《說文解字》解釋道：「相也。从人尃聲」，它是個从「人」「尃」聲的形聲字，本意為輔助之人。从「人」表示「傅」是個能輔助他人的賢人。「傅」的聲符「尃」，《說文解字》解釋道：「布也，从寸甫聲」，它是個从「寸」「甫」聲的形聲字，本意有敷衍遍布的意思。在古文字裡，義意相近的偏旁，在造字時常常互用，所以「尃」所从的義符「寸」，在字裡面的含義與「又」相當：用手把某物舖平，使其遍布就是「尃」。

至於「尃」所从的「甫」，是個从「屮」从「田」的會意字，它就是「圃」的初文，全字描繪用來培育植物的一區區苗圃和其中生長出來的幼苗。金文之後的

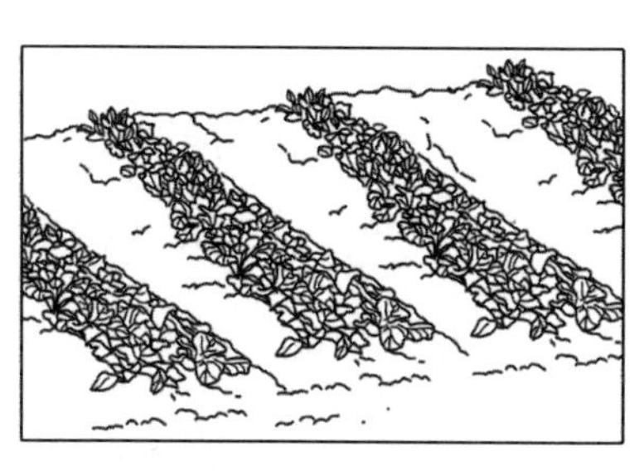

● 「甫」是會意字，描繪苗圃生長的幼苗。

● 「父」是會意字，表示父親執行家法。

「甫」字上部變形聲化，寫成从「田」「父」聲的形聲字。

「甫」上部「屮」變形聲化而成的「父」，本身是會意字，全字表示从「又」執家法「丨」。一般家庭中，多由父親扮演嚴厲的教育角色，所以在家裡親自執家法的，自然就是「父」了。「甫」从「屮」而變形成「父」聲，這是變形聲化的結果——藉由將「屮」變形成「父」來標明字音。又因為「甫」常被假借為副詞（剛剛）及名詞（男子美稱）。於是之後又加了個「囗」（「圍」之初文，詳參本書「韓」姓），標示出育苗的特定區域，造了一個專門表示園圃的後起形聲字「圃」。

「傅」是能佐助聖君的人才，所以古代人君常拔取優良賢能官員來擔任教養子女的人，這位幫忙教養皇族後代的人便稱作「保傅」；而地位在太師之下、太保之上，負責輔助皇帝的人便稱作「太傅」；如果輔助的是太子，便稱作「太子太傅」。

《孟子》裡有個故事和「傅」有關。據說楚國有位大夫想讓他兒子學好齊語，於是請來了齊語師傅。但這位大夫之子除了上課學齊語外，其他時間在他身邊的人都是楚人，講的都是楚語。於是大夫之子再怎樣學習齊語也沒有用。後世形容環境對學習有所影響的

成語「一傅眾咻」，典故就是出自這裡。

本家歷史名人

本家後代中，要數政治家傅說最為聞名。傅說是商代傅岩人。相傳商高宗武丁一直希望國家能振興，日有所思，夜有所夢，某天晚上，他就夢到一名聖人名「說」。但滿朝文武並無此人，於是武丁尋訪民間，終於在傅岩築土牆的奴隸中找到說，並任用說為相，天下果然大治。傅說常勸武丁執政要時常有所準備，才不會遇到禍患時手足無措，成語「有備無患」的典故就是出自這裡。因為說出身在傅岩，於是他的後人便以先祖出生地名「傅」為姓，稱他「傅說」。

思想家傅山是明末清初太原人。由於傅山是明朝諸生，明朝覆滅後他不復仕清，潛為道士，隱居以奉養母親。康熙年中傅山被人舉薦，勉強上京應付，再稱病歸鄉，真是有氣節！傅山學問無所不通，除了經史之外，又懂得書畫和醫學，當時已經有「醫聖」之名。傅山義不仕清的骨氣深為顧炎武所欽佩；梁啟超更合稱傅山與顧炎武、黃宗羲、王夫之、李顒、顏元等人是「清初六大師」。

史學家傅斯年是當代聊城人，北京大學畢業後留學歐洲，回國後除任教廣州中山大學外，還籌備「中央研究院歷史語言研究所」。傅斯年有極深的民族感情，除了代理北京大學校長時開除汪精衛時期聘任的教職員外，在很多場合中也痛斥當權官員們發國難財的行為。他來臺擔任臺灣大學校長期間甚而不顧身危，保護了許多在「四六事件」中遭到軍警逮補的學生，可以說是少數無懼蔣氏政權的學者。傅斯年死後葬於臺大校園「傅園」，園中並樹立有「傅鐘」作為紀念。

鍾

古字小常識：从，是「從」的本字，即起初的寫法。

「鍾」這個姓氏是怎麼來的？

「鍾」這個姓氏最為可考也是最大宗的來源是「子」姓。商朝覆滅後，周武王封微子在宋國，以免商朝絕祀。宋國後來傳到宋桓公，桓公的曾孫伯宗在晉國為官，生了州黎。州黎改到楚國為官，他的食采在鍾離，州黎的後人於是以封地名的簡稱為氏：或為「鍾」氏，或仍為「鍾離」氏。後世複姓「鍾離」氏也慢慢地與「鍾」氏合流；像項羽的大將鍾離昧，其第二子接改為單姓「鍾」即是。不過「鍾」這個姓氏最早的來源則是「嬴」姓。虞舜時期，伯益負責馴養鳥獸，大禹時期又協助治水，因而得到賜姓「嬴」。伯益的後人分封十四國，其中一國就是「鍾國」，鍾國後人便有以國名「鍾」為氏的。另外「姬」姓宗周之族設有春官大宗伯，下有鍾（與「鐘」字原本無分）師等樂官之屬，春秋時期，鍾師後人失去世襲之官，也有以王父官職名「鍾」為氏的。至於外族改姓「鍾」的，如北魏時期羌人鍾豈內附改漢單姓「鍾」即是；另外清代滿族和蒙古族裡的「鍾吉」氏亦改為漢單姓「鍾」。

「鍾」字及相關諸字的歷史風貌

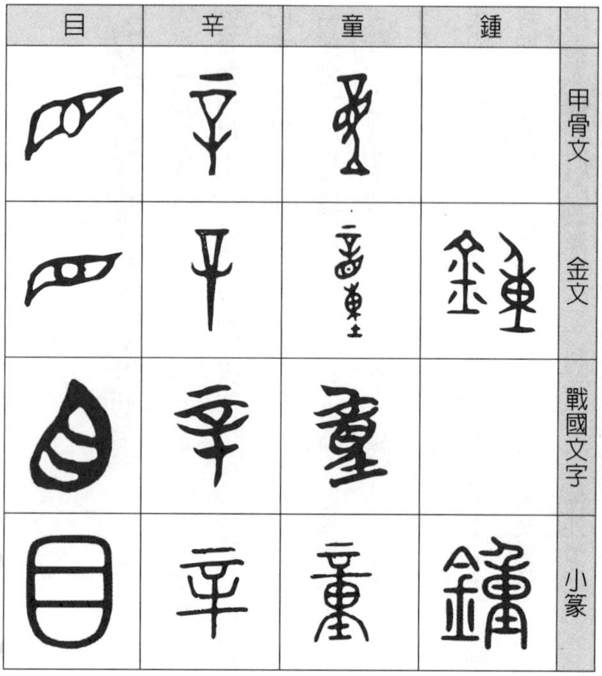

	鍾	童	辛	目
甲骨文				
金文				
戰國文字				
小篆				

「鍾」這個字究竟是什麼意思？

「鍾」這個字，《說文解字》解釋道：「酒器也。从金重聲」，它是個从「金」「重」聲的形聲字。由於古代酒器多為金屬如青銅所製成，故此字从義符「金」。「重」為「鍾」字聲符，「重」之本意原為一人揹負重物、感到甚為沉重的樣子（「重」之本義詳參本書「董」姓）。

「鍾」的另一個異體字是从「金」「童」聲的「鐘」字。「鐘」的聲符「童」本身是會意字，从「辛」（「辛」之本義詳參本書「薛」姓）椎「人」之「目」。

「辛」是象形字，由於長時間被假借為天干，造成了本義不明。但其實它指的是一種兵器或是一種鑿物用的工具。

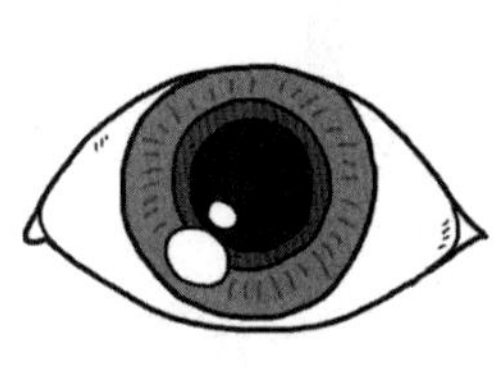

「目」的字形描繪出眼睛的形象。

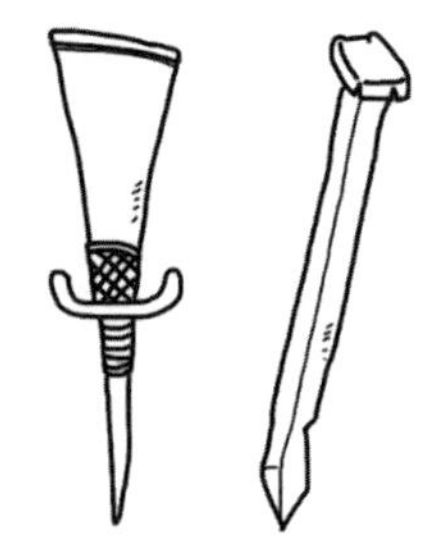

「辛」字的本義是鑿物的工具。

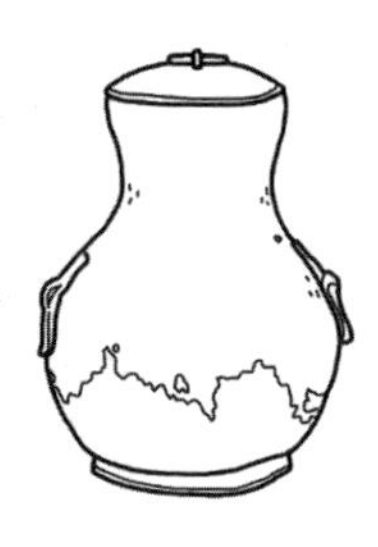

「鍾」字的本義為酒器。

「目」也是象形字，全字畫出眼睛的樣子。後來這個从「辛」「人」「目」的「童」字，加上「東」作為聲符，就成為今日「童」字的寫法。

古時候為了防止奴隸逃跑，多半會加以殘虐，讓他們行動不便。譬如在腳上鍊上沉重的腳鐐，或是破壞他們的視力。所以表示眼睛被戳刺的「童」字，本意就是奴隸，後來從這個本意引伸指稱大戶人家家裡未成年的奴，進而又引伸用作「孩童」之「童」。而未成年之奴便再另外造一個从「人」的後起形聲字「僮」來表示。

「鍾」和「鐘」二字，本來並無區分，講的都是青銅製的器物，但後來「鍾」字作為姓氏專用字，「鐘」則專指樂器。從這之後，「鍾」、「鐘」二字就慢慢分用了。不過有趣的是，由於早期戶政的謄寫錯誤，原本「鍾」氏家族到了臺灣，竟也分離出「鐘」氏，所以臺灣既有「鍾」姓，也有「鐘」姓，這在姓氏學來看是十分有趣的現象。

提到「鐘」字，不得不聯想到「鐘鼎文」這個詞。由於青銅在古時候是較難提煉及取得的金屬，用來製作器物，這器物當然尊貴，有能力自製青銅器，也顯出自己的尊榮。當貴族大戶家中有重要的、顯貴的大事發生時（如打勝仗、得到國君賞賜等），便花費重金鑄造青銅器，還將事由銘鑄其上，留給後世子孫永遠來使用，並記住祖先的榮耀。根據器物的質材和留鑄文字的手法，這些器物上的文字或稱作「金文」、或稱作「銘文」；也因為青銅器裡，鐘和鼎是比較常見的形制，所以這些器物上的文字也可以稱作「鐘鼎文」。

本家歷史名人

本家後代中，較為有名的是政治家鍾離春。鍾離春是戰國時期齊國人，她是中國歷史第一位以才能而留名於後世的王后。據說鍾離春的相貌奇醜無比，年過四十還未嫁人。聽說齊宣王在徵妃，她就主動前去應徵。愛好美女的齊宣王原本十分抗拒這個醜女，但一聽完鍾離春對齊國國勢的分析後知道她是個能輔佐自己的才人，於是納鍾離春入後宮，並立為王后。

音樂鑑賞家鍾子期是春秋時期楚國人，他十分精通音律，是個專業的音樂評論家。當時著名音樂家伯牙十分會彈琴，連身在深淵之中的河魚也冒出頭來聆聽。不過一般人只聽得出伯

● 「童」的本義是用鑿子類的工具戳刺人的眼睛。

● 「鐘」和「鍾」兩字原本都指青銅器物。

牙奏樂的好壞，卻聽不出細膩處，獨獨鍾子期能分辨伯牙琴聲中的意境到底是高山還是流水。伯牙深深認為鍾子期是自己的好知音。後來鍾子期死了，伯牙十分感慨，便將琴埋葬在鍾子期的墓前，終生也就不再彈琴了。

書法家鍾繇是三國時期長社人。漢末鍾繇因孝廉得舉，累官廷尉正、黃門侍郎。曹操執政時鍾繇擔任侍中和司隸校尉。魏國建立，鍾繇改任廷尉，封崇高鄉侯。魏明帝即位，鍾繇遷陞太傅，人稱「鍾太傅」。鍾繇的政治表現平平，但他的書法可十分了得。鍾繇取法曹熹、蔡邕、劉德升等家的優點，再融會自成一家，其中以隸書和楷書作品成就最高。因為書法方面的表現，鍾繇和大書法家胡昭合稱「胡肥鍾瘦」；他也與晉朝王羲之並稱「鍾王」。

民間信仰中的神祇鍾馗原來是唐代安戶人，在唐高祖時中了武舉，應殿試之時，因為鍾馗其貌不揚，遭到辱笑，憤而撞殿前石階而死，死後得到高祖贈袍陪葬。為了報高祖贈袍之恩，鍾馗成鬼之後立誓要為大唐抓盡妖鬼。後來唐玄宗病中夢見小鬼偷去玉笛及楊貴妃的香囊，不一會兒即見到鍾馗現身，前來懲治小鬼。夢醒之後唐玄宗病就好了，於是他馬上命人將夢中所見的鍾馗給畫出來，並將此畫像頒布天下。民間從此就有懸掛鍾馗像以避邪的習俗了。

文學批評家鍾嶸是南朝時期長社人，擔任過參軍、記事一類小官。梁武帝年間，鍾嶸模仿漢代以來論人評裁的方法，寫成詩歌評論專書《詩品》。《詩品》所錄取的作品以五言詩為主，此書將漢至南朝梁一百二十二名作家作品分成上、中、下三品來進行評論。評論之間提倡風力，反對玄虛的內容和用典。全書系統化的詩歌評論模式，對之後中國文學批評的發展，影響深遠。

姜

古字小常識：从，是「從」的本字，即起初的寫法。

「姜」這個姓氏是怎麼來的？

「姜」這個姓氏歷史非常地悠久，相傳出自炎帝神農氏。據說炎帝生於姜水，他的後人就以水名「姜」為氏。傳到伯益，伯益因為佐助禹治水有功，於是出任四岳之長，並被封在呂地，還復賜其祖姓「姜」。呂國後來到了春秋時期，被楚國所滅，後人有以亡國名「呂」為氏的。加上其他身為姜姓國的齊國、許國、申國，他們的後人依亡國之名改姓「齊」、「許」、「申」等，《國語・周語中》才會說：「齊、許、申、呂由太姜」——這四姓系出同源。

「姜」字及相關諸字的歷史風貌

	甲骨文	金文	戰國文字	小篆
姜				
羊				

「姜」這個字究竟是什麼意思？

「姜」這個字，《說文解字》解釋道：「神農居姜水，以為姓。从女羊聲」，它是個从「女」「羊」聲的形聲字。姓氏中从「女」之字，一般被認為源自母系社會，歷史要較其他姓氏來得更早（「女」之本義詳本書「姚」姓）。

「姜」字所从的「羊」是個象形字，全字描繪羊頭的形狀，突出的部分就是彎曲的羊角之形。後來「姜」有「美女」的意思，一種說法是春秋時代「姬」、「姜」兩姓諸國常通婚。這些出嫁的貴族女子一般以氏（「姬」、「姜」）稱之，所以久了之後就讓人覺得「姬」、「姜」是雍容華貴的貴族女子的代表；班固〈西都賦〉：「遊士擬於公侯，列肆侈於姬姜」、任昉〈王文憲集序〉：「室無姬

●「姜」字表示戴羊頭的女巫跳舞媚神。

●「羊」字突出的部分表示彎曲的羊角。

姜，門多長者」、《舊唐書・卷一八四・宦官傳・序》：「飾姬姜狗馬之玩，外言不入，惟欲是從」裡的「姬姜」都是這樣的意思。

另一種說法則認為在上古歌舞媚神的時代，女巫頭頂著羊頭骨作為裝飾，身跳巫舞來向神鬼表達敬畏之意。為了取悅神鬼，這些頭戴羊頭骨等裝飾的女巫，除了跳舞的姿勢要十分曼妙外，長相也不能太差呀！

頭戴華麗羊頭骨飾品的貌美女巫就是「姜」，所以「姜」字也自然就有「美女」之意囉！

本家歷史名人

「姜」家獨立得早，成員成名的也早。最富盛名的是軍事家姜子牙。姜子牙本名呂尚，是「姜」姓「呂」氏一脈。姜子牙是殷商末年東海人，因為十分懂得用兵，在武王伐紂過程當中建立不少戰功，後世尊其為「戰神」。牧野之戰中，姜子牙領兵力挫殷軍，使周得以代商而立。後來為了鎮壓東夷，姜子牙被封在齊，是齊國的始祖。

政治家姜小白即姜子牙的後裔。由於齊國內亂，小白先一步趕回國即位成為齊桓公。齊桓公不避舊惡，聽從鮑叔牙的推薦，任用管仲為相。管仲治國，對內主張富國強兵，對外主張「尊王攘夷」。齊國因而得以在南征北討中迅速建立威望。齊桓公的大度和任賢，也使自己成為「春秋五霸」之首。

軍事家姜維是漢末天水人，他原本是曹魏天水郡中郎將，後來由於諸葛亮施計招降，所以改投蜀軍之下。由於善長領兵作戰，姜維深為諸葛亮所倚重。諸葛亮死後姜維仍然繼承他的遺志，北上攻魏十一次。最後一戰，姜維中了鍾會、鄧艾之計，原本姜維佯裝降魏，想再利用鍾會的野心來復國，不料姜維這套計謀遭到識破，死於魏營之中。

文學家姜夔是宋代鄱陽人，他一生從未做官，專心從事音樂和詞的創作。姜夔精通音律，既會演奏，又會做詞，是宋詞格律化過程的重大推手，因此還與著名詞家張炎合稱「姜張」。除了創詞，姜夔也寫詩，主要師法黃庭堅江西詩派。詩詞自娛外，姜夔也和著名文人楊萬里、范成大、辛棄疾等人有來往。

第十二篇

崔譚廖

范汪

崔

古字小常識：从，是「從」的本字，即起初的寫法。

「崔」這個姓氏是怎麼來的？

「崔」這個姓氏最大宗的來源是「姜」姓。西周齊國齊丁公伋嫡長子季子封地在崔，後來季子讓位給弟弟姜叔乙，自己則回到崔地，季子的後人於是以封地名「崔」為氏。外族改姓「崔」的要數高麗族最多。唐代時，朝鮮半島新羅國派遣大量學生來到中國學習，這些學生就取了漢姓「崔」。新羅國來唐學生甚多，在唐代朝廷中也占有一席之地，「崔」姓也是「李」姓之外擔任唐代宰相最多人的。後來回國的「崔」姓留學生因為學有專精，也在朝鮮半島發揮了很大的影響力，使得「崔」姓成為朝鮮半島的大姓之一。另外如蒙古族與滿族的「崔珠克」氏，到了清代中葉後亦多改為漢單姓「崔」和「劉」等。

「崔」字及相關諸字的歷史風貌

	崔	山
甲骨文		
金文		
戰國文字		
小篆		

「崔」這個字究竟是什麼意思？

「崔」這個字，《說文解字》解釋道：「大高也。从山隹聲」，它是個从「山」「隹」聲的形聲字，有大而高的意思。「崔」字所从「隹」在字中作為聲符，但它本身亦是象形字，全字就是一隻短尾鳥（「隹」之本義詳參本書「羅」姓）。从「山」這個義符則表示「崔」字主要用來形容山勢。「山」本身則是個象形聳立的形狀。要注意的是「山」和「火」的字形主結構很像，不過「火」要比「山」多出二點代表跳躍火焰的筆畫就是了。

「崔」字既然指稱高大之山，所以文章只要寫到高山，想要形容山勢之高，總愛用「崔」字，像《詩經．周南．卷耳》：「陟彼崔嵬，我馬虺隤」、宋代辛

棄疾〈沁園春．有美人兮〉詞：「覺來西望崔嵬，更上有青楓下有溪」是其用例。

● 「山」字表示山峰聳立的形象。

本家歷史名人

本家後代中，最為有名的要數政治家崔杼。崔杼是春秋時期齊國大夫，他娶妻棠姜，可沒想到齊莊公卻與棠姜通姦；莊公還毫不避諱，大大方方的跑到崔家調情。是可忍，孰不可忍？崔杼於是在家中埋伏殺手，弒了莊公而改立景公，自己仍然繼續擔任大夫。於是齊國太史寫下：「崔杼弒其君」，崔杼一氣之下殺了太史想篡改歷史，太史之弟二人又如此記錄，因此又被崔杼殺害。直到太史三弟又如此記錄，崔杼才放棄篡改歷史的企圖。後世用來形容史家骨氣的成語「齊太史簡」，典故就是出自這裡。

文學家崔駰是漢代安平人。崔駰幼年時期即表現出他的聰明才智，才十三歲便能讀通《詩經》、《周易》、《春秋》三部經書。除了經學，崔駰也模仿揚雄的作品，創作〈達旨〉等詩賦二十一篇。崔駰曾到太學學習，因為學習成果高，搏得了好聲名，而與班固、傅毅齊名。也因為討論學問之故，與當朝的著名學者馬融、張衡交好。當時竇憲為車騎將軍，聘請崔駰擔任府掾、主簿。但竇憲的驕恣，崔駰看在眼裡卻勸說不動，所以後來崔駰自請出任長岑長，遠離竇憲以避禍。從這裡可以看出崔駰明哲保身的智慧。

經濟學家崔寔是崔駰的孫子，他的父親崔瑗也是當朝的名書法家。由於崔門為士宦人家，所以崔寔宦途還算平順。後來崔寔出任五原太守，教導當地人紡、績、織、紉等技術，並嚴守邊關，因有政績而得到賞識，遷遼東太守，隨後升為尚書，但年後在權鬥中被免職。崔寔父親崔瑗去世後，崔寔竭盡家產來厚葬，結果造成崔家生活窘迫。於是崔寔投入商業，除了一般買賣，他也營釀造酒、醋、醬等。並將管理家族企業的心得寫成《四民月令》。在當時重農輕商的環境裡，能寫出提倡農業生產、商業交易和禁止官府剝削人民的這本書，真的十分難得！

譚

古字小常識：从，是「從」的本字，即起初的寫法。

「譚」這個姓氏是怎麼來的？

「譚」這個姓氏最早是源自古代西南少數民族。古代巴南一帶六姓之一有「譚」氏，自稱是盤古後代，主要分布在雲南、貴州一帶。「譚」這個姓氏的另外一個來源是「嬴」姓。秦朝滅亡後，「嬴」姓後人為了躲避戰亂，其中一支遷徙至巴地，部分改姓「譚」。「譚」這個姓氏第三個源是「姒」姓，出自夏禹之後。周初周武王大封諸侯時，將夏禹子孫中的一支封於譚地，建立了譚國。齊公子小白流亡譚國，譚國並未禮遇；小白即位為齊桓公，譚國也沒有派使前來祝賀，因而被齊國出兵所滅。譚國滅後，子孫便以亡國之名「譚」為氏。至於外族改姓「譚」的，元朝的蒙古族塔塔兒部，一部分東遷，到清代中葉後改漢單姓「譚」、「戴」等。至於他姓改姓「譚」的，因為「談」和「譚」意義近同，所以一部分「談」姓人家也有改姓「譚」的；另外「譚」氏本身也有為了躲避仇家而去掉「言」部改姓「覃」的。

「譚」字及相關諸字的歷史風貌

	甲骨文	金文	戰國文字	小篆
覃		覃		覃
	隸書	行書	草書	楷書
譚	譚	譚	譚	譚

「譚」這個字究竟是什麼意思？

「譚」這個字，《玉篇》解釋道：「大也，誕也，著也」，它是個从「言」「覃」聲的形聲字，有安逸而放縱的意思，即《大戴禮・子張問入官》：「修業居久而譚」中的「譚」字。但「譚」字更常見的用法是通「談」，像書名《天方夜譚》、《菜根譚》中的「譚」字即是。也因為「譚」字通「談」，所以用來形說常聽到、了無新意的老話叫「老生常譚」。

「言」指口吐出來的話語（「言」之本義詳參本書「謝」姓），「譚」字从「言」，說明了它的「言談」義。而它所从「覃」則是聲符。「覃」這個字，《說文解字》解釋道：「長味也。」「覃」字上部从「鹵」這個義符，表示它可能與「鹽」為同源字。因為鹹味可以停留在舌

● 「覃」字是罈子的具體描繪。

頭久久不散，所以漢代許慎才說「長味也」；至於它的下部所从「㫗」則是象形字，全字是裝厚酒及鹽的罈子的具體描繪。由於「譚」字通「談」，所以在很多書名中都看得到這個字。以此字命名的書，要以《菜根譚》最廣為人知。《菜根譚》是明代洪自誠所寫的，分上下二卷，共三百六十篇。這本書採格言方式的寫法，中心思想在於警惕人要崇尚德行，不要太重視名利。因為宋代汪革曾說過：「咬得菜根，百事可做」的話，指出只要安貧樂道，還有啥事做不到？洪自誠認為汪革的想法和自己這本書的主題相近，才給這本教人清心寡欲的書叫《菜根譚》的。由於《菜根譚》全書的內容思想雜揉儒、釋、道三家思想精華，是早期教人和自誨的好書。

本家歷史名人

本家後代中，較早出名的是軍事家譚綸。譚綸是明代宜黃人。嘉靖年間中進士後，投身軍旅，專事練兵，只為對抗倭寇。之後譚綸還曾率領戚繼光、俞大猷等大將平定倭亂；後來累官至兵部尚書加太子太保。譚綸掌管明朝軍事三十餘年，與戚繼光同輔朝政，史上合稱「譚戚」。

文學家譚元春是明代竟陵人，寫文章主張要抒發性靈；用字遣詞則強調幽深孤峭，不落俗套。譚元春和與鍾惺在散文創作上相互呼應，也師法一部分「公安派三袁」的風格（袁宗道、袁宏道、袁中道）。因為譚元春和鍾惺都是竟陵人，創作的散文和後起模仿的作品就被歸為「竟陵派」。

政治家譚嗣同是清末瀏陽人。因為父親擔任巡撫，所以譚嗣同有良好的學習環境，並能遊學各地。眼見外國列強對中國大好河山的蹂躪，譚嗣同積極加入變法圖強的陣營。甲午戰爭後譚嗣同在瀏陽倡立學社，後來還協助湖南巡撫陳寶箴、按察使黃遵憲等人設立時務學堂，籌辦洋務。次年又辦《湘報》宣傳變法。因緣際會譚嗣同得到舉薦，參與戊戌變法。沒想到九月發生政變，譚嗣同與林旭、楊銳、劉光第、楊深秀、康廣仁等人同時遇害，史學家稱作「戊戌六君子」。

古字小常識：从，是「從」的本字，即起初的寫法。

廖

「廖」這個姓氏是怎麼來的？

「廖」這個姓氏的一個來源是「嬴」姓，相傳顓頊的後人叔安，在夏時封於飂國，其後代便以國名「飂」為氏，「飂」、「廖」同音，後來叔安這一支成為河南「廖」姓的來源。關於叔安的身分另存二種說法：一說叔安是「子」姓，在商朝被封於汝南郡的飂地；一說叔安是「姬」姓，為黃帝的後代，這個「姬」姓廖國到周朝都還存在，國名又可寫作作「郻」、「蓼」等。「廖」這個姓氏的第二個來源是周文王之子伯廖，受封於廖邑，他的後人便有以封地名「廖」為氏的。「廖」這個姓氏的第三個來源是堯、舜時期的賢臣皋陶，他的後人到夏朝時受封在蓼地，後人就以封地名「蓼」為氏（「飂」、「郻」、「蓼」等後來都類歸寫成「廖」）。至於他姓改為「廖」姓的，如商紂時「繆」、「顏」二氏因為不滿時政，棄官歸隱，並改為「廖」氏以避禍。另外少數民族裡，如壯族、苗族、毛南族、仡佬族也有改漢單姓「廖」的。

「廖」字及相關諸字的歷史風貌

	甲骨文	金文	戰國文字	小篆
廖				
翏				
羽				
㐱				

「廖」這個字究竟是什麼意思？

「廖」這個字，《說文解字》解釋道：「人姓」，它是個从「广」「翏」聲的形聲字，主要當作人的姓氏來使用。因為是人的姓氏，所以从「广」這個義符。這麼說呢？「广」本身是象形字，全字就是「宀」字的一半，表示具有開闊空間的建築物，這種建築物可能有幾面是為了挑高和採光而沒有築牆的。這種開闊透空的建築物，在古時不是部落的聚會所，就是進行祭祀處所（如宗廟或是西方的神廟），十分地神聖。像从「广」的漢字如「廟」、「庠」、「府」、「庫」都有神聖、重要的意涵。人的姓氏標示著自己祖先的由來，人的姓氏也可視為是神聖的符號，所以「廖」便从「广」這個義符囉！

「翏」作為「廖」字的聲符，它本身

1.

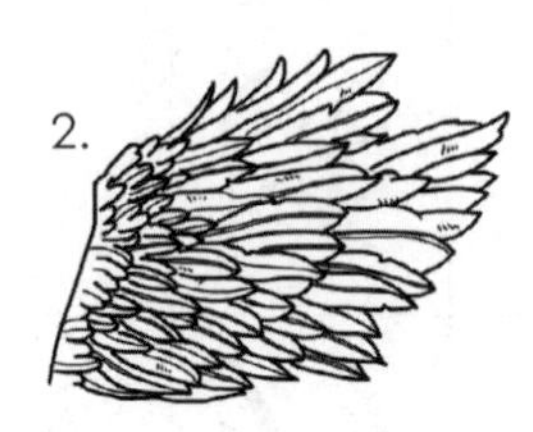
2.

3.

1.「广」字表示有開闊空間的建築物。 2.「羽」是描繪鳥羽形狀的象形字。
3.「彡」字表示人鬚髮濃密的樣子。

是個會意字，《說文解字》解釋道：「翏，高飛也。从羽从彡」，這個字的原意是鳥高飛後遠遠只看到羽毛拖曳在後的樣子，所以从義符「羽」。「羽」本身則是象形字，全字就是鳥羽或鳥展開大羽的具象描繪。「彡」呢？它在漢字中幾乎不獨立使用，而只作為偏旁；它本身是個會意字，全字从「人」从「彡」，原來表示人頭部毛髮濃密的樣子。因為鳥高飛後僅看到拖曳在後面的羽毛殘影，這有如長鬚之人疾行而鬚拖曳在後，所以「翏」字才从義符「彡」啦！

本家歷史名人

本家後代中，較早出名的是軍事家廖化。廖化是漢末三國襄陽人。畢生戎馬。初為關羽主簿，荊州之戰後關羽身亡，廖化詐降吳軍，之後為了能安全回到漢軍，在吳軍之中又詐死。好在逃回蜀漢大本營的路上巧遇劉備大軍，改任為宜都太守。因忠於蜀漢，劉備死後又遷丞相參軍，累官右車騎將軍、假節，兼并州刺史，是蜀漢後期重要軍事將領。廖化的存在，對蜀漢的安定具有十足的重要性，所以時人稱

「前有王（王平）、句（句扶），後有張（張翼）、廖（廖化）」。由於蜀漢大將相繼去世，姜維為了踐履孔明遺志，不斷北伐，中間還得勞駕七十幾歲的廖化出動。後世形容無人可用的俗語「蜀中無大將，廖化作先鋒」，典故即源自此。

軍事家廖永安是元末巢縣人。元末大亂，廖永安本與弟弟廖永忠及俞通海等上山落草為寇。後來朱元璋起兵抗元後，廖永安率領手下歸附，屢建奇功。在與朱元璋主力會合一同攻打集慶後，廖永安因戰功升擢建康翼統軍元帥，並勸降張士誠守將欒瑞，此役對大明朝是大功一件。不過廖永安招降欒瑞後想乘勝深入，卻被張士誠部將呂珍生擒，因為不降而身死獄中。朱元璋統一天下後，感念廖永安的功榮，追封他為開國輔運推誠宣力武臣、光祿大夫、柱國，並爵鄖國公。

抗日義士廖添丁是日據時期臺灣秀水人，他本來是出賣力氣的勞工，由於不滿日人的欺壓統治，於是大肆偷、劫親日的土豪士紳，並將部分財物散給貧窮人家，所以很得老百姓的支持。廖添丁幾次出入獄所，出獄之後犯下一件比一件還大的案件。日警發現深得民心的廖添丁追捕不易，便策動廖添丁友人楊林，希望他能出賣廖添丁。後來廖添丁躲藏在臺北八里山區，楊林前去探視，再趁機偷襲廖添丁致死；廖添丁死時僅廿六歲。義賊廖添丁後來在臺灣民間信仰中被神化，再加上戲曲等俗文學的加工，他的形象終於演變成今日臺灣早期歷史中的抗日傳奇人物。

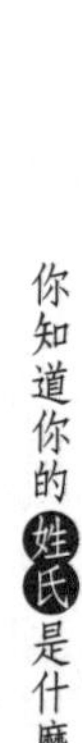

古字小常識：从，是「從」的本字，即起初的寫法。

范

「范」這個姓氏是怎麼來的？

「范」這個姓氏最早的來源是「祁」姓。帝堯後代劉累，他的子孫傳到周朝為杜唐氏，後來周宣王滅杜，杜伯之子隰叔逃到到晉國擔任士師，後人以王父官職名改為「士」氏。隰叔的曾孫士會采邑在范，後人就以封地名「范」為氏。另外隰叔之後也有居於隨地而得「隨」氏的，所以「士」、「范」、「隨」這三姓是同宗。至於外族改姓「范」的有晉朝末期西夷林邑王范文，他的後人是今日廣西地區瑤族、苗族、京族「范」氏的主流；滿族「博都哩」氏、鄂溫克族「布利托天」氏等也有改成漢單姓「范」氏的。

「范」字及相關諸字的歷史風貌

	范	氾	犯	犬
甲骨文				
金文				
戰國文字				
小篆				

「范」這個字究竟是什麼意思？

「范」這個字，《說文解字》解釋道：「艸也。从艸氾聲」，它是個从「艸」「氾」聲的形聲字，為某種植物名。因為指的是某種植物，所以从「艸」這個義符。「氾」作為「范」的聲符，本身是個會意字，从「水」、「犯」省，「犯」省還兼為聲符，全字表示水勢滿溢、侵犯了人所居住地區的樣子。因為「氾」指的是水災失控造成的損害，所以从「水」這個義符；而水流離開原來的水道去侵犯到人們所居住的地方，所以又从「犯」省形。

「氾」所从的省形「犯」字，它本身也是個會意字，从「犬」、「㔾」。「犬」字是個象形字，全字具體描繪出犬的外形。如果把「犬」橫著寫，太佔空間，於是在書寫上常就把它給豎起來變成常見的「犭」寫法。「㔾」是變體象形，它畫出一個人跪著的樣子。所以「犯」的意思原為一個人低身跪著卻正好被狗所攻擊、侵犯。

犬是從狼演變而來，屬於狼的一個亞種，雖然已經和人類共同生活快二萬年而被充分的馴化，在人類生活中扮演狩獵、警衛、玩樂、交通動力等等角色，不過他的野性並未完全消失。譬如看到騎車經過的郵差，犬仍會啟動追捕的本能；領域性觀念強的犬，也會以打群架的方式來驅離不同族群。當然不熟識的人類靠近牠的領域，自然會引起犬的警戒。

任何動物都一樣，看到比自己強壯的動物，通常是先觀察、按兵不動。除非有強有力的後援，否則包括犬在內，單牠自己一隻的話，並不會輕易攻擊。觀察的過程中如果對方曝露了弱點，譬如本來比犬高的人類突然蹲低，這就給了牠們攻擊的機會。「犯」字就是犬看到人類曝露弱點加以攻擊的樣子囉！

本家歷史名人

本家後代中，最有名的要數政治家范蠡。范蠡是春秋末年楚國

● 「犯」的字義表示犬攻擊跪著的人。

● 「犬」是象形字。

● 「氾」字從「水」，表示水災造成損害。

宛地三戶邑人。雖然出身低賤，但因為讀了很多書，與楚國宛令文種有些交情。後來因為不滿楚國時局，范蠡與文種一起投奔越國，二人輔佐勾踐，使得越國實力慢慢超越吳國，最後滅掉吳國，一舉洗雪勾踐會稽兵敗的恥辱。可是范蠡深知勾踐並非能共同享樂之人，於是隱姓埋名，期間三次經商，三次都成為巨富。富有的他並不小氣，常盡散家財給予族人，後人稱為「商聖」；他也是商業的行業神。

政治家范增是秦末居鄛人。陳勝、吳廣起兵抗秦，各路諸侯紛紛響應。范增選擇投身項羽陣營，因為善於謀略，是楚軍裡最重要的謀士和軍師。范增料事如神，被項羽尊為「亞父」。後來范增提議在鴻門之上設宴，以便除去最不利項羽稱霸的起義軍首領劉邦，不料因為項羽和劉邦有拜把交情，幾度遲疑，使得劉邦得以藉由尿遁逃走。漢軍深知范增是自己最大的威脅，於是使用陳平之計，離間項、范的感情。最後范增只得辭官歸里，病死在返鄉的途中。

史學家范曄是南朝宋順陽人。因有家族餘蔭，累官左衛將軍，太子詹事。後來因為國喪期間范曄仍然歌唱作樂，遭到外放，改為宣城太守。范曄因為深感不得志，於是刪削眾家與後漢有關的相關作品，寫成《後漢書》。可惜書未寫成，卻因為參與謀反而被誅。後南朝梁劉昭以范曄的《後漢書》為基礎，兼採司馬彪《續漢書》來增補，編成今日官方所承認的正史《後漢書》。

政治家范仲淹是宋代吳縣人。由於父親早死，母親改嫁，范仲淹曾改名朱說。當得知自己的真實身世之後，有骨氣的范仲淹離家借住在應天府書院苦讀。冬日讀書疲憊，他就以冰水洗臉；飲食不足，他以濃稠的稀飯來應付。苦讀之下范仲淹果然順利得仕，於是改回原名。范仲淹曾與韓琦共同平定西夏李元昊的叛亂，可是慶曆年間他與富弼、韓琦等人因為參與「新政」，遭到後來的政治鬥爭波及，被貶為地方官，卒於徐州任上。范仲淹為官憂國憂民，所作〈岳陽樓記〉，其中「先天下之憂而憂，後天下之樂而樂」傳頌千古。

汪

古字小常識：从，是「從」的本字，即起初的寫法。

「汪」這個姓氏是怎麼來的？

「汪」這個姓氏最早的來源是「姜」姓，出自夏代古諸侯汪罔的後裔。汪罔是古國名，據說汪罔國的根據地是一片沼澤，所以才會以「汪」字為國名。不過後來的人將國名訛寫成汪芒國。汪罔國君是防風氏，傳說中的防風氏是巨人族，身長三尺三。「汪」這個姓氏的另一個來源是「姬」姓，其一是出自春秋時期魯國君主成公次子，由於他的采邑封在汪地，他的後人就以封地名「汪」為氏。其二是宋初翁乾度。「翁」氏來自周昭王庶子，他的後代以王父封地「翁」為氏。翁乾度的六個兒子皆中進士，史稱「六桂聯芳」，第六子翁處休被父親賜姓為「汪」氏，便成為汪氏一族。至於外族改姓「汪」的，像唐代西突厥「汪古」部，漢化後改漢單姓「汪」為氏；清代中葉以後，滿族「汪古」氏、「洪袞」氏、「洪果」氏等，多改為漢單姓「汪」或「淮」。

「汪」字及相關諸字的歷史風貌

	汪	㞷
甲骨文		
金文		
戰國文字		
小篆		

「汪」這個字究竟是什麼意思？

「汪」這個字在今日的寫法是从「水」「王」聲，但最早的寫法並不是這樣。《說文解字》解釋道：「汪，深廣也。从水㞷聲。一曰泩，池也。」「汪」字表示水深廣的樣子，以前雖然也是形聲字，但它是从「㞷」這個聲符。

「㞷」本身也是形聲字，从「止」「王」聲，這個字是「往」字的初文，本義是「去」，「㞷」所从的義符「止」是腳掌形（「止」之本義詳本書「鄧」姓），表示人往哪走的那個方向；「㞷」字所从的「王」本意是鉞，在字裡做聲符使用。到了金文、戰國文字及小篆的寫法裡，為了強化「往」的意思，還特別在「㞷」的左旁再加上「彳」（「行」字之省，本義詳參本書「衛」姓）這個義符。

由於「汪」字指的是水面深廣的樣子，很常被拿來形容寬廣無際的海洋，像《野叟曝言・第三回》就寫道：「你看湖光山色，霎時間變成汪洋大海。此龍神力，亦不為小。」水既然深廣，也就會給人容易溢出的直觀感受，於是形容眼淚快奪眶而出，也會用「汪」字，像明代高濂《玉簪記・第七齣》裡：「淚汪汪，故園兵火遭蜂嚷」、《初刻拍案驚奇・卷八》：「楊氏見來得快，又一心驚，王生淚汪汪，走到面前，哭訴其故」即其用例。

本家歷史名人

本家後代中，較早出名的是政治家汪華，他是唐代徽州績溪人。隋朝末年群雄起義，各自據地稱王，汪華就是其中的一位。由於汪華個性勇敢，兼富俠義之氣，對境內人民的生活多有保障，所以得到人民的廣大支持。後來汪華歸降唐朝，總管六州軍事和歙州刺史，朝廷還賜封他為越國公。由於汪華親民愛子，徽州當地人十分感念他的恩澤，汪華死後給予立廟祭祀，香火不斷；汪華也被視為是地方的大神，也就是後世人稱的「汪公大帝」。

文學家汪應辰是宋代玉山人，既是當朝大臣，也是著名的文學家。汪應辰學問底子紮實，文章可以寫得長又好，他的詩也寫得不錯。汪應辰作品最大特色在於字裡行間充滿「好賢樂善，尤篤友愛」的正面思想，還有對品格的自我要求。

文學家汪元量是宋末元初錢塘人，他在詩和詞的創作上都有不錯的成績。汪元量本來靠著彈得一手好琴而在朝廷謀得宮廷琴師一職，沒想到南宋覆滅後，汪元量跟著被俘虜到燕京。也因此還曾經探望過當時已被關押的文天祥。文天祥死後，感慨人生無常的汪元量於是遁入空門為道士，流浪江湖以終老。

思想家汪中是清代江都人，他是清代著名的駢文大師，但奇怪的是他參加以八股文為取士文體的科舉，卻屢屢失意。汪中著名的駢文作品〈哀鹽船文〉寫鹽船港失火，是目前可考最早的報導文學作品。除了創作駢文，汪中在諸子之學也花了很多工夫，他對《春秋》、《墨子》、《荀子》都很有研究並提出創新看法。

藝術家汪士慎是清代富溪人，他是著名的書畫家，名列「揚州八怪」之一（其他七人為金農、鄭燮、黃慎、李鱓、李方膺、羅聘、高翔），光是單單賣畫就能維持生計。汪士慎很愛喝茶，所以有人稱他為「茶仙」。由於汪士慎很愛賞梅，也很愛畫梅，所以畫作之中，以梅為主題的作品，藝術水準最高。

第十三篇

陸金石

戴賈

陸

古字小常識：从，是「從」的本字，即起初的寫法。

「陸」這個姓氏是怎麼來的？

「陸」這個姓氏最早源自「嬀」姓。周武王滅掉商朝後，追封帝舜的後裔嬀滿為陳侯，史稱胡公滿。胡公滿第十世庶孫是陳完，陳宣公殺了太子禦寇後，陳完害怕遭到牽連，便逃到齊國。齊桓公知道陳完賢能，任命他擔任工正（管理工匠的官），並封給他田，他的子孫就以封地名「田」為氏。到了齊宣王時，陳完後裔陳通受封在陸鄉，他的後人便以封地名「陸」為氏；也因為這層原因，人稱「田陸同宗」。「陸」這個姓氏的另外一個來源是春秋時期的陸渾國。陸渾國後來被晉國所滅，國人便以亡國之名的簡省「陸」字為氏。至於外族改姓「陸」的，如南北朝鮮卑複姓「步陸孤」氏，在跟隨魏文帝遷都洛陽後就改漢字單姓「陸」了。

「陸」字及相關諸字的歷史風貌

	陸	坴
甲骨文		
金文		
戰國文字		
小篆		

「陸」這個字究竟是什麼意思？

「陸」這個字，《說文解字》解釋道：「高平地。从阜从坴，坴亦聲」，它是個从「阜」「坴」的會意兼聲字，原義為高地。「陸」字从「阜」這個義符，表示它指的是某種凹凸不平的地形（「阜」之本義詳參本書「陳」姓）；「陸」所从的「坴」，《說文解字》解釋道：「土塊坴坴也。从土先聲。讀若逐。一曰坴梁。」「先」本身是個象形字，全字原先描繪高大土地上的大土塊相疊在一起的樣子。只是後來怕人看不懂這個字指的是什麼東西堆疊在一起，於是才又累加了「土」這個義符來說明。

由於「陸」有高大土地的意思，所以地球上高出海平面的五大洲也可以用「大陸」來稱呼，譬如二個相連的大洲名叫

「歐亞大陸」，東亞的大國中國古名叫「神州大陸」，相對於隔著海峽的臺灣，國人都管對岸叫「中國大陸」。

本家歷史名人

本家後代中，最為有名的要數政治家兼文學家陸賈。陸賈是漢初楚人，劉邦起事抗秦時，陸賈早就已經擔任他的智囊了。由於陸賈能言善道，劉邦陣營幾乎都由陸賈作為代表來和各路諸侯溝通。後來漢代建立，外交方面也都由陸賈來處置。譬如高祖十一年派陸賈出使南越國，陸賈即勸成當時古秦南海尉趙佗向漢朝稱臣。呂后擅權，陸賈從中斡旋，除了迎回文帝外，在剿滅諸呂方面也出力甚多。陸賈對穩定漢初政局而言功不可沒，是漢初名臣之一。

文學家陸機是西晉吳縣人，少有奇才，文章冠世，人稱「太康之英」。陸機因為文才而謀得官職，歷任平原內史、祭酒、著作郎等職。後來死於「八王之亂」，被夷三族。他與胞弟陸雲皆是西晉時期著名的文學家，文學史家合稱「二陸」。陸機還另與同時期的潘岳齊名，因為二個人都是飽讀經書的名士，史讚「潘江陸海」。

思想家陸德明是南朝至唐初吳人，他在南朝陳代即嶄露頭角。陳

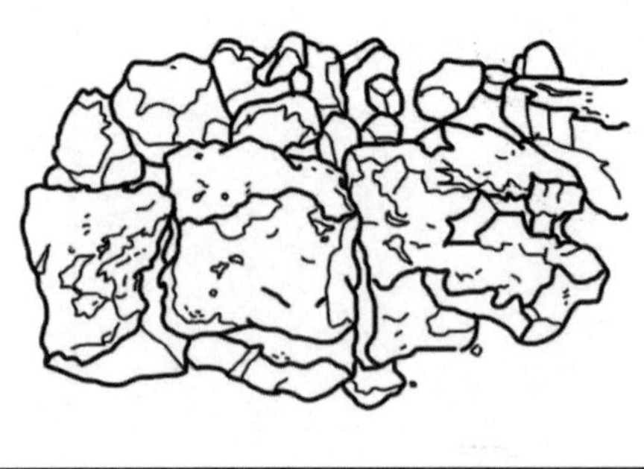

● 「先」字原先表示土塊相疊的樣子。

亡之後歸里隱居。沒多久得到隋煬帝的徵召，出任秘書學士，授國子助教。唐初，接受秦王的徵召，陸德明出任文學館學士，後補太學博士。陸德明學問底子十分深厚，他曾與眾博士進行辯論，單以一人之智便折服眾人，十分厲害。陸德明的代表作是《經典釋文》，這本書書統一魏晉以來儒家經典中混亂的注音，並對難字加以注解，與後來的《十三經注疏》並重，是學者閱讀經籍的重要參考。

農業專家陸羽是唐代竟陵人，一生嗜愛喝茶種茶，精於茶道，並寫下世界第一部茶葉專著《茶經》，這本書對中國茶業的發展和茶文化的推廣作出了卓越的貢獻。因為陸羽精熟和茶有關的種種學問，所以人稱「茶仙」，或尊號「茶聖」；茶業則將陸羽視為行業神「茶神」。

思想家陸九淵是宋代金溪人，因號象山，「陸象山」這個稱謂反而比較為人所熟知。陸九淵是宋代理學唯心派的代表，與當代理學學問派的代表朱熹齊名。陸、朱二人曾在鵝湖論辯，討論究竟是「尊德性」（發揮本性）重要還是「道問學」（認真學習）優先，這場宋代思想史上的盛事史稱「鵝湖之會」，不過二人討論到最後，並沒有取得一致性的結果。後來陸九淵的主張被明代王陽明等人吸收，唯心派一路學問因此被稱作「陸王學派」。「陸王學派」對近代中國理學和當代新儒學的發展具有深遠的影響。

金

古字小常識：从，是「從」的本字，即起初的寫法。

「金」這個姓氏是怎麼來的？

「金」這個姓氏最早的來源是少昊金天氏。相傳少昊是上古五帝之一，為黃帝的「己」姓子孫，其後人便以「金天」之省略「金」字為氏。不過總的來看，「金」這個姓氏的外族來源反倒比較多元：其中有一脈來自匈奴族，西漢時期匈奴休屠王之子金日磾，其「金」姓係日磾在漢武帝時隨母親歸順漢室，漢武帝所賜姓的。另外一脈是高麗王朝大將李成桂廢黜高麗王，自立為國王，改國號為「朝鮮」。李成桂欲將蒙古血統濃厚的原高麗王朝王室家族（「王」姓）斬盡殺絕，於是朝鮮「王」姓之人紛紛改「金」、「全」、「玉」等氏。至於避諱而改姓「金」的，像唐代末期至五代時期，錢鏐創建了吳越國，由於「鏐」與「劉」為同音字，為了避諱，吳越國中所有的「劉」氏族人便取「劉」字偏旁的「金」為氏。

「金」字的歷史風貌

	金
甲骨文	
金文	
戰國文字	
小篆	

「金」這個字究竟是什麼意思？

「金」這個字是個从「土」「今」聲的形聲字，本意為土中的金屬礦藏。上古社會階段，科學還存在於技術之中，或只能說僅僅是萌芽。先民為了改善生活，一定要充分利用身邊所有的自然界資材。不過此時的礦物知識，僅侷限在如何選擇石料，如何打製石料成為生活中所使用石器。但是其中已蘊含一點粗淺的力學和礦物學、地質學知識。

採集礦物後進行冶煉加工，這樣的一個邁入科技時代的行為，已經在距近約四千多年前的齊家文化和龍山文化遺址中看到。齊家及龍山文化遺址發現有少量紅銅、青銅錘或鑄造成的小件銅器，其中有刀、錐和鑿等。偃師二里頭遺址更發現了冶鑄用的陶製坩堝、陶範的碎塊及銅渣。

先人在長期青銅冶鑄中，特別是在商、周時期冶鑄基礎上，逐漸直覺的認識合金成分、性能和用途之間的關係，並能以人工控制銅、錫、鉛的配比，從而得到了性能各異、適於不同用途的合金。

銅製品之外，《左傳‧昭公二十九年》記載周敬王七年，晉國鑄造了一個鐵質刑鼎，把范宣子所寫的刑書鑄在上面。鑄刑鼎的鐵，是作為軍賦向民間徵收得來的，這間接證明至少在春秋末期，民間已經出現鑄鐵作坊，而且已較掌握了一定水準的生鐵冶鑄技術。

春秋戰國時期不但金屬的冶鑄技術大為提高，而且積累了豐富的找礦經驗並作了初步的總結，採礦技術也有長足的進步。在大量的找礦經驗中，人們發現礦苗和礦物的共生關係。一九七四年，湖北大冶銅綠山發掘出的春秋戰國時期的古銅礦井，就是採礦技術發展的歷史見證。由銅綠山古銅礦井所反映的開採技術，我們可以推知當時眾多礦區的生產狀況，說明了春秋戰國時期採礦業的發展和技術水準所達到的高峰。

從上古人類運用原始石料到進行冶煉的進化過程中，不難發現先人所能掌握的礦物知識愈來愈豐富。這些知識很多保留在像《山海經》這類百科全書裡頭。以《山海經》為例，書中提及礦物產地三百餘處，有用礦物達七、八十種，書中對某些礦物的稱謂也還沿用至今呢！

本家歷史名人

本家後代中，較早出名的是軍事家金日磾。金日磾本名日磾，是漢匈奴休屠王長子，「金」是漢武帝賜姓的。由於霍去病領兵發動突襲，殺死了休屠王，日磾與昆邪王只好降漢，淪為官奴。後來因為賢能，受到皇帝寵愛，累官至車騎將軍。武帝死前還將金日磾與霍光、桑弘羊、上官桀並列輔政大臣。之後因揭發莽何羅及馬通兄弟謀反有功，金日磾官升太子太傅。

文學批評家金聖歎是明末清初吳縣人。他的幼時生活無虞，不過後來家道中落。如此家庭條件所造成的衝擊，造成金聖歎個性怪誕不羈。金聖歎文學造詣很高，詩和文都拿手。雖然個性古怪，但仍得到順治皇帝的稱譽：「此事古文高手，莫以時文眼看他。」金聖歎對中國文學史最大的貢獻在於他站在「忠義」和社會底層人民的角度來評點，並盛讚《莊子》、〈離騷〉、《史記》、杜詩、《水滸傳》、《西廂記》等作品。尤為罕見的是與一般文人的價值觀點不同，金聖歎肯定一向被視為不入流的小說戲曲，還將前引六種作品合稱「六才子書」；這樣的舉動為中國批評理論注入了新的觀念和新的刺激。可惜後來金聖歎因為起身反抗貪汙的新任吳縣令，被捕後誣以作亂罪名，判斬立決。

思想家金岳霖是現代長沙人。從北京清華大學畢業後，留學美國、英國，又遊學歐洲諸國，主要從事哲學研究工作。回國後金岳霖執教於清華大學和北京大學等校。他最大的貢獻在於將「邏輯」的觀念引進東方，並融合東、西方的哲學，還著有《邏輯》、《論道》、《知識論》等書來推廣。其中《論道》一書的原創性思想豐富；《知識論》更是中國思想史上第一本提出完整知識論體系的著作。金岳霖的教學生涯中培養出許多現代著名的哲學家，如王浩、馮契、沈有鼎、殷海光等著名學者，皆出自金岳霖門下。

石

古字小常識：从，是「從」的本字，即起初的寫法。

「石」這個姓氏是怎麼來的？

「石」這個姓氏最早的來源是「姬」姓，出自春秋時期康叔六世孫衛靖伯之孫公石碏。公石碏死後，他的後人就以王父之名的簡省「石」為氏；一般認為這是石氏正宗。「石」這個姓氏的另一個來源是「子」姓，出自春秋時期宋國的公子段。公子段，字子石，子石死後，他的後人便以先祖之字的簡省「石」為氏。至於改姓成「石」的，春秋時期秦國「石作」氏後來改單姓「石」；五胡十六國時期，匈奴別部羯族，酋長卜勒改漢族姓名為石勒，建立了後趙政權，稱為後趙高祖明帝，他同族的羯族部落酋長張訇督隨著石勒改姓名為石會，酋長冉閔則改為石閔，此後，這些羯族後裔子孫全部隨著先祖改為漢單姓「石」。到了南北朝時期，鮮卑拓拔部中有「烏石蘭」氏，在北魏孝文帝遷都洛陽後，也改為漢單姓「石」了。

「石」字及相關諸字的歷史風貌

	石	厂
甲骨文		
金文		
戰國文字		
小篆		

「石」這個字究竟是什麼意思？

「石」這個字，《說文解字》解釋道：「山石也。在厂之下；口，象形。凡石之屬皆从石」，這個字是個从「厂」从「口」增體象形字，表示山上崩落的石頭。「石」所从的「口」並不是「口腔」之「口」，而只是單純的把石頭的線條給勾畫出來。但如果寫這個字，卻只畫一個圈圈，大家肯定不知道它就是石頭，於是再把把「厂」這個可以滾下崩落巖石的巖壁加在旁邊；「厂」就是山崖的象形描繪。這樣「石」字指巖壁崩落下來的大石頭，這層意思就明顯了。岩山受到風化、地震等外力，崩出大石，大石受到風化或溪流沖刷成為小石子和砂子，最後互相磨擦，變作細膩泥巴。而泥巴或者受到地震或堆積的強大熱能和壓力，於是又變

● 「厂」描摹了山崖的形狀。

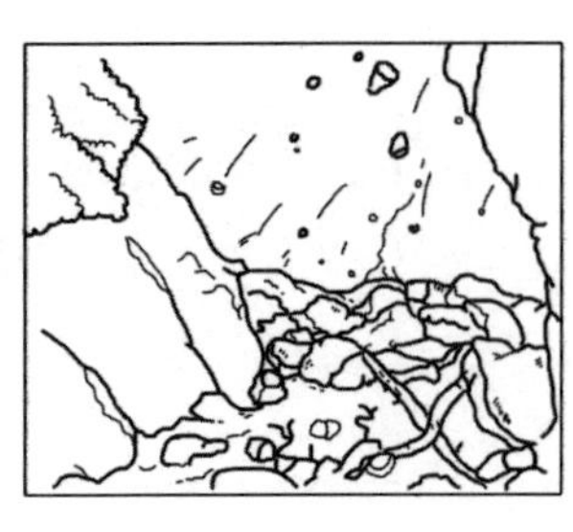

● 「石」字指從岩壁崩落的大石。

成岩石，經造山運動又成為岩山，這就是泥↓沙↓石的變化循環囉！

由於質地堅硬的大石頭常被用來當作梁柱的基礎，所以文學裡常用「磐石」比喻不易更動的事物或感情，像《樂府詩集．卷七十三．雜曲歌辭十三．古辭．焦仲卿妻》寫道：「君當作磐石，妾當作蒲葦。」就是用磐石形容愛情長跑的男方對女方的感情不動如磐石。

既然石頭的質地是沉重的，如果有一股風能把石頭給吹起，那風勢鐵定十分強大。所以風力太強，我們會用「飛砂走石」來形容，《三國演義．第十回》：「兩馬相交，忽然狂風大作，飛砂走石，兩軍皆亂，各自收兵」是其用例。

本家歷史名人

本家後代中，最早出名的是政治家石奢。石奢是楚國人，也是楚昭王所倚重的國相。有天石奢在路上巡視，遇到殺人命案；石奢前去追捕，發現殺人者竟然是他自己的父親。石奢於是放走父親，再把自己綁起來向昭王請罪。昭王知道當下石奢一定進退兩難，所以並不打算追究此事。沒想到石奢認為抓父不孝，廢法不忠，於是自盡而死。石奢用自己的生命成全了楚國的律法，真是可歌可泣！

軍事家石勒是南北朝武鄉人，他是崇拜火的羯族後人。本來石勒跟著公師藩投入軍旅，後來改而投靠漢國。在漢人張賓輔助之下石勒又從漢國分裂出去，建立了襄國。石勒以襄國為根據地，陸續消滅了西晉伸入北方的勢力，又消滅劉曜的前趙，繼而北征代國，使得自己的國家成為當時北方最強盛的政權。

軍事家石敬瑭是唐代沙陀族人。這個人善於觀察和耍弄權術。既好大喜功，也熱愛珍寶甚於一切。他對強大的契丹俯首稱臣，但對百姓卻如同豺狼那樣的狠毒。石敬瑭晚年特別愛猜忌讀書人，因為信不過文臣，只好專寵宦官，造成宦官嚴重亂政。由於民怨四起，使得原本歸附的吐谷渾部也改而投靠河東劉知遠。後來石敬瑭因為受到契丹的重重要脅和侮辱，在悔恨中死去。

政治家石崇是西晉青州人，由於生性殘暴奢侈，擔任荊州刺史期間，竟然官兵裝強盜，在境內搶奪過路的客商，用來累積自己的財產。石崇平時還常與貴戚王愷、羊琇等競爭奢華的程度。譬如王愷在家門四十里織掛紫絲，石崇就用彩緞掛五十里屏障；王愷得到皇帝賞賜二尺珊瑚樹，石崇突然砸毀它，再補送王愷三尺珊瑚樹；赴石崇宴由美女侍酒，客人如果不飲，石崇即殺美女，種種奢華至極的行為令人髮指。後來「八王之亂」爆發，囂張的石崇就被陷害而死了。

軍事家石達開是清代貴縣人，幼時已長如成人，還急公好義，常為鄉人排解糾紛。石達開跟著太平天國諸將起義。十九歲已能統治千軍、二十歲還得到封王。石達開一生轉戰大半中國，戰績彪炳，外號「石敢當」。由於行事作風以義為先，軍民封其為「義王」，是太平天國諸將中最得百姓支持的一位將領。

戴

古字小常識：从，是「從」的本字，即起初的寫法。

「戴」這個姓氏是怎麼來的？

「戴」這個姓氏最早是源自「子」姓。武王伐紂成功後，為了不使商朝的祭祀滅絕，於是封商紂庶兄微子啟在宋。宋國傳到宋戴公，他的後人有以王父謚號「戴」為氏的，這是「戴」這個姓氏的最大宗來源。至於外族改姓「戴」的，如滿族「巴遜」氏，清代中葉以後多冠漢姓「戴」、「卜」；滿族「岱齊特」氏在清代中葉以後多冠漢姓「戴」即是。

「戴」字及相關諸字的歷史風貌

	戈	𢦏	異	戴
甲骨文				
金文				
戰國文字				
小篆				

	灾	川	災	才
甲骨文				
金文				
戰國文字				
小篆			（籀文）	

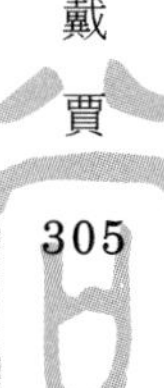

● 「戈」字描繪一把戈的形象。

● 「異」的字形像人伸手戴上帽子。

「戴」這個字究竟是什麼意思？

「戴」這個字，《說文解字》解釋道：「分物得增益曰戴。从異𢦏聲」，它是個从「異」「𢦏」聲的形聲字，本來是指加於其上、有所增加的意思。「戴」的義符「異」，它本身是指事字，字裡頭所从的「田」並不是「田地」的「田」，而是頭上所掛的面具或帽子這一類的飾物。「異」字就像是一個人高伸兩手將面具或帽、冠一類的衣物給戴到頭上——「異」其實就是「戴」的初文。

至於「戴」字的聲符「𢦏」，本身也是形聲字，从「戈」「才」聲，是「兵災」的專用字。因為指兵災，所以从「戈」。「戈」本身是象形字，全字是一把戈的具體描繪。

「戈」字主要表現出「戈」的「胡」、「援」、「柄」三部分。因為「戈」字形中表示戈之木柄的筆畫太長，於是中間加了飾點、飾筆，才成為今日「戈」字的寫法。

「戈」是長兵器的一種，既可以勾，又可以刺和砍。「一寸長一寸強」，在與敵人之間相隔一些防禦工事如盾、木柵、拒馬時，「戈」可以加以跨過並給予敵人有效的攻擊。但長兵器雖有以上優點，卻也因為長度問題造成迴旋不易，如果沒和裝備短兵器的兵士

● 「川」字描繪水勢蜿蜒的樣子。

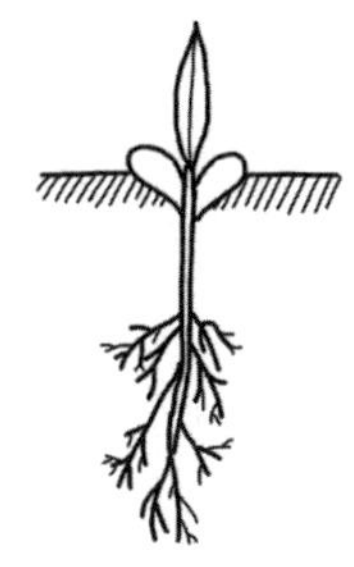

● 「才」描繪種子發芽生根的樣子。

配合，在近身戰鬥中反而會吃虧。

「𢦏」的聲符「才」，本身也是象形字，全字描繪剛發芽生根的植物種子。「才」字中間一大橫是地面，凸出地面的是芽，中間填實的是種子，下方深入地底的是根，「才」字指的是植物才開始生長的意思，也因為這層意思，引伸可指才剛開始的觀念。

既有表示兵災的專用字「𢦏」，當然也有表示水災和火災的專用字。表示水災的專用字从「川」省「才」聲。因為是水氾濫所造成的災禍，所以从「川」。「川」本身是象形字，全字畫出河川水勢蜿蜒的樣子。

至於表示火災的專用字則寫作「灾」，它是個會意字，从「火」（「火」之本義詳本書「黃」姓）在「宀」下燃燒。「宀」是象形字，表示有牆建築物的屋頂（「宀」之本義詳本書「宋」姓），凡是和建築物有關的字，如「家」、「室」、「宇」等都从此義符。「灾」全字表示建築物發生火災。而今日所用「災」字則是會意字，既从「川」又从「火」，表示一切天然和人為成因的災禍，字義涵蓋度既然要較前述各個專用字為高，使用上也就漸漸取代前面那些表示特定災難的專用字了。

由於「戴」除了加上、增益之外，之後幾乎專用它的「穿戴」義。所以今日不願與仇人共戴頂上天空，這種難以消去的、不想和仇人生活在同一個世界的仇恨，便叫「不共戴天之仇」呀！

本家歷史名人

本家後代中，最為有名的要數思想家戴德、戴聖兩叔姪。他們兩人是漢代梁人。戴家家族在當代十分顯赫，在禮經的研究上又有家族淵源。關於儒家在先秦的學習筆記，戴德和戴聖各有整理，戴德編成八十五篇《禮記》，世稱「大戴禮」；戴聖編成四十六篇，後人增益三篇成四十九篇，世稱「小戴禮」。今十三經所收《禮記》為「小戴禮」。傳世「大戴禮」則另外命名為《大戴禮記》。

藝術家戴逵是晉代銍縣人。在六朝佛教思想會融道家哲學襲捲中國之時，戴逵獨排眾議，直斥佛教因果報應說有不能理解的地方。除了衛道之外，戴逵也醉心雕刻藝術。他曾為會稽山靈寶寺刻有木無量佛及脅侍菩薩，又在瓦官寺塑成五世佛。他的五世佛作品水準和顧愷之的壁畫維摩詰、獅子國進貢的玉佛，在當時合稱「三絕」。

語言學家戴震是清代隆阜人，戴震的學問橫跨天文、數學、歷史、地理、機械、水力、生物，是全方位的學者。戴震也是清代著名大儒之一，可是奇怪的是戴震考了六次科舉都未能如意。由於名滿天下，乾隆朝時予以召聘，並賜同進士出身。戴震是音韻學家江永的學生，他在音韻方面創立了古音九類二十五部之說以及陰陽入對轉的理論。此外他也精通訓詁，晚年著有《孟子字義疏證》，是他會通儒家思想的結晶。

賈

古字小常識：从，是「從」的本字，即起初的寫法。

「賈」這個姓氏是怎麼來的？

「賈」這個姓氏最大宗的來源是「姬」姓。其一是周公分封唐叔虞於唐之後，周康王再封唐叔虞少子公明在賈地，後來賈國被晉國所滅，國人於是就以亡國名「賈」為氏；其二是春秋晉國封公族狐偃之子狐射姑在賈邑，晉襄公薨後，國內為了立誰為君有了激烈的對立，因此狐射姑逃亡到翟國，他的後人有的就以原封地名「賈」為氏。不過「賈」這個姓氏的最早來源則是「子」姓。殷商有古賈國，但可能在武王伐紂之前已經亡國或歸附周朝，古賈國的後人或有以故國名「賈」為氏的。另外商周二代朝廷都設有「賈正」一官，主要在管理市場經濟，他們的後人或有以先祖職官名「賈」為氏的。至於外族改姓「賈」的，像明代蒙古族「杭席古德」氏漢化之後改漢單姓「賈」；滿族、錫伯族等亦有改姓「賈」的。

「賈」字及相關諸字的歷史風貌

	賈	貝
甲骨文		
賈文		
戰國文字		
小篆		

「賈」這個字究竟是什麼意思？

「賈」這個字，《說文解字》解釋道：「賈市也。从貝襾聲。一曰坐賣售也」，它是個从「貝」「襾」的會意字，〔漢〕許慎認為「襾」還兼能標音；「賈」字表示買賣之意。

「賈」字所从的「襾」為「覆」之初文，表示作生意要反覆來回討價還價；「討價還價」是早期商業的習慣，落後一點的地區現在或許還有；但現代化的地區，因為做事講述效率，來回討價太浪費時間，所以現在商品都改標「不二價」了。

既然「賈」字表示商業行為，所以从「貝」這個義符。從甲骨文「貝」字可知，此字是雙殼貝類的象形描繪。到了金文的寫法裡，還特別為這個字加了表示貝

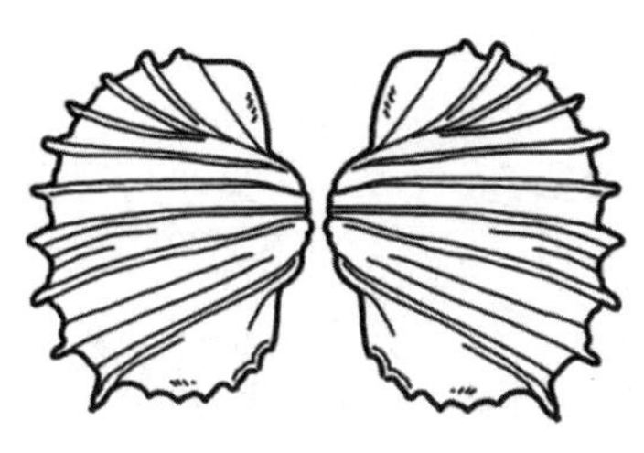

●「貝」是古代的貨幣，从「貝」的字多與交易買賣或金錢有關係。

足的筆劃。慢慢的就此變成後世「貝」字的寫法。「貝」是上古商業貿易中的貨幣。上古時期，一開始以物易物，但這是很不方便的交易做法，於是先人利用內陸較難獲得的海貝作為交易媒介。目前內陸所出土的上古貴族大墓中可以見到許多陪藏的海貝，即是那個時代用來陪葬的海貝貨幣。

由於海貝是目前所發現最早的貨幣，所以漢字之中只要與交易、金錢有關的字，如：「貨」、「賃」、「賤」、「貴」等字，幾乎都是从「貝」這個義符。後來雖然金屬（銅本位、金本位、銀本位）本位的貨幣如銅刀、銅布、銅圜、金鉼等漸漸取代海貝，但還是有貨幣在製造時模仿海貝的，像流行於先秦南方的銅貝就是。

本家歷史名人

本家後代中，最為有名的要數文學家賈誼。賈誼是漢初洛陽人。甫成年即有才名，因此得到河南郡守吳公的推薦，被文帝召為博士。由於擔心皇帝遭到小人蒙蔽，賈誼曾在朝上講了個「投鼠忌器」的故事：一般人打老鼠（小人）卻怕同時把貴重器物（皇帝）也給打破。可是文帝不聽，加上賈誼懷才遭忌，被貶出京師，擔任

● 「貝」字描繪雙殼貝的形象。

● 古代人以海貝作為交易媒介。

● 先秦時的銅貝。

長沙王的太傅，後再遷為梁懷王太傅。賈誼擔任梁懷王太傅，盡心盡力，不料梁懷王卻墜馬而死，為此賈誼自責很深，竟然才三十三歲壯年就因憂傷而死去。賈誼的文學作品價值很高，散文如〈過秦論〉、〈論積貯疏〉、〈陳政事疏〉直陳時事的利弊，論理精闢；辭賦以〈弔屈原賦〉、〈鵩鳥賦〉等以外物暗喻自己身世的作品最為聞名。

政治家賈逵為漢末襄陵人。是難得的既具治政又兼懂軍事的人才。賈逵歷仕曹操、曹丕、曹叡三世，是曹魏政權核心人物，為鞏固曹魏政權做出許多貢獻。譬如擔任豫州刺史時，賈逵費心建造一條二百餘里的運河「賈侯渠」，便利民生、刺激當地經濟，即是一例。石亭之戰中，賈逵還率軍救出曹休。因既有政績，又有戰功，所以賈逵死後諡號「肅侯」。

思想家賈公彥是唐代永年人，他是當朝的大學問家，對《三禮》研究特別深入。後來累官太常博士，計撰寫有《周禮義疏》五十卷、《儀禮義疏》四十卷等。賈公彥對《三禮》的注疏以鄭玄注本為根基，匯集諸家經說，擴大為《義疏》，是今人研究《三禮》必讀的注家作品。

文學家賈島是唐代范陽人。早年曾出家為僧。因為居住洛陽之時遭到和尚午後禁止外出這條律令所困擾，於是寫詩發抒牢騷，沒想到這篇詩作被韓愈偶然得到。韓愈欣賞賈島的才華，於是加以栽培，在文學方面二人則相為唱和。賈島和孟郊都是「苦吟」派詩人，這派詩人要寫成一首詩，需要花去極大的時間和力氣。傳說賈島在驢背上苦思「鳥宿池邊樹，僧推月下門」兩句，反覆斟酌第二句要用「推」還是「敲」字，還不慎驚了韓愈出門的儀仗。後來終於做成此詩，賈島感慨的說：「二句三年得，一吟雙淚流」。後世人們將斟酌字詞稱作「推敲」，典故即是出自這裡。

第十四篇。

韋夏邱

方侯

韋

古字小常識：从，是「從」的本字，即起初的寫法。

「韋」這個姓氏是怎麼來的？

「韋」這個姓氏最大宗來源是「彭」姓。彭姓為顓頊高陽氏大彭之後，大彭因為封在彭地，他的後人就以封地名「彭」為氏。夏朝少康中興時，封大彭氏旁出的孫輩在豕韋。豕韋國又簡稱韋國，傳到商朝時國君稱為韋伯。韋國傳到周襄王時失去封地，子孫遷到彭城後，就以亡國名「韋」為氏；這一脈通常稱作河南韋氏。「韋」這個姓氏的第二個來源是「韓」姓，是漢初韓信之後。漢初功臣韓信被呂后所殺，他的族人得到蕭何的幫助，逃到到南粵；為了避難，後人於是取「韓」字半右邊的「韋」為氏。至於少數民族改姓「韋」的，像漢代西北疏勒國、清代南方少數民族都有人改成漢姓「韋」。

「韋」字及相關諸字的歷史風貌

	甲骨文	金文	戰國文字	小篆
韋				
口				

「韋」這個字究竟是什麼意思？

「韋」這個字即是「衛」或「圍」的初文（「韋」之本義詳參本書「韓」姓）。後來假借為「皮韋」之「韋」。粗糙的衣服稱作「布衣」、沒有任何裝飾的皮帶稱作「韋帶」；「布衣韋帶」這種粗鄙的衣物原來是隱士或是未任官職的賢人所穿，後來也可以用來借指平民百姓或隱居的高人。

先秦未發明紙張之前，是以竹簡編連成冊，用來記載要事或是傳遞訊息。一般竹簡都是用繩子加以連結固定。但比較貴重或是常常翻檢的典冊則是用細韋（細皮繩）來編連。據《史記．孔子世家》記載，孔子晚年喜歡讀《易經》，由於讀得次數太過頻繁，竟然使得上面用來編連的韋帶斷了好幾次；形容好學不倦的成語

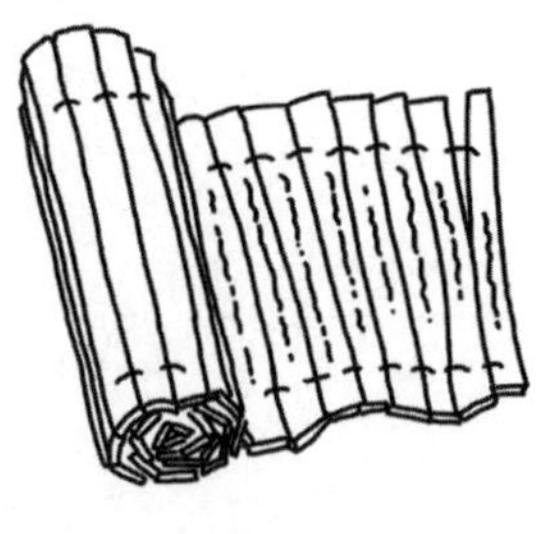

● 古代一般竹筒用繩子連結，貴重典冊則用細皮繩牢牢固定住。

「韋編三絕」典故即是出自這裡。

本家歷史名人

本家後代中，較早出名的是史學家韋昭。韋昭是三國時期吳國雲陽人。他是當時的著名學者。由於學問好，歷任丞相掾、西安令、尚書郎、太子中庶子、黃門侍郎、太史令等職位。孫亮在位時韋昭遷任太史令，主編《吳書》。後來韋昭主導設立五經博士、建立國學，這是建業（今日南京）設立國學的開始。日後陳壽編寫《三國志》，其中關於吳國的重要參考資料就是韋昭編的《吳書》。

文學家韋應物是唐代長安人。因為身為唐玄宗的近侍，得以出入宮闈。後來「安史之亂」發生，韋應物流離失所，於是潛心讀書。等到亂平，再任滁州、江州、蘇州刺史。韋應物是著名的山水田園詩派詩人，除了山水作品外，韋應物也創作邊塞主題的詩作。韋應物的詩作自然高雅，因而後人常將他與王維、孟浩然、柳宗元並稱。

藝術家韋偃是唐代長安人，但後來長期居住在成都，累官至少監。韋偃特別會畫鞍馬，因此於與名畫家曹霸、韓幹齊名。韋偃善於用點簇法畫馬，一開始畫紙上是筆跡跳躍，但不一會兒馬群成簇，很是神奇。韋偃著名的「放牧圖」，畫中人有一百四十餘位，馬有一千二百餘匹，最為有名；傳世作品則有「百馬圖」，現藏於北京故宮。

軍事家韋皋是唐代萬年人，曾任監察御史、知隴州行營留後事、隴州刺史、奉義軍節度使等職，他是唐代著名的大將軍。韋皋擔任四川安撫史前後共十一年，期間曾大破吐蕃四十八萬兵、取十六城、俘五王，逼得南詔獻地圖和上貢求降。除了軍功，韋皋政治方面亦很有建樹，得到當地百姓的愛戴。相傳百姓只要見到韋皋的畫像，沒有不膜拜的。因為這樣的功績，後來韋皋得到朝廷敕封「南康郡王」。

夏

古字小常識：从，是「從」的本字，即起初的寫法。

「夏」這個姓氏是怎麼來的？

「夏」這個姓氏最早的來源是「姒」姓，出自夏王朝大禹之後。夏王朝立國四百多年，總共傳了十三代，最後一代是夏帝桀，由於暴虐無道，終於被商湯所推翻。周朝初年分封諸侯，夏禹之後東樓公受封於杞，為杞侯。傳至杞簡公時被楚國所消滅。簡公之弟佗出奔到魯國，魯悼公封給夏地，人稱夏侯，他的後人或者以「夏侯」、或者以「夏」為氏。「夏」這個姓氏的另一個來源是「媯」姓，據說陳宣公庶子子西，字子夏，他的孫子徵舒便以王父之字「夏」為氏。

「夏」字及相關諸字的歷史風貌

	甲骨文	金文	戰國文字	小篆
夏				
頁				

「夏」這個字究竟是什麼意思？

「夏」這個字是個會意字，从「日」从「頁」。因為地球本身的自轉軸是傾斜的，當地球繞太陽公轉到了四到六月這個季節（北半球的夏季），是位處北半球的中原受到太陽光直射的時段，地表及吸收的太陽光多了、反射回宇宙的太陽光少了，平均溫度就高了。因為夏天給人太陽炙人的直觀感覺，所以「夏」字便从「日」這個義符。

至於「夏」字所从的「頁」，除甲骨文外，其他字體裡都特別描寫人的鼻子（「自」形）；在字裡頭它有特寫人的臉部的用意。所以「夏」字中的「頁」表示人被太陽（日）所照射得受不了，於是抬頭以臉面日加以觀望的樣子。後來「夏」字的義符「日」旁被省略掉，只剩下一個

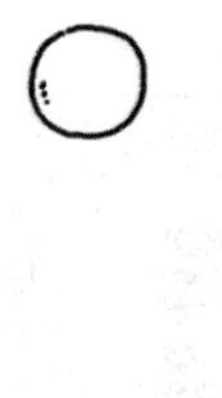

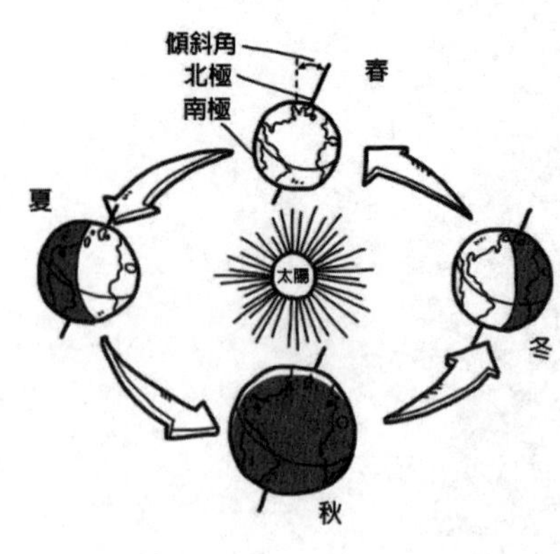

● 「夏」字所從的「頁」表示人抬頭望日。

● 「夏」字從「日」，表示夏季時受到陽光直射。

人抬頭望天的寫法。這也就是今日「夏」字的字形基礎。

在《莊子．秋水》一書裡，只能活一個夏天的蟲子被喻為認知受到侷限的人：「夏蟲不可以語於冰者，篤於時也。」後來「夏蟲」也就用來指稱目光短淺之人，《二刻拍案驚奇．卷三十七》：「郎如此眼光淺，真是夏蟲不可語冰，我教你看看」是其用例。

由於夏朝是中華民族第一個具有世襲制度的帝國，所以中國常以「華夏」自居。而炎帝子孫在封建時代，受封各地；天子管轄的諸侯國很多，這些諸侯國也便稱為「諸夏」，《左傳．僖公二十一年》：「以服事諸夏」、《論語．八佾》：「夷狄之有君，不如諸夏之亡也」是其用例。

本家歷史名人

本家後代中，較早出名的是軍事家夏承皓。夏承皓是後周宋初人，出生地不詳。因為曾上書提出平晉的方法，官升右禁衛。宋真宗時契丹來犯，夏承皓發兵對抗，不料夜裡與契丹兵在河朔遭遇，戰死陣中。

夏承皓的次子政治家夏竦，他出生長慶村。學習的過程中拜著名學者姚鉉為師。學成後因為父蔭而錄官為丹陽縣主簿，後來累官至國史編修官，屢遷各知州。夏竦在地方上任官時遭逢大饑，他用力勸說大戶人家出粟來救災，因此救活了貧人四十餘萬。除了愛護百姓，夏竦任內還大大打擊各地百姓迷信行為，降低迷信行為對傳統社會的衝擊。夏竦不止政治上有所建樹，他的學術表現也很不錯，學問能通經史、百家、陰陽、律曆、佛老之學。

文學家夏敬渠是清代江陰人，雖然肚子裡有學問，但考場卻屢屢失意。由於個性十分好交遊，所以夏敬渠認識的臣卿公子也不少。夏敬渠最有名的便是他的長篇小說作品《野叟曝言》。他以他自己生活為素材來塑造書中男主角文素臣：文素臣一樣科舉失意，但到處濟弱扶貧；後來入宮為皇帝及太子治病，得到重用；四出平亂，宣傳儒學，最後位極人臣，子孫四世同享榮貴。夏敬渠的小說集歷史、神怪、豔情、俠義小說為一身，被喻為「天下第一奇書」。

教育家兼文學家夏丏尊是清末民初上虞人，他曾進入私塾讀書，後來改學西學並留學日本。學成後歸國任教浙江省第一師範學校。該校是五四運動重要發源地之一。夏丏尊在學校還自告奮勇地兼任舍監，主要是希望能在舍監的工作中融入人格教育和愛的教育。在語文教學上，夏丏尊提倡白話文，與陳望道、劉大白、李次九積極支持五四新文化運動，這四人被稱為浙江省第一師範學校的「四大金剛」。後來抗日戰爭爆發，夏丏尊因病留在上海，因為誓不為日本人做事，被日人拘捕後沒多久便病逝，歸葬於他曾執教過的上虞春暉中學白馬湖畔。

邱

古字小常識：从，是「從」的本字，即起初的寫法。

「邱」這個姓氏是怎麼來的？

「邱」這個姓氏是從「丘」演變而來，其實兩姓同源。「丘」氏之所以分化出「邱」氏，這是由於清代雍正年間「丘」姓人家奉旨要避孔子之諱，所以才再加了個「邑」旁部首，變成「邱」姓。「丘」這個姓氏，最大宗的來源是「姜」姓。姜太公封在營丘，他的後人有的就以封地名的省略「丘」字為氏。不過「丘」這個姓氏最早的來源則是夏少康么兒曲烈。曲烈被封在鄫，鄫國又名曾國，存在一千多年，傳到春秋時期，由於改而投靠晉國、魯國，招致莒國的不滿，莒國旋即出兵滅曾。曾國國君長子巫逃離後便以亡國名「曾」為氏，「曾」氏之後再分出「丘」氏，所以人稱「曾丘同宗」。另外還有外族改姓「丘」的，像是漢烏桓國的「丘倫」及「丘力居」氏等由複姓改為漢單姓「丘」、魏「丘敦」氏由複姓改漢單姓「丘」等。

「邱」字及相關諸字的歷史風貌

	邱	丘
甲骨文		
金文		
戰國文字		
小篆		

「邱」這個字究竟是什麼意思？

「邱」這個字，《說文解字》解釋道：「地名，从邑丘聲」，它是個从「邑」「丘」聲的形聲字，原來指的是地名。从「邑」表示「邱」字是地理名稱；「丘」在「邱」字裡既是聲符，也兼能表意。

「丘」本身是象形字，全字寫實描繪小山之形。在甲骨文裡的寫法，還能明顯的看出字形是兩山峰並立的樣子。不過後來兩峰並立訛寫成二人相背之形，才成為戰國及小篆文字那樣的寫法。

講到「丘」，不由得會讓人想到中國歷史上最有名的教育家「至聖先師」孔子／孔丘。話說孔子之所以名「丘」，據說是因為其母久而不孕，於是跑去尼丘禱告。沒想到過沒多久就懷上了孔子。為了

● 「丘」是描繪小山形狀的象形字。

紀念這件事，所以孔子才名「丘」。由於孔子之上還有個同父異母的哥哥，於是孔子名「丘」，字「仲尼」；孔子的字裡用上「尼」也和尼丘有關哦！

由於古人墳塋喜歡堆土成丘，方便日後尋祭。所以「丘」除了表示小山丘外，也可以指墳頭，《墨子．節葬下》：「棺必重，葬埋必厚，衣衾必多，文繡必繁，丘隴必巨」、《文選．江淹．恨賦》：「邊風急兮城上寒，井逕滅兮丘隴殘」是其用例。相傳狐狸將死之時，頭會朝向它出生的土丘。「狐死首丘」就用來指稱懷念故土或歸葬故鄉的濃烈感情了。

本家歷史名人

本家後代中，較早出名的是文學家丘遲。丘遲是南朝梁吳興人，在南齊時以秀才身分升殿中郎，進入蕭衍幕僚之後擔任驃騎主簿。蕭衍後來代齊建立了梁朝，丘遲便升至永嘉太守，雖然丘遲的任官時間很短，但卻是梁朝五十五年之內唯二被載入明朝萬曆《溫州府志》的郡守，可見除了文學天分，他的執政績效也很不錯。當時臨川王蕭宏伐魏，陳伯之率軍抗梁，丘遲以〈與陳伯之書〉打動陳伯之率部歸降，此事膾炙人口。回朝後丘遲升中書侍郎、司空從事中郎。年四十四歲卒於任上。

宗教家丘處機是金朝棲霞人。在金朝末年，丘處機成為全真道掌門人。由於修為和道行很高，因此丘處機頗受金朝和蒙古帝國的敬重；他也因為曾經勸過成吉思汗減少殺戮而以善聞名。在道教歷史和信仰中，丘處機名列全真道「七真」之一，也被道教龍門派奉為祖師。八十歲時丘處機病逝於天長觀，元世祖為表尊重，追封他為「長春演道主教真人」。

丘逢甲是清末臺灣彰化人，在光緒十四年中舉人，光緒十五年登進士，隨後授工部主事。但丘逢甲無意在北京任官，於是返回臺灣，在臺灣臺中衡文書院擔任主講，後來又在臺灣的臺南和嘉義舉辦新式學堂，丘逢甲對啟迪臺灣民智、推廣教育很有貢獻。後來甲午戰爭爆發，丘逢甲督辦團練，臺灣割讓日本後又積極投入抗日、反清革命運動，被臺灣人視為民族英雄。今日臺灣臺中設有逢甲大學作為紀念。

方

古字小常識：从，是「從」的本字，即起初的寫法。

「方」這個姓氏是怎麼來的？

「方」這個姓氏最早是源自「姜」姓。神農氏後人榆罔生了兒子雷，雷因為佐助黃帝討伐蚩尤有功，被封在方山，號方雷氏，他的後人於是以地名「方」為氏。「方」這個姓氏另外一個來源是「姬」姓：其一是周宣王時，有大夫方叔，他的後人有以王父之名「方」為氏的；其二是宋代翁乾度。「翁」氏來自周昭王庶子，他的後代以王父封地「翁」為氏。翁乾度六個兒子皆中進士，人稱「六桂連芳」，翁老後來賜姓其中一子「方」。另外還有因官名氏的，譬如西周有官職「方相氏」，而秦也有官職「方伯」或「尚方氏」，他們的後人或許也有以王父官職名的省略「方」字為氏的。至於外族改姓「方」的，如清代中葉有滿族「方桂」氏改為漢單姓「方」等。

「方」字及相關諸字的歷史風貌

	方	枋
甲骨文		
金文		
戰國文字		
小篆		

「方」這個字究竟是什麼意思？

「方」這個字是個指事字，從甲骨文到小篆的寫法相去不遠，都是先畫一把「刀」，再於刀柄處加一橫筆標誌出它的位子——所以「方」其實就是「枋」的初文，本意指木質的刀柄。義由於刀柄與刀刃之界限在護手之處，所以「方」字在書寫時特別把這個地方給畫仔細。由於「方」字後來假借為「方向」之「方」，於是才又造一個从「木」的後起形聲字「枋」（「柄」之異體字），用來還原這個字的本來意思。

「方」字假借為「方向」之「方」後，由於中原以外各國處於各方，於是就有以「萬方」指稱諸國的用法，〔漢〕嚴遵《道德指歸論・卷三・出生入死篇》：「使民親附，諸事任己，百方仰朝」是其

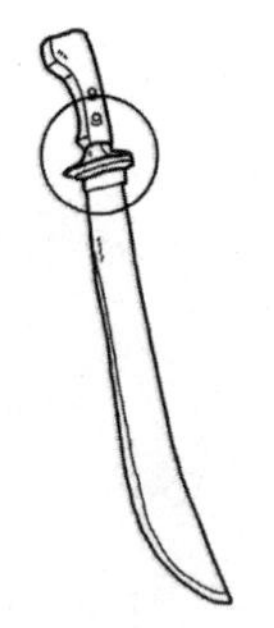

● 「方」的本義指木質的刀柄。

用例。「方向」的「方」原來指的是人要前去的方位，後來也從這層意思引伸出人要選擇的做法——「方法」；所以「百方」便可用來指各種方法，《朱子語類．卷七．小學》：「百方措置思索，反以害心」是其用例。

本家歷史名人

本家後代中，較早出名的是軍事家方臘。方臘是宋代歙縣人，因南宋苟且偷安，屈服外族，年年朝貢北方，消耗大量民脂民膏，百姓怨聲載道。方臘於是藉由傳播摩尼教，吸收生活困苦的農民來跟隨。很快的就形成龐大的勢力，在宣和二年時起義抗宋。因為對時政不滿的人很多，包括教徒在內的老百姓紛紛響應，一度還占領南宋南方六州五十二縣。後來王淵的裨將韓世忠潛行直搗方臘本營，生擒方臘，才平定了這場「方臘之亂」。

政治家方孝孺是明代寧海人，他酷愛讀書，可以一日讀書厚達一寸。因為學問好，人稱「小韓愈」。由於方孝孺涵養極佳，兼以主張聖明王道，雖然與明太祖朱元璋治國理念不合，太祖仍有意栽培他，聘請他擔任世子師。後來太祖之孫繼位惠帝，順勢重用方孝孺。不料朝廷的削藩政策引發諸王不快，燕王朱棣揮兵南下，假意要清君側。結果燕王入主南京，百官投降，史稱「靖難」。但方孝孺寧死不屈，慘遭誅連十族。在受腰斬死前，方孝孺還用自己的鮮血連寫十二個半「篡」字才斷氣，真是忠烈之臣呀！

科學家方以智是明末清初桐城人。他與冒襄、侯方域、陳貞慧，合稱「明季四公子」。方以智崇禎年間中進士，後來李自成叛軍進入燕京，方以智便逃往南方。由於南明朝廷遭到阮大鋮控制，方以智惟有自行在民間進行反清復明的工作。方以智在中國小學領域最大的影響在於他提出「以音求義」的重要觀念。不過方以智並不侷限於傳統學術，他同時也向西人學習科技。因此，方以智學貫中西的各種著作，對貫通中西物理學、動植物學等領域都很有貢獻。

武術家方世玉是清代肇慶人，他的母親曲翠花從小便和方世玉的外祖父苗顯習武，一直想要以武傳家。所以從方世玉滿月開始，便被苗翠花用鐵醋藥水洗身，想藉以鍛煉方世玉全身的筋絡骨節。方玉世三歲開始習武，十一歲已熟曉各種武藝，名列「少林十虎」之一（其他九虎為洪熙官、劉裕德、胡惠乾、童千斤、李錦綸、謝亞福、梁亞松、方孝玉。方美玉）。十四歲時，方世玉在擂台上打死武當派雷老虎。武當派糾眾到廣州尋仇，因此發生不少火併事件。武當派堂主李巴山身兼文淵閣大學士陳文耀侍衛使，便藉由這一層關係以官府名義打壓少林派。後來胡惠乾、三德和尚、方世玉、童千斤陸續被武當派擊斃。方世玉死時年僅廿八歲。

侯

古字小常識：从，是「從」的本字，即起初的寫法。

「侯」這個姓氏是怎麼來的？

「侯」這個姓氏最早是源自「姒」姓。夏后氏的後裔有一支被封於侯地，子孫於是以封地名「侯」為氏。「侯」這個姓氏另一個來源是「姬」姓。其一是周成王小弟唐叔虞，叔虞後人封於晉，傳到晉武公時，公族晉哀侯和他的弟弟被晉武公所殺，子孫於是遷居他國避禍，而以祖先的爵位「侯」為氏。其二是鄭國大夫侯宣多、侯羽，他們的後人有的便以王父之名「侯」為氏。至於外族改姓「侯」的，如北魏鮮卑「胡古口引」氏、「侯奴」氏、「渴侯」氏、「侯伏侯」氏等，在魏文帝的漢化政策下便都改成漢單姓「侯」了。

「侯」字及相關諸字的歷史風貌

● 「侯」字所從的「厂」，表示隨風飄動的布靶。

「侯」這個字究竟是什麼意思？

「侯」這個字，《說文解字》解釋道：「春饗所躲侯也。从人；从厂，象張布；矢在其下。」這個字是個从「厂」从「矢」的會意字，本來的意思是春天宴會間進行射箭活動的布靶。「侯」字所从的「厂」，它並不是「崖」的初文，而是一張隨風飄動的布靶。因為「侯」是射箭活動，所以从「矢」這個義符。

「矢」這個字，《說文解字》解釋道：「弓弩矢也。从入，象鏑栝羽之形。古者夷牟初作矢。凡矢之屬皆从矢。」矢又可以稱箭，一說矢為木製，箭為竹製。依照發射弓具的不同，矢又有不同的稱呼：以弓發射的叫弓矢，以弩發射的叫弩矢，以手射出的叫摔矢。

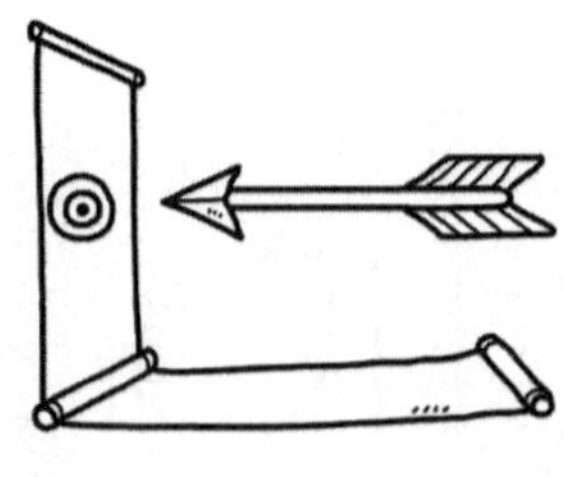

● 「矢」射向「厂」（布靶）就是「侯」字。

● 矢有倒勾，射入體內難以拔出。

矢由矢頭（鏑）、矢桿（栝）、矢羽（羽）三部分所構成。矢頭又叫鏃，多為金屬製成，其刃薄而多有倒勾，以便射入敵人體內卻不能拔出，藉以重創敵人。箭桿要求輕便，一般用竹或木等材料製成，嵌於矢頭後面。為了加強平衡、減輕風阻，箭桿都設計成為圓柱形。矢羽則多以巨鳥的翅毛製成，夾於箭桿最後面，用來平衡矢的飛行軌道。

我們看各時期「矢」字的寫法，其實變化不大；它是個象形字，全字寫實的描繪箭矢之形。不過要特別的注的是古書中「矢」字，除了有矢箭的意思，它常與「誓」字通假。所以古人說「矢志不移」，就等於說「誓志不移」——立下來的誓言或目標絕對不動搖。但是關於「矢」和「誓」二個字之間的關係，還有另外二種解釋：一個是說嘴巴發出的誓言就像箭矢射出去一樣，難以收回；一個是說古人立誓都要折斷箭矢，表示決心不移。

「侯」這個字从「矢」射向「厂」——把箭矢射向布靶，便是「侯」。為何後來「侯」字作為「諸侯」之「侯」來使用呢？按《禮記．射義》：「故天子之大射謂之射侯。射侯者，射為諸侯也。」這是因為古時天子都會藉由射侯這類需要「君子之爭」體育精神的活動，觀察哪一位臣子具有文治武功，於是再「裂土封侯」的原故哦！

本家歷史名人

本家後代中，較早出名的是軍事家侯君集。侯君集是唐初三水人，他是當代名將，一路跟隨秦王李世民南征北討，「玄武門之變」中他也曾出謀策劃。李世民後來即位為唐太宗，侯君集和李靖聯手平定吐谷渾，侯君集得封陳國公，名列「凌煙閣二十四功臣」之一。可惜侯君集後來因為太過貪心，在自己的占領地私聚錢財，遭人舉發，雖然功過相抵，僥倖不死，卻又因為怨妒李靖晉陞而心生不滿。由是鼓動太子兵變，終於導致事敗被誅。

政治家侯友彰是宋代衡山人。慶曆年間中進士，之後歷任臨武尉、桂林丞。侯友彰為官生性儉約，居官十年，身無長物。布衣蔬食，和未得功名的寒士生活無異。偶有同年駕綺麗大輿到府拜訪，用餐之間挑出侯友彰招待飯菜裡的粗菜米糲，侯友彰的兒子因此深感羞愧。但侯友彰舉「寇準」為例，以他位極人臣，卻家居簡約，強調與其留有遺產給子孫，不如廉潔留芳。侯友彰開導兒子的這件事也為當時人所盛讚。

文學家侯方域是明末清初商丘人，擅長古文與詩。他的古文作品由於效法韓愈和歐陽脩，成就特別優異。所以與當時文人方以智、冒襄、陳貞慧合稱「明季四公子」。侯方域曾與名妓李香君相愛，沒想到當時權貴田仰因迷戀李香君色藝，想要強娶李香君，李香君至死不從，血濺扇面。時人楊文驄借李香君之血跡繪成桃花於扇上以為紀念。此段男女情事後來被孔尚任取材，用以貫穿明末亡國歷史，寫成著名的傳奇小說《桃花扇》。

第十五篇

鄒熊孟 秦白

鄒

古字小常識：从，是「從」的本字，即起初的寫法。

「鄒」這個姓氏是怎麼來的？

「鄒」這個姓氏最早的來源是蚩尤。黃帝先輸後贏的打敗蚩尤之後，將蚩尤的部族遷到鄒屠，蚩尤的後人有的就以地名「鄒」為氏，有的則是以地名「屠」為氏，所以「鄒」、「屠」實為一家。「鄒」這個姓氏的另一個來源是顓頊之後。周武王時封顓頊的後人曹挾在邾國，邾國傳到戰國初年，改邾為鄒，後來被楚宣王所滅，國人有的便以亡國名「鄒」為氏。「鄒」這個姓氏的第三個來源是越王之後，勾踐的後人福建越王無諸、越東海王搖皆姓「騶」，「騶」字因為音近亦作「鄒」，他們的後人有的也以「鄒」為氏。「鄒」這個姓氏的第四個來源是「子」姓，微子啟封於宋，宋滑公的後人正考父，他的采邑在鄒，傳到叔梁紇的後人，就以封地名「鄒」為氏。

「鄒」字及相關諸字的歷史風貌

	甲骨文	金文	戰國文字	小篆
鄒				
芻				
又				

● 「芻」字表示用手拔草的意思。

「鄒」這個字究竟是什麼意思？

「鄒」這個字，《說文解字》解釋道：「魯縣，古邾國，帝顓頊之後所封。从邑芻聲」，它是個从「邑」「芻」聲的形聲字，即位在魯地的古邾國。从「邑」表示「鄒」是地名，而聲符「芻」，《說文解字》解釋道：「刈艸也」，「芻」从「又」从二「屮」，用白一點的話來講就是用手拔草的意思。拔草用的「手」，在漢字的結構裡一般都寫成「又」或「爪」。手原來的五根手指頭之所以寫到漢字裡減少而變成三根，純粹是為了方便書寫的原故啦！

後來「芻」字名詞化變成指人所持的草或持以餵食家畜的草料，所以用草紮成後拿來祭祀用的動物模型叫「芻狗」、給戰馬吃的叫「芻秣」、草食性動物把胃裡沒消化完全的草再吐回嘴巴嚼叫「反芻」；「芻」、「草」既然通用，草率書寫出來的意見大綱就叫「芻議」或「芻論」了。

本家歷史名人

本家後代中，以思想家鄒衍最為有名。鄒衍是戰國時期齊國人，他的學術成就主要在探究天人之間的互動；因為善於雄辯，當時號稱「談天衍」。鄒衍創立了五行終始說，以五行相生相剋的理論來說明政治輪替的現象。鄒衍另外一個著名的理論是「大小九州」，鄒衍認為號稱赤縣神州的中國國內有九州，但在赤縣神州之外還有相當的其他八州，亦和神州合而為大九州。雖然鄒衍的推論不盡正確，但在航海和地理學還不發達的時代，鄒衍對生存的空間有這樣的認識，在思想史上的確是十分進步的表現。

另一位戰國時期齊國思想家鄒奭，他繼承很多鄒衍的學說來進行講學。鄒奭口才亦佳，他在鄒衍的學說基礎上進行修飾和改良，並用華麗的語言加以推廣，所以人稱「雕龍奭」。鄒奭在稷下學宮講學時與當時的著名學者慎到和田騈齊名。

政治家鄒忌是戰國時期齊國人。田齊桓公時鄒忌擔任重臣，齊威王時則為相。鄒忌之所有以名，是因為常被收為中學教材的《戰國策．鄒忌諷齊王納諫》中，提到鄒忌之妻因為愛他而撒嬌說他帥、鄒忌之妾因為怕他而昧著良心說他美、訪客因為有求於他，「門庭若市」（典故來源）地一個個上門來巴結，大家都說鄒忌比城北徐公英俊。但是等到鄒忌實際看過徐公之後發現並不是這怎麼回事，於是從中領悟出自己太容易受到蒙蔽。身為一國重臣如此，更何況是一國之君呢？於是鄒忌以自己為例，建議宣王廣開言路，宣王從善如流，使得齊國大治。

熊

古字小常識：从，是「從」的本字，即起初的寫法。

「熊」這個姓氏是怎麼來的？

「熊」這個姓氏最早的源頭是「有熊」氏。傳說黃帝生在壽丘，長於姬水，居軒轅之丘，建都於有熊，所以黃帝部族又稱「有熊」氏，他的後人便有以氏族起源地「有熊」的簡稱「熊」字為氏。不過「熊」這個姓氏最大宗的來源則是「羋」姓，出自商朝末期南方首領鬻熊和他的後人。據說黃帝子昌意生顓頊，顓頊第四世孫陸終第六子名季連，得賜「羋」姓。季連生附沮，附沮生穴熊。穴熊後人傳到商朝末期鬻嚴，字熊，他的學問很好，還擔任過周文王姬昌的老師，他的曾孫熊繹開始便以王父之字「熊」為氏。至於外族改姓「熊」的，如戰國中期，苗族一部分改漢姓「熊」；氐羌後裔的普米族到明朝時叛亂，平定後朝廷為了加強他們的戶籍控制，也統一律定他們姓「熊」；另外滿族及南方少數民族中也有改漢單姓「熊」的。

「熊」字及相關諸字的歷史風貌

	熊	能	炎
甲骨文			
金文			
戰國文字			
小篆			

「熊」這個字究竟是什麼意思？

「熊」這個字，《說文解字》解釋道：「獸似豕。山居，冬蟄。从能，炎省聲。凡熊之屬皆从熊」，它是個形聲字，指的是像豬一樣爬在地上行走，到了冬天要冬眠的熊。它所从義符「能」，本身是個象形字，全字寫實描繪熊爬行的樣子。後來由於「能」這個字被假借去表示「可能」、「能力」之「能」，於是才又加「炎」省聲這個聲符，造出後起形聲字「熊」。

「熊」从「炎」省聲，「炎」疊加二個「火」（「火」字本義詳參本書「黃」姓）。漢字的書寫，只要一疊加某個義符，通常字義就會變成原來義符本義的加強版。所以「火」疊了二次寫成「炎」，就表示火很大的樣子；同理可證，「焱」

● 「炎」字有兩個「火」，表示火勢猛烈。

● 「能」字具體的描繪出熊的外形。

的火勢比「炎」更大。因為「熊」从「炎」省，所以隱含了一部分「(火)勢大」的這層字義，於是表示火光很盛，便直接想到連用「熊」字來構成形容詞，如《山海經・西山經》：「南望昆侖，其光熊熊，其氣魂魂」是其用例。後來除了表示火勢很大，連用「熊」字所構成的詞也引伸出可以形容氣勢很盛的形容詞，《史記・卷八十一・廉頗藺相如傳》索隱述贊：「清飆凜凜，壯氣熊熊，各竭誠義，遞為雌雄」是其用例。

本家歷史名人

本家後代中，最早出名的是政治家熊侶。熊侶為戰國楚王族，即位後為楚莊王。熊侶即位之初並不理政事，所以朝中大臣很是擔憂。後來淳于髡以大鳥為喻，認為大鳥久居王庭，既然無用，留牠何用？莊王知道淳于髡是在暗諷自己，於是回答：「此鳥不飛則矣，一飛沖天；不鳴則矣，一鳴驚人。」之後莊王便努力向中原學習，並南征北討，使楚國一躍而成為春秋五霸之一。莊王和淳于髡的對話也是成語「一鳴驚人」的典故由來。

軍事家熊廷弼是明代江夏人，萬曆年間中進士，累官至兵部右侍郎，又出任遼東經略。期間他召集流亡，壯大軍容；除加強訓練外，並嚴格要求軍事紀律。熊廷弼在職年餘，北方強胡不敢來犯。後來明熹宗即位，寵愛佞臣魏忠賢。熊廷弼因而遭到排擠去職。天啟年間遼陽、瀋陽失守，熊廷弼又重新獲得重用，再任經略，可卻與巡撫王化貞不和，招致兵敗，最後被魏忠賢所冤殺。

思想家熊十力是當代黃岡縣人，他是著名的新儒學推手。熊十力在清末時曾入鄉塾讀書，後來投入反清革命。民國建立之後熊十力陸續在南京中央大學、北京大學任教，鑽研佛學及儒學。在西學的強大衝擊之下，熊十力意圖重建儒學加以抗衡。他與他的三大弟子：牟宗三、唐君毅、徐復觀，在當代華人世界新儒家思潮中發揮強大的引領作用；師徒四人和張君勱、梁漱溟、馮友蘭、方東美合稱當代「新儒學八大家」。

孟

古字小常識：从，是「從」的本字，即起初的寫法。

「孟」這個姓氏是怎麼來的？

「孟」這個姓氏最早的來源是「子」姓。最晚到殷商，當時人對子女後代的尊卑排位已有嫡、庶觀念。按照商禮，「伯」指嫡支長子，即正妻所生之第一子；「孟」指庶支長子，指庶妻或妾妃所生之第一子。所以「孟」後來也引伸出「次之第一」的意涵，從此推斷，最晚到殷商，大家族庶出長子名「孟」的現象應該是很常見的，後世子孫以先祖名「孟」為氏的情況也就很頻繁。排除前面提到的姓氏來源，「孟」這個姓氏最大宗的來源應該是「姬」姓。其一源自春秋時期衛國第二十八代君王之子縶，縶字公孟，因病不能繼位，於是讓位給其叔，成為公子縶，他的孫子姬驅便以祖父之字「公孟」為氏，後人有簡略為「孟」氏者；其二源自春秋時期姬姓魯國的公族慶父，慶父是孟軻的先祖，但因為他在三年內連弒二君，使得國內大亂，所以「孟」氏不敢追溯族源到慶父，最遠只上尊孟軻為得姓始祖。至於外族改姓「孟」的，像清代蒙古族「墨爾奇特」氏後來改為漢單姓「孟」、「穆」、「秦」等。

「孟」字及相關諸字的歷史風貌

	孟	皿	監	盡	盥
甲骨文					
金文					
戰國文字					
小篆					

「孟」這個字究竟是什麼意思？

「孟」這個字，《說文解字》解釋道：「長也。从子皿聲」，它是個从「子」「皿」聲的形聲字。因為表示長幼之長，所以从「子」這個義符（「子」字本義詳本書「李」字），表示它和標誌子女的排行有關；从「皿」則是聲符，「皿」本身是個象形字，全字即是容器「皿」的真實描繪。

「皿」的發明歷史悠久，舊石器時代晚期的遺址已有出土。所以很多容器專用字如「盃」、「盆」、「盂」、「盤」、「簋」等字，都从「皿」為義符；而和容器有關的動詞如「監」（「鑑」之初文，以皿裝水，利用水的反光鑑人）、「盡」（手持刷具掃盡皿中髒污）、「盥」（雙手自皿捧水用以洗潔）等字，也都拿

● 舊石器時代晚期出土的皿。

●「皿」字描繪器皿的形狀。

「皿」來當做造字的重要元素。

本家歷史名人

本家後代，最為有名的要數思想家孟軻，孟軻他也是最多「孟」姓人家推崇的得姓始祖。孟軻是戰國時期鄒縣人，幼年喪父，家境清貧，但母親曉得讀書的重要性，「孟母三遷」，不斷給孟軻找尋好的學習環境；還「斷機教子」來勉勵孟軻要學習不倦，否則前功盡棄。後來孟軻到魯國遊學，受業子思門人，學成之後周遊各國。可是孟軻所主張的仁義之道並不符合各國當時富國強兵的迫切需求，他只好回國與徒弟等人進行創作，共寫成七篇，也就是大家耳熟能詳的四書之一——《孟子》。

孝子孟宗是三國陽辛縣人，他幼年喪父，與母親相依為命。母老病重，已經想要吃筍羹想很久了。但由於季節不符，孟宗沒辦法買到竹筍。因為沒法子滿足病母，孟宗十分自責，於是奔往竹林中，抱竹痛哭。由於孟宗孝感天地，地上於是裂出筍頭。孟宗取回煮成美味的筍羹，母親食完病就好了。這故事便是「孟宗淚竹」的由來。孟宗後來學成出仕，累官吳令、司空，卒於任上。

孟獲是三國時期南中一帶少數民族的首領，他曾經起兵反叛蜀漢，後來被諸葛亮七擒七縱並降服。《三國志》本傳中並未記載孟獲其人，他的相關事蹟僅在《漢晉春秋》和《襄陽記》等史籍中看得到。由於孟獲與諸葛亮鬥智過程很有可看性，所以小說《三國演義》中也對「七擒孟獲」的故事橋段做了生動的描述。

孟浩然是唐代襄陽人，他是當朝著名詩人，擅長創作自然題材的詩作。孟浩然屢試功名不成，四十歲那年遊京師，唐玄宗詠其詩至「不才明主棄」後說：「卿自不求仕，朕未嘗棄卿，奈何誣我？」孟浩然因為這首詩得罪皇帝，所以一直到死仍未得仕。孟浩然得仕不成，就隱居鹿門山，著詩二百餘首。由於詩作成就很高，當時人將他與同時期另一位著名山水田園詩人王維併稱「王孟」。

文學家孟郊是唐代武康人，他也是當朝著名詩人。孟郊一直參加科舉，好不容易四十六歲才中進士。春天放榜時，孟郊開心地出門賞花，寫下詩句「春風得意馬蹄急，一日看遍長安花」，這也成為成語「走馬看花」的典故來源。孟郊擅長書寫苦痛的人生，代表作為〈遊子吟〉。因為常寫清苦，別人叫他「詩囚」。孟郊又與賈島齊名，合稱「郊寒島瘦」。據說孟郊死時身無長物，後事和頓失依靠的家人，還得靠他的好友韓愈和鄭餘慶出面才料理妥當。

秦

古字小常識：从，是「從」的本字，即起初的寫法。

「秦」這個姓氏是怎麼來的？

「秦」這個姓氏最早是出自「嬴」姓。伯益後裔封地在秦國，秦國原本建國於雍，後來多次遷徙。傳到秦穆公時因為力行改革，國力強盛，橫掃附近十二國，建立起秦國霸業的基礎。可惜後來發生內亂，還被魏國攻取了河西一帶。傳到秦孝公時，起用商鞅進行變法，國力逐漸恢復，並遷都咸陽，成為戰國七雄之首。秦惠王時大敗魏國；秦昭襄王屢動干戈，使魏、韓、趙、楚等國元氣大傷；秦王政得到呂不韋、李斯等人輔佐，縱橫捭闔，最終滅掉六國，統一天下。然而秦朝只傳了兩代十二年，就因為施政苛暴，被起義軍推翻，秦朝王族子孫遂以亡國之名「秦」為氏。「秦」這個姓氏的第二個來源是「姬」姓。周公之子伯禽封於魯，其裔孫一支封於秦邑，後人於是以封地名「秦」為氏。至於外族改姓「秦」的，金代「抹撚」氏以及清代「穆顏」氏中有人改漢單姓「秦」氏的；晉代以後，中國與大秦國（羅馬帝國）屢有接觸，定居於中國的大秦人也有改成漢姓「秦」的。另外傳說帝舜有七位好友：秦不虛、東不訾、雄陶、方回、續牙、伯陽、靈甫。據說秦不虛的後人也有以王父名「秦」為姓的。

「秦」字的歷史風貌

	甲骨文	金文	戰國文字	小篆
秦				

「秦」這個字究竟是什麼意思？

「秦」這個字，《說文解字》解釋道：「伯益之後所封國。地宜禾。从禾，舂省。一曰秦，禾名。」漢代許慎的解釋原則上正確，只是有一點不太精準。

「秦」這個字是個會意字沒錯，所从的「禾」字就是稻禾上端下垂的樣子。（「禾」字本義詳本書「魏」姓）。不過「秦」字的上部並非許慎說的从「舂」省，而是从二「又」持「午」。「又」就是手（「又」字本義詳本書「鄒」姓），「午」就是「杵」的初文（「午」字本義詳本書「許」姓），二隻手拿著「杵」拼命往下擣，便可以將從禾打下來的穀殼給擣開，使得米與糠可以分離。因此，以手持杵擣米才是「秦」的本義。

● 擣米的「杵」本寫作「午」。

●「秦」字的本義是兩手持杵擣穀。

春秋時期，老早便以「秦」為名的秦國助晉文公回國即位，因此兩國聯姻一直十分頻繁。後人就把秦、晉兩國聯姻之交好情形用來形容親密的兩姓聯姻。《三國演義．第十六回》：「欲求令愛為兒婦，永結秦晉之好」、《三俠五義．第四回》：「他若將我孫兒治好，何不就與他結為秦晉之好呢？」為其用例。

秦國努力發展灌溉和農業，自從春秋時期秦穆公掌政以後，國力漸強，也澈底擺脫西戎的野蠻形象。到了戰國，更和楚國成為最有可能統一中國的諸侯國之一。夾在中間的韓、趙、魏等國，百般無奈之下只能選擇做騎牆派，時而巴結秦國，時而討好楚國。後來的人也就把這種立場反覆變化不定的行為稱作「朝秦暮楚」了。

本家歷史名人

本家後代中，最為有名的算是軍事家秦叔寶。秦叔寶是唐代名將，驍勇善戰，追隨唐高祖李淵及唐太宗李世民打遍天下，是唐代的開國功臣。因為立下許多汗馬功勞，功居「凌煙閣二十四功臣」之一。他和尉遲恭對李世民的忠貞和義勇，使得民間百姓敬奉他們作為傳統的門神組合之一。

文學家秦觀是宋代高郵人，為北宋的著名詞人，他與黃庭堅、晁補之、張耒一同拜在蘇軾門下，人稱「蘇門四學士」。秦觀的詞作輕婉秀麗，題材多是男女的戀情和哀感身世之作；秦觀也是婉約詞的代表作家。他的作品分別被收入《淮海集》、《淮海居士長短句》等流傳後世。

政治家秦檜是宋代江寧人，是南宋在強大外族威逼之下的投降派代表。據說秦檜原本是積極抗金的，但後來和徽、欽二宗同被擄北上之後，態度便有了一百八十度的大轉變，與金廷議和後，秦檜戲劇性的陪同高宗逃回南宋。除了因為佐助宋高宗而累官至宰相外，秦檜另一方面也不斷打壓國內的抗金聲音。由於岳飛和韓世忠向來為金國所顧忌，於是在秦檜的主導下，宋高宗解除了岳飛和韓世忠的兵權，並以「莫須有」（不必存在）的罪名殺害岳飛父子。因為這事是秦檜和妻子在東窗之下商量的結果。陰謀過程深怕為人所知，結果秦檜把自己搞得整日提心吊膽（成語「東窗事發」典故來源）。秦檜這般喪權辱國的行為也讓他變成漢奸的代名詞，民間還用麵糰做成秦檜的形象丟入油鍋炸，稱為「油炸檜」；後來演變成今日早餐常見的「炸油條」了。

思想家秦蕙田是清代金匱人，他是秦觀的廿六世孫，在乾隆年間中進士，之後歷任禮部侍郎、刑部尚書兼領工部、翰林院掌院學士等職。秦蕙田年輕時就愛研讀禮書，後來將心得匯成《五禮通考》。這本書內容詳贍，是研究中國古代禮制的重要參考資料。

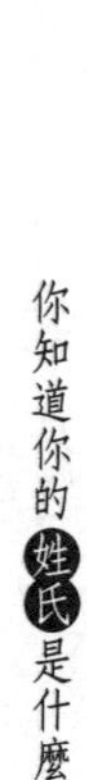

白

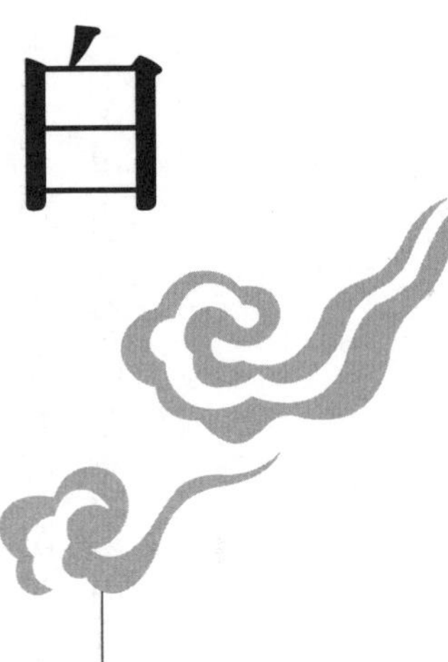

古字小常識：从，是「從」的本字，即起初的寫法。

「白」這個姓氏是怎麼來的？

「白」這個姓氏最早的來源是白阜。白阜是炎帝時期的大臣，他的後人有的便以王父名「白」為姓。「白」這個姓氏的另一個來源是「姬」姓。周太王裔孫仲雍有後人白里奚，其孫白乙丙在春秋時期擔任秦國的大夫，他的後人於是以「白」為氏。「白」這個姓氏的第三個來源是「芈」姓，楚國白公勝是楚平王太子建之子，他的後人也以有以「白」為氏的。

「白」字及相關諸字的歷史風貌

	白	伯
甲骨文		
金文		
戰國文字		
小篆		

「白」這個字究竟是什麼意思？

「白」這個字給人的第一印象是「顏色的一種」，這是因為大家都已習慣了它的假借用法。其實「白」字本身是個象形字，全字就是把大拇指給寫實描繪出來。拇指是習慣中所有手指排序的第一個，也是指頭中最大的一個，所以「白」字其實就是「伯」的初文，表示第一或大的意思。只是後來被假借作顏色的一種，本來的意義就不清楚了。

因為「白」被借為顏色的一種，表示什麼顏色都沒有——「空白」，所以完全沒著色的也可以叫「白」。譬如中國博弈中的麻將，其中有一張牌，中間僅有一個方形框，並無其他色彩或圖案，便稱作「白板」、「白皮」。既然「白」有「空白」的意思，後來「白」字也就引伸出

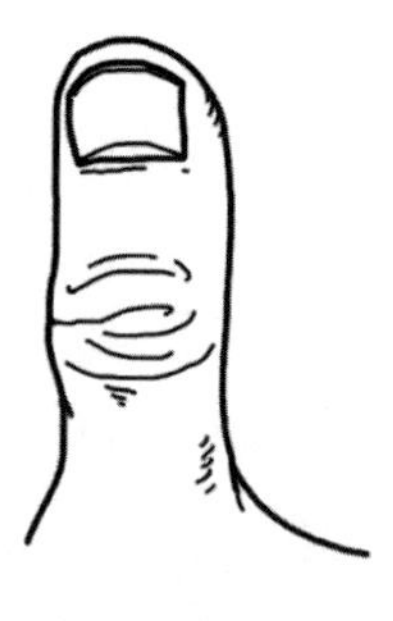

●「白」是象形字，描繪大拇指的形狀。

「什麼都沒得擁有」的意思，像是沒讀書、沒知識的人就叫「白丁」，沒有國璽在手的天子就叫「白板天子」。

在中國思想界，最出名的白色物體應該是「白馬」。「白馬」之所以有名不是因為牠的顏色，而是他被戰國名家公孫龍拿來為他的認識論進行論證。公孫龍說「白馬非馬」。一般人聽到會納悶：「為什麼白馬不是馬？」其實公孫龍想表達的意思是：「馬」是一種通稱的觀念，而「白馬」屬於「馬」裡面的一種，既是「馬」的一種，就不能用來代表「馬」的全體，所以「白馬非馬」（「白馬」的觀念不等於「馬」的觀念），所以大家可不要誤會公孫龍在胡言亂語呀！

本家歷史名人

本家後代中，最為著名的應該是戰國軍事家白起。白起是郿人，楚國白公勝的後代。他是戰國時期秦國著名將領，與秦將王翦、趙將李牧和廉頗合稱「戰國四大名將」。白起畢生為秦昭襄王四處征討，著名的勝戰有伊闕之戰、鄢郢之戰、華陽之戰、陘城之戰和長平之戰。長平之戰中白起滅掉趙國，但因坑殺趙卒四十萬太過殘忍，人們於是給了他一個諷刺性的外號——「人屠」。

文學家白居易是唐代新鄭人，他是著名的唐代詩人之一。白居易的詩歌主題很多元，文字使用也很通俗，幾乎人人都能懂，因此他的作品流傳很廣，地位也像今日流行歌王一樣。晚年白居易倡導新樂府運動，認為詩歌創作不能離開現實生活：「文章合為時而著，歌詩合為事而作」，他可以說是杜甫之後重要的社會寫實詩人。白居易重要且為人熟知的詩文作品有〈長恨歌〉、〈琵琶行〉和〈與元九書〉。

文學家白行簡是唐代詩人白居易的弟弟。白行簡不像他哥哥那樣善於寫詩，他在辭賦方面反而比較有天分。只可惜他的這類作品今日都看不到了。目前流傳於世的只有唐傳奇《李娃傳》，此書是唐代愛情俠義小說的代表。

文學家白樸是元代隩州人，他是元代著名的雜劇作家。白樸記性好，對音律非常有天分，所以對音樂性強的元雜劇特別拿手。白樸的代表雜劇作品有《牆頭馬上》、《梧桐雨》、《東牆記》。其中《梧桐雨》寫幽州節度使安祿山與楊貴妃私通；後來因為與楊貴妃兄楊國忠不和，才逼不得已造反。當唐玄宗倉皇逃避兵災至馬嵬驛時，大軍不前，只為逼唐玄宗同意誅殺楊國忠兄妹，玄宗不得不從。返回長安之後，玄宗夢見貴妃，後為梧桐雨聲驚醒，追憶往事，不勝惆悵。此劇從歷史寫到夢境，由國仇寫到私情，獲得歷代文人很高的評價。

第十六篇

江閭薛尹段

江

古字小常識：从，是「從」的本字，即起初的寫法。

「江」這個姓氏是怎麼來的？

「江」這個姓氏最早的來源是「嬴」姓。顓頊之後的伯益，由於佐助大禹治水有功，於是他的後人有一支在商末周初就被封在江國（江國也可寫成邛國、鴻國）。由於江國處在楚、宋、齊三國之間，同時受到三國的欺壓，加上臨近的淮水也時常氾濫，使得江國國力一直無法興盛起來，最後終於被楚國所消滅。國滅之後，後人於是以亡國名「江」為氏。「江」這個姓氏另外一個來源則是「姬」姓的翁乾度。「翁」氏來自周昭王庶子，他的後代以王父封地「翁」為氏。宋初翁乾度的六個兒子都中進士，日後也都顯貴，後人稱譽「六桂連芳」，翁乾度於是分別賜姓六個兒子為「洪」、「江」、「翁」、「方」、「龔」、「汪」等氏。

「江」字及相關諸字的歷史風貌

	江	工
甲骨文		
金文		
戰國文字		
小篆		

「江」這個字究竟是什麼意思？

「江」這個字，《說文解字》解釋道：「水。出蜀湔氐徼外崏山，入海。从水工聲。」「江」是個从「水」「工」聲的形聲字，指的就是「長江」。从「水」這個義符表示它指的是一種水文或與水有關的地理特徵。在古籍當中，「江」字原為「長江」的專指。後來字義引伸擴大，可以泛指一切水流量大、水面寬闊的河流。至於「江」的聲符「工」，它是個象形字，本意指某種工具（「工」之本義詳參本書「任」姓）。

本家歷史名人

本家後代中，較早出名的是政治家江充。江充是漢代邯鄲人，本名江齊，因為自己的妹妹嫁給趙國太子劉丹，江齊就成為趙敬肅王的上賓。因為江齊不意間發現劉丹穢亂後宮的秘事，為此遭到追殺。逃入長安後他改名江充，得到漢武帝的重用，還代表漢朝出使匈奴。直到累官水衡都尉，講話算是有分量了，江充才上書舉發劉丹的亂事。

武帝晚年患病，江充指使巫人欺騙武帝，指出皇宮中有人使蠱，並誣賴給太子劉據，逼得太子發兵討伐江充。江充下屬趁機再向武帝搧風點火，誣指太子造反，導致長安城內禁軍與太子軍自相殘殺，死傷萬餘人。亂平之後武帝得知這一切都是江充的陰謀，除了誅殺江充三族之外，還在太子自盡處建思子宮表示對太子的懷念。

文學家江淹是南朝考城人。雖然孤貧但好學習，六歲已經會寫詩，二十歲在新安王劉子鸞幕下任職。歷仕南朝宋、齊、梁三代。不過江淹仕途之初並不得志。轉入建平王劉景素幕下時，遇到劉景素密謀叛亂，江淹曾多次諫勸不成還遭到貶官。直到齊高帝蕭道成執政，聽聞江淹的才華，才把江淹召回，並大加重用。江淹的文學作品以賦體最有為名，代表作為〈恨賦〉、〈別賦〉。據說江淹一日夢到郭璞

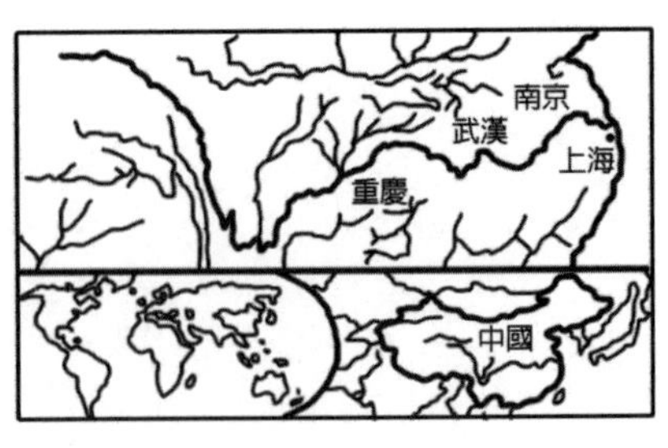

● 「江」字本專指「長江」。

向他索筆，他在懷中探得五色筆歸還。沒想到醒來之後所寫詩文再無佳句。這就是成語「江郎才盡」的典故來源。

思想家江永是清代江灣村人。江永從小讀書就過目不忘，對經書、小學、典章、制度、地理、鐘律各領域都很專精，而以經史考據最為擅長。江永對中國經學史最大的貢獻是寫了《周易疑義舉要》一書；其中《考工記》二卷有很多創見。江永又精於音理，所撰《古韻標準》定古韻為十三部，對古韻研究者而言有一錘定音的重大影響；他的《音學辨微》、《四聲切韻表》闡明等韻學及韻書中分韻的原理，是研究中國聲韻學的人必讀之書。

閻

古字小常識：从，是「從」的本字，即起初的寫法。

「閻」這個姓氏是怎麼來的？

「閻」這個姓氏最大宗的來源是「姬」姓。其一是為黃帝裔孫后稷，它是周朝始祖。傳到十二世的古公亶父，他兒子太（泰）伯的曾孫仲于奕被封在閻鄉，他的後人於是以封地名「閻」為氏。其二是周康王之後，唐王的么孫手心上有像「閻」字的紋路，因為這層原故所以唐王么孫被封在閻城，後人也有以封地名「閻」為氏的。其三是唐叔虞之後，傳到晉成公，他的兒子懿被封在閻，閻後來被晉國所滅，於是子孫以先祖封地名「閻」為氏。「閻」這個姓氏第二個來源是「羋」姓。楚國公族閻敖是楚王族伯璵後人，伯璵封於閻，於是閻敖之後便以封地名「閻」為氏。至於外族改姓的，如元末明初蒙古族岳諾特氏，漢化後多冠「閻」、「門」、「伊」等氏。

「閭」字及相關諸字的歷史風貌

	閭	門	戶	(陷)	臼
甲骨文					
金文					
戰國文字					
小篆					

「閭」這個字究竟是什麼意思？

「閭」這個字，《說文解字》解釋道：「里中門也。从門呂聲」，「閭」是個从「門」「呂」聲的形聲字，它原來的意思就是社區共同出入的大門。這個字从「門」，表示是里民共同進出的出入口。「門」本身是象形字，全字畫出二扇「戶」，表示兩扇門扉相對的樣子。社區出入口因為車馬人都要進出，必須要大一點，所以有二扇戶。而「戶」字的本義就是「單扇門」。「閭」字（里門）和「閻」字（里巷之門）經常連用，可以廣泛地指稱「鄉里」，《史記・卷六十九・蘇秦傳》：「太史公曰：『夫蘇秦起閭閻，連六國從親，此其智有過人者』」是其用例。不過其實大部分人家只需要一小扇門即可進出，所以「戶」後來便引伸而

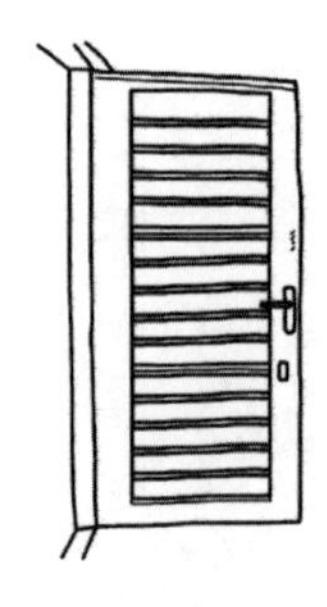

●「戶」的本義是單扇門。

●「門」字描繪兩扇門扉相對的樣子。

有「住戶」之意。

至於「閻」字的聲符「臽」，从「人」陷落「臼」中，是個會意字。「臼」是象形字，一般被理解為舂米的地臼。不過它原本的意思是挖在地上的陷阱，它是「陷」的初文。用來擣穀物的「地臼」則是它引伸出來的意思。

由於陷阱的洞裡或許會插上削尖了的樹枝竹片，讓陷落的獵物失去行動能力，所以在「臼」字裡還有幾筆斜筆用來象徵這些尖銳物的筆畫。這個陷阱或是用來捕獸，或是用來防禦敵人，所以在甲骨文裡「臽」才會有二種寫法：一個从「鹿」，一個从「人」。

本家歷史名人

本家後代中，較早出名的有藝術家閻立德、閻立本兩兄弟。閻家兩兄弟是隋末唐初萬年人。兄弟二人跟著他們的父親閻毗學習繪畫，三個人都因為畫作水準高而享有名聲。其中成就最高的是閻立本。閻立本除了繼承家學外，還另外師法張僧繇、鄭法士。閻立本最拿手的是人物畫；除了畫畫，閻立本的書法也很了得。傳世的作品有「歷代帝王」、「步輦」、「職貢」等。

● 「臼」常被認為是指擣米的地臼。

● 「臼」其實是陷阱的初期寫法。

考據學家閻若璩是清代太原人。閻若璩原本表現駑鈍，十五歲時突然開竅，讀書變得過目不忘。閻若璩擅長考據之學，各種典故都瞭然於心。他潛心研究《古文尚書》三十餘年，寫成《尚書古文疏證》八卷，書中旁徵博引，確定《古文尚書》為東晉梅賾所偽造。學界認為「偽古文《尚書》」的定案應歸功於閻若璩。後來汪中還將閻若璩列為「國朝六儒」（其他五人為顧炎武、胡渭、梅文鼎、惠棟、戴震）之一。

軍事家閻錫山是清末民初五臺人，曾在清末中過舉人，但他接受的是新式教育，因此響應反清革命，後來出任山西都督。由於晉商富甲天下，有這樣的經濟基礎，閻錫山積極發展山西經濟，並有顯著的成效。對日抗戰爆發後，蔣介石為了消除國內的矛盾，起用和自己有嫌隙的閻錫山來指揮太原會戰等各大小戰鬥；閻錫山在這些戰鬥中都有長足的斬獲。國共內戰爆發，閻錫山輾轉逃到廣州、臺灣，歷任行政院長兼國防部長、總統府資政，後來病逝於臺北。

薛

古字小常識：从，是「從」的本字，即起初的寫法。

「薛」這個姓氏是怎麼來的？

「薛」這個姓氏的最早源頭是「任」姓。據說黃帝二十五子之一有「任」姓，他的後代世居薛地，傳到仲虺，擔任商湯左相，世代襲封侯伯，經歷三朝六十四世，直到周朝末年才被楚國所滅，子孫便以氏族的發源地「薛」為氏。「薛」這個姓氏的另外一個來源是「嬀」姓，出自虞舜後人齊國國相田嬰。田嬰封在薛，他的後人孟嘗君亦任相國。秦滅六國後，田氏後人有以先祖封地「薛」為氏的。其他還有外族改姓「薛」的，像後魏西方諸部「叱干」氏漢化後就改漢單姓「薛」了。

「薛」字的歷史風貌

薛	
甲骨文	
金文	
戰國文字	
小篆	

「薛」這個字究竟是什麼意思？

「薛」這個字，《說文解字》解釋道：「艸也。从艸辥聲」，這個字是個从「艸」「辥」聲的形聲字，指某種蒿類植物。因為它是植物名，所以从「艸」這個義符；「辥」則是它的聲符。

「辥」這個字，《說文解字》解釋道：「辠也。从辛𡴎聲」，字意為砍頭的死刑。所以甲骨文的寫法就是以刀具將人頭砍下的樣子。砍頭屬於古代五刑中的「大辟」。五刑除了「大辟」，還有。「墨」，又稱「黥」，就是在受刑者臉上或額頭刺青。此舉主要是讓受刑人永遠遭受別人異樣的眼光，製造受刑人到死之前的漫長心理折磨。「劓」，指割去受刑者的鼻子。此舉也是在讓受刑人永遠遭受別人異樣的眼光，製造受刑人長達一生的心

● 五刑之一的「大辟」是指砍頭。

理折磨。「刖」，夏稱「臏」，周稱「刖」，秦稱斬「趾」，指斬掉受罰者左腳、右腳或雙腳的刑罰；一說是削掉膝蓋骨。此舉在製造受刑人生活之不便，承受肢體殘障的痛苦。「宮」，又稱「淫刑」、「腐刑」、「蠶室刑」，主要做法在破壞受刑人的生殖器官。此舉在大大打擊受刑人的自尊心，讓他生不如死。

粗淺的說，「大辟」就是砍頭，即去除受刑人生命的死刑。細緻一點的說，「大辟」還能分為「戮」（亂刀戮死）、「烹」（水煮死）、「車裂」（頭連四肢車拉裂死）、「梟首」（斬首後頭立於杆上示眾）、「棄市」（在市場公開處死，且不准收屍）、「絞」（吊死）、「凌遲」（以刀片肉使受刑人劇痛而死）等。藉由公開地傷害受刑人的身體至死，造成受刑人極大的痛苦，以收警世的效果。有時候犯人砍的不是頭，受戮的位子可能是臀部，所以「辟」這個字，後來也有累加表示臀部「𠂤」義符的寫法。

至於「辟」字所从的「辛」是象形字，表示某種刀具或鑿具（「辛」之本義詳參本書「鍾」姓）。由於前述那種用來行刑的屠刀與「辛」這種金屬工具造型相近，後來二者就類化，同樣寫成「辛」了。

本家歷史名人

本家後代中，較早出名的是文學家薛道衡。薛道衡是隋代汾陰人，曾仕北齊、北周。隋朝建立，他出任內史侍郎等，後來被隋煬帝所殺。薛道衡早年喪父，但刻苦好學，很有文名。仕北齊時薛道衡接待南朝陳派來的使者傅縡，兩人詩韻相和，一時傳為佳話。薛道衡的詩雖然沒有擺脫南北朝的綺麗文風，但已透露出一種清新的氣息，因此和當時文人盧思道齊名。

軍事家薛仁貴是唐初龍門人，他是唐太宗及唐高宗穩定天下所特別倚重之武將。薛仁貴原本耕田為生，後來投效軍旅。先隨太宗御駕討伐高句麗，以方天畫戟及腰間一雙弓立功無數，一戰成名。後來改守玄武門，遇到山洪爆發，眾人皆逃，只有薛仁貴盡忠職守，大聲示警，使得高宗得以逃出寢宮。之後幾次出征高句麗皆告捷，還在平壤短暫統治過當地。可惜戰吐谷渾時兵敗，後來又因事被貶。為了防禦突厥，薛仁貴曾重新得到起用，年七十而逝。

史學家薛居正是宋代浚儀人，五代後唐中了進士，至後周時已累官兵部侍郎。宋朝建立，薛居正的官位升至司空，還以司空的身分監修國史。宋開寶年間薛居正與盧多遜、扈蒙等合修《舊五代史》，書成，列為官方承認的正史之一。早年薛居正擔任朗州知事時，當地爆發汪端作亂，監軍使懷疑城中僧人是賊人黨羽，打算一舉誅殺，所幸被薛居正所阻止。後來都監尹重睿平定亂事，還了州內一千多名僧人的清白，薛居正等於救了這一千多條姓命。薛居正是一代名臣，但他的死亡令人匪夷所思。據說某日他服用藥丹卻不幸中毒，在殿中奏完國事之後，急忙走出，一口氣灌掉一升多的水；經人攙扶回中書辦公時已經講不出話，嘴巴一張還冒出煙焰，最後在乘車回家的路上一命嗚呼。

尹

古字小常識：从，是「從」的本字，即起初的寫法。

「尹」這個姓氏是怎麼來的？

「尹」這個姓氏最早的來源是少昊之子般。少昊是遠古羲和部落的後代。般曾經擔任過弓正，負責製造弓矢，因有功而被封在尹城，世稱「尹般」。到了周朝，他的後人仍被封在尹城。直到周平王東遷，尹城後人也跟著遷都到洛陽王畿之內。沒想到晉國卿士趙鞅大會諸侯來勤王，卻佔領了王城，還順手滅掉尹城，於是尹般後人便以亡國名「尹」為氏。「尹」這個姓氏第二個來源是西周太師兮甲。兮甲字伯吉甫，世稱「尹吉甫」，他是周宣王執政時期的大臣。兮甲討伐侵擾周王朝的少數民族，立下赫赫戰功，深受周宣王賞識，於是宣王便把鉅邑賜給他作為封地，並封其官名為「尹」，他的後人於是有以先祖職官名「尹」為氏的。「尹」這個姓氏的第三個來源是「芈」姓。芈姓為「荊楚十八姓」之祖，其中有部份後來分出「尹」氏。至於外族改姓的，如清代蒙古族「博爾濟吉特」氏、「葉古祿特」氏、「音齋」氏漢化後，有人改漢單姓「尹」；滿族、錫伯族「章佳」氏也有漢化後改漢單姓「尹」的。

「尹」字及相關諸字的歷史風貌

	尹	君	伊
甲骨文			
金文			
戰國文字			
小篆			

「尹」這個字究竟是什麼意思？

「尹」這個字，《說文解字》解釋道：「治也。从又、丿，握事者也」，它是個从「又」「丿」的指事字，原意是掌握權力的統治者。从「又」執「丿」，表示手上拿著權杖或是象徵權力的武器。

不過「權杖」一開始並不是權力的代表，而是統治者對奴隸或百姓施加處罰的鞭條之類工具。因為施加處罰可以得到百姓及奴隸的聽命，慢慢地拿這個鞭具的動作就和「擁有權力」產生聯想。所以就使得這個原本生活上的實用工具（大概類似「夏楚二物」）變成象徵性的「權杖」了。

由於「尹」字為手拿權杖之形，所以「尹」就有「主管」、「掌權者」這一層意義。而掌權者能以口語發號司令來控制

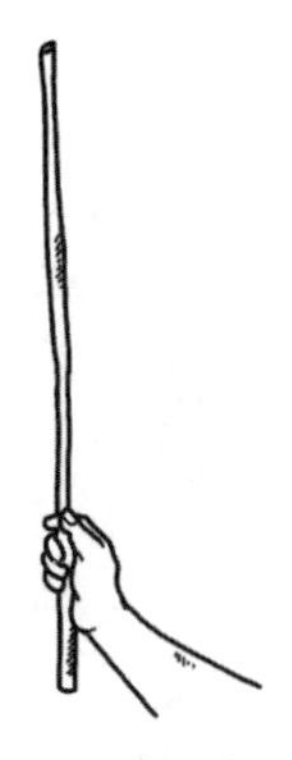

● 「權杖」一開始是鞭條形式。

● 「尹」字表示手上拿著象徵權利的武器。

臣民，所以再加個義符「口」，表示「命令」發出的嘴巴，就造成了表示統治者的「君」字。殷商賢人阿衡，因為幫君王將天下治理的很好，所以將「尹」字另外再加「人」旁，就造出了阿衡的專名——「伊」字。

本家歷史名人

本家後代中，最早出名的是尹氏始祖尹吉甫。尹吉甫就是兮伯吉父，周代房陵人。「尹」是他的官名，後來變成他後人的氏。尹吉甫是周宣王的大臣，官至內史，據說《詩經》內容的採集，尹吉甫功不可沒。尹吉甫輔助過三代帝王，還幫周朝成功對抗外族的侵犯。可惜周幽王聽信讒言，誤殺了他。

教育家尹珍是漢代牂牁郡毋斂人，屬於少數民族。尹珍向北方學習漢文化，並將漢文化傳播到南方去。關於尹珍的事跡，《華陽國志》、《後漢書》等史書都有記載。由於尹珍向南方傳入北方的漢文化，並在南方開辦教育，對開化當地民智很有貢獻，所以數千年來受到當地人的敬仰。今日川、滇、黔等地除了保留他辦校的遺跡外，當地祭祀尹珍的廟宇也是香火鼎盛。

政治家尹繼善屬清代滿州屬鑲黃旗人，尹繼善是東閣大學士兼兵部尚書尹泰的兒子，出身官宦世家。雍正年間尹繼善中進士，歷任編修、雲南、川陝、兩江總督，後來出任文華殿大學士兼翰林院掌院學士。兩江是鹽務之鄉，是清代大量稅收的重要來源，尹繼善能派任此地，可見朝廷對他的倚重程度。尹繼善到任江南後，處事公正，不隨便殺人，所以百姓每聞他來到便爭相報賀。後來乾隆曾誇讚他說：「我朝百餘年來，滿洲科目中惟鄂爾泰與尹繼善為真知學者。」

段

古字小常識：从，是「從」的本字，即起初的寫法。

「段」這個姓氏是怎麼來的？

「段」這個姓氏最早是出自「姬」姓。春秋時期姬姓國鄭武公的妻子武姜生長子莊公時難產，但生二子叔段時卻很順利，因此她心裡便偏愛叔段而討厭莊公。鄭武公病重時，武姜還過分的請求廢長立幼，但鄭武公並未答應。後來莊公即位，武姜又連番為叔段提出很多不合理的請求，最後竟然還幫叔段謀反。莊公獲悉後派兵討伐，段叔大敗，逃到共地躲藏，（史稱「共叔段」），隨即被滅。他的後人四處流居，有的便以父王名「段」為氏，有的以父王封地「共」為氏。「段」這個姓氏的第二個來源是老子之後，老子的兒子宗在春秋時擔任魏國將領，受封於段干，其後人於是以封地名簡省後的「段」字為氏。至於外族改姓「段」的，像西晉鮮卑部落首領檀石槐，他的後人有段務目塵、段匹石單等，族人們在十六國時期與漢人雜居，遂被漢化而改為漢單姓「段」；又後晉時期，白蠻人段世平在南方建立大理王朝，「段」姓就成為南方的大姓。

「段」字及相關諸字的歷史風貌

	段	殳
甲骨文		
金文		
戰國文字		
小篆		

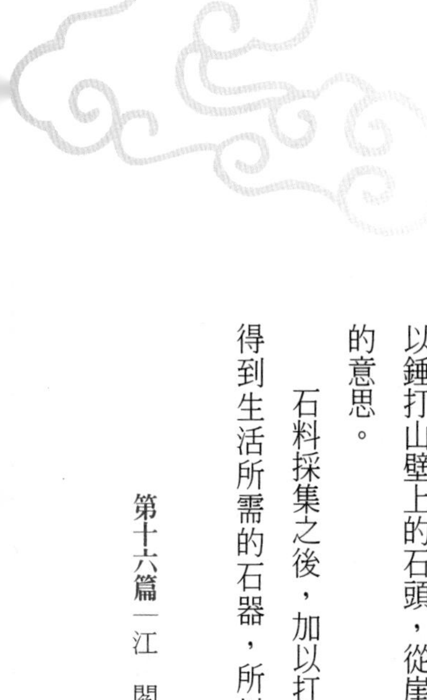

「段」這個字究竟是什麼意思？

「段」這個字，《說文解字》解釋道：「椎物也。从殳，耑省聲。」這個字是個从「殳」的會意字，表示椎擊這個動作。「段」字所从的義符「殳」，《說文解字》解釋道：「以杸殊人也。」它原本是種頭重身體輕的武器。後來引伸可以用來泛指前端粗重、可用來捶擊的工具。所以「段」字以它作為義符。

至於「段」字的左邊，所從其實不是漢代許慎所講的「耑」省聲，它是山石或山崖的象形描繪。所以「段」字其實表示拿著類似「殳」這種頭大身細的工具來加以錘打山壁上的石頭，從崖壁上開採石料的意思。

石料採集之後，加以打磨之後就可以得到生活所需的石器，所以「段」也是

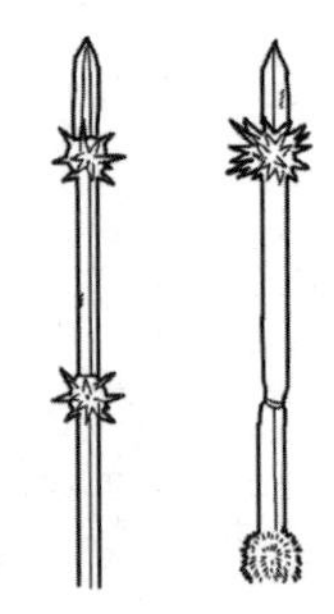

● 「段」也是「碫」的初期寫法，表示磨刀石。

● 「段」字表示持工具開採石料

● 「殳」是一種頭重身輕的武器。

「碫」（磨石、磨刀石）或「鍛」的初文。

舊石器時代，是把一塊石頭加以敲擊或碰撞，使之形成刃，這是最原始的石器；新石器時代和舊石器時代最大不同處，在於後者採用研磨的方式，製作出更多樣的石器。因為農業等生產發展的需要，採集礦物製成石器的技術已有很大的進步。對石料的選擇、切割、磨製、鑽孔、雕刻等程序已有一定的要求。由於「段」字指出古人採集石材製成石器的過程，反映的是石器時代的生活形態，所以這個字的來源應該十分久遠才是。

「段」字有將岩壁敲打下碎片的動作意涵，所以後來「段」字也變成指稱片段的單位量詞，譬如「一『段』路」、「一『段』時間」等。而「段」既然隱含「碎片」的意思，所以想要嚴懲對方，就會想要將他「碎屍萬段」囉！

本家歷史名人

本家後代中，最早出名的是政治家段思平。段思平是五代南方少數民族，出身白蠻大姓，祖上世為南詔貴族。不過傳到段思平時已經家道中落。所以段思平幼年時期累積不少磨練和低層社會的經

● 舊石器時代的人類打磨石器。

歷。後來因為本身的能力加上領兵天分，段思平累官至通海節度使，政聲蜚然，很得百姓的支持。為了改善大義寧國對當地的壓迫，段思平建立了大理國。還因為著手改善經濟，減輕賦稅，革新不當的制度，使得大理國成為當時南方的樂土。

政治家段秀實是唐代汧陽人，時任司農卿，是中國歷代忠臣的代表之一。當朝將領朱泚想要叛變，要脅段秀實一起到軍中議事。段秀實假意參加會議，等到朱泚沒有防備時，再突然以象笏猛擊朱泚，朱泚雖然頭破血流，但傷勢並不礙事。此時衛士已拿下段秀實，朱泚來不及阻止，段秀實即被當場殺害。

段玉裁是清代金壇人。他是清代樸學學潮裡的著名學者。在古音研究方面，段玉裁寫作《六書音韻表》，結合顧炎武、江永的古音研究成果，分古韻十七部，還提出「古無去聲」、「同聲必同部」等重要的看法。在文字學方面，段玉裁根據《說文解字》的體例和宋代以前著作中所引用到《說文解字》詞句，對《說文解字》進行了校正，寫成《說文解字注》，段玉裁也是《說文》自漢代傳世以來最重要的注家。

軍事家段祺瑞是當代合肥人，祖上本為淮軍將領。後來受到袁

世凱的提拔，段祺瑞成為皖系軍閥首領，長時間為北洋政府的實質掌權者。由於迷信武力，段祺瑞不惜出賣大量北方的公共建設給日本以籌措軍費，賣國的行為一直為人所垢病。但除了窮兵黷武外這項缺點外，段祺瑞本人自律甚嚴，生活簡單，清廉如水，加上沒有抽煙、喝酒、嫖妓、賭博、貪汙、霸占等劣行，人稱「六不總理」。段祺瑞在關鍵時刻致電要求清帝退位、抵制袁世凱稱帝，並討伐張勳復辟，有「三造共和」的美譽。九一八事件後段祺瑞與日本決裂，移居並逝於上海。

第十七篇

雷黎史

龍陶

雷

古字小常識：从，是「從」的本字，即起初的寫法。

「雷」這個姓氏是怎麼來的？

「雷」這個姓氏的最早的來源是「姜」姓。相傳炎帝神農氏之後第九世名「雷」，在黃帝戰蚩尤時立下大戰功，被封在方山這個地方。後人於是以族長名加上地名「方雷」二字為氏。此後還衍分出「方」氏及「雷」氏。「雷」這個姓氏的另一個來源是「姬」姓，據說黃帝有大臣雷公，他精通醫理，在朝廷中擔任「巫」的職位，他的後人也有以王父名「雷」為氏的。「雷」這個姓氏的第三個來源是「子」姓。商殷紂王有寵臣名雷開，陪著紂王歌舞享樂，最後導致亡國，他的後人或有以王父「雷」為氏者。至於外族改姓「雷」的，像東漢至南北朝時期，南郡有楚地原住蠻民，其聯盟的酋長稱「雷遷」，所以族人後來改漢姓時多以漢字「雷」為氏。另外漢化改姓的還有十六國時期前秦氐族南安羌一支名為「雷」的部落，後人有以部落名的漢字「雷」為氏的。此外如蒙古、滿、女真等族也都有改姓「雷」的人。

「雷」字及相關諸字的歷史風貌

	雷	申	雨
甲骨文			
金文			
戰國文字			
小篆			

「雷」這個字究竟是什麼意思？

「雷」這個字，《說文解字》解釋道：「陰陽薄動靁雨，生物者也。从雨，畾象回轉形。」在小篆的寫法裡，它是個从「雨」从「畾」的會意字，但「雷」字早期所从的義符其實是「申」。「申」即是「電」的初文，它是個描繪閃電的象形字。由於雷聲是伴隨閃電而來，所以甲、金文裡的「雷」字都還是从「申」這個義符的。

後來古人發現，不論是「電」還是「雷」，幾乎都要有雨雲的存在才會出現，於是「雷」和「電」之後便改从「雨」旁。「雨」字一直都是個象形字，从甲骨和金文的寫法可以看出，「冂」表示有雲的天空，而其他的數點筆畫則是雨滴。後來全字之上再加了個「一」飾筆，

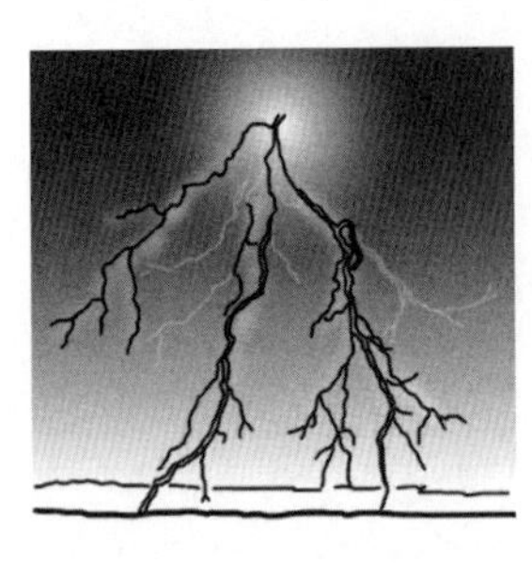

● 「畾」字描摹出糾集的雲。

●「雨」字的甲骨文和金文生動的描摹出雲和雨滴的樣子。

●「申」是象形字，表示閃電。

便成為今日「雨」字的寫法。

「雷」字原來下部的寫法是「畾」而不是「田」，後者是前者的省筆；「畾」也並非从三「田」又或是「疊」的初文，它主要是在畫出雲團糾集的樣子。所以許慎才會說「畾象回轉形」。在古人的理解中，他們認為就是因為雲和雲發生碰撞才會產生雷聲，所以「雷」字下部才會寫成表示三團雲的「畾」囉！

後世發展出來的神話傳說或是民間信仰裡，天上雲彩之間就是神的居所。不同的神有不同的職司，當然閃電打雷也有神祇專門負責。《楚辭．屈原．遠遊》：「左雨師使徑侍兮，右雷公以為衛」、《紅樓夢．第六十回》：「雷公老爺也有眼睛，怎不打這作孽的！」這個專責的神名或因雷聲而稱為「豐隆」，或給了祂一個官銜叫「雷師」，或者就直接叫祂「雷神」、「雷公」了。

由於雷聲都是突然而來、震懾人心的，後來也有用「雷」來形容突發大怒或大聲責罵，使人驚懼的情況。像《初刻拍案驚奇．卷十五》：「陳秀才大發雷霆，嚷道：『人命關天，怎便將我家人殺害了？』」《文明小史．第三十七回》：「欽差大發雷霆，板了臉厲聲罵道」即其用例。

本家歷史名人

本家後代中，比較有名的是藥學家雷斆。雷斆是南朝宋時著名藥物學家，他總結自己研究中醫藥學的心得，著成《雷公炮炙論》三卷。雖然原書已經亡佚，但由於見解及說明十分精闢，被很多今日仍然傳世的古代醫書大加引用。像是裡面提到的製藥法如淨選、粉碎、切製、乾燥、水製、火製、加輔料製等等，今日中醫製藥時仍然沿用。另外包括採集草藥及採用那些特殊部位，《雷公炮炙論》也有詳細的說明。《雷公炮炙論》的重要性，也說明了為什麼歷代製劑學專著常以「雷公」（藥學祖師名）二字冠於書名之首的原因。

天文學家雷煥是晉代豫章人。晉武帝時雷煥在星空的斗牛之間發現常有紫氣，推測豐城一地可能藏有寶劍。於是當時的司空張華便任命雷煥擔任豐城令，到任後雷煥果然於城內牢獄地基之下挖出龍泉、太阿二柄神劍。雷煥的觀星之術真可說是傳奇一則了。

軍事家雷萬春為唐代張巡偏將。當時唐朝發生「安史之亂」，安祿山部將圍攻雍丘時，雷萬春與張巡死守睢陽牽制。雷萬春上城牆督戰時，沒想到敵人發箭射中他面部六矢，雷萬春中矢重傷，仍然面不改色。敵軍一時半刻還以為站在牆上的他是木頭人。後來知道他是真人後，叛軍大將令狐潮忍不住稱讚主將張巡「軍令如山」。城破之後，張巡及雷萬春等大將義無反顧地殉國。雖然睢陽城被叛軍占領，但此戰大大牽制叛軍的調度，對未來唐軍轉敗為勝具有關鍵性的意義。

政治家雷震為當代長興人，曾留學日本，後來加入國民黨，得到蔣介石賞識，累官至第一屆國民大會代表。雷震原本打算與胡適、王世傑、杭立武籌備刊物《自由中國》，但國共戰事吃緊，到了臺灣才由時任教育部長的杭立武資助出刊。不過刊物路線從擁蔣反共走向鼓吹「自由民主」後，與蔣介石的政治利益相左，雷震被捕下獄。二千零二年雷震獲得平反，「雷震案」也成為臺灣早期爭取自由民主的代表事件。

黎

古字小常識：从，是「從」的本字，即起初的寫法。

「黎」這個姓氏是怎麼來的？

「黎」這個姓氏最早的來源是九黎的後裔。九黎原為上古南方土族之一，相傳是少昊金天氏時期的諸侯。九黎的後人便有以原氏族的簡稱「黎」字為氏的。另外殷商時期有黎國，傳到為周文王時被文王所滅，黎國後人便以亡國名「黎」為氏。另外也有少數民族改姓「黎」的，如南北朝後鮮卑族複姓「素黎」氏，跟著魏孝文帝遷都洛陽後，便改採漢單姓「黎」。

「黎」字及相關諸字的歷史風貌

	黎	利	黍
甲骨文			
金文			
戰國文字			
小篆			

「黎」這個字究竟是什麼意思？

「黎」這個字，《說文解字》解釋道：「履黏也。从黍，𥝢省聲。𥝢，古文利。作履黏以黍米」，它是从「黍」「𥝢」省聲的形聲字，原意是由「黍」所調和而成的黍膠，因此才从「黍」這個義符。

「黍」是禾本科稷屬，一年生草本。葉細長而尖，有粗毛，平行脈。果實呈淡黃白色，帶有黏性，適合大暑時植種於旱田。因為黍的黏性很強，所以才會被拿來做為膠水的原料；黍膠常拿來黏合鞋底，於是漢代許慎說它是「履黏也」。

「黎」字所从的聲符是「利」。「利」本身是個會意字，全字左部表示成熟的禾穗下垂，右部則是一把「刀」，「禾」、「刀」之間的小點，表示用「刀」收割時穀粒脫落四散的樣子。縱觀

●「黍」是一種禾本科的植物。

●「利」字以「揮刀割禾」，表示刀的銳利程度。

「利」全字就以「揮刀割禾」來表示刀的鋒利程度。

「黎」字本來指的是黍膠，但後來常被假借為「黧黑」之「黧」，於是天將亮前最黑的時候就寫作「黎明」、從事曬太陽的勞苦工作的底層老百姓就叫「黎民」。借用久了，「黎」字的本義反而很少有人知道了。

《呂氏春秋．慎行論．疑似》裡頭有個故事與「黎」字有關。據說黎丘鄉有一種鬼，很愛扮成別人家的子侄輩來害人。結果有位丈人誤認自己的兒子是鬼所假扮，竟然把他給殺了。後來就把那些被假象所迷惑而不察真象的人稱作「黎丘丈人」。

本家歷史名人

本家後代中，較早出名的是政治家黎淳。黎淳是明代華容人，天順年間中狀元，之後歷任翰林院修撰、詹事府少詹事兼侍讀、吏部右侍郎和工部尚書、禮部尚書等職。黎淳博學多才，經史方面尤為專長，除參與過《大明一統志》、《英宗實錄》、《續資治通鑑綱目》的編修之外，本身還著有史學相關研究作品如《黎文僖集》等。明朝著名宰相楊廷和及楊一清也都出自黎淳的門下。

黎庶昌是清代禹門人，早年跟從鄭珍學習，投身經世之學。清朝咸豐年間，貴州因戰亂停止鄉試，黎庶昌只好北上赴試，沒想到遭遇英法聯軍進攻北京和太平天國占據南京，讓他親睹列強是如何的欺凌中國。同治年間慈禧太后下詔求各路進言如何強國的言論。黎庶昌於是以廩貢生身分上〈萬言書〉，痛陳時弊，得到慈禧的注意，於是朝廷以知縣補用，並成為曾國藩幕僚，深得國家和曾國藩的信任，與張裕釗、吳汝綸、薛福成合稱「曾門四弟子」。後來黎庶昌還被舉薦出使歐洲。旅外期間，黎庶昌考察各國政治、經濟、軍事、文化、地理和民俗風情等，寫成《西洋雜誌》一書，成為清代睜眼看世界的第一人。

黎元洪是清末民初黃陂人。天津北洋水師學堂畢業後進入海軍服役。中日甲午海戰之後投靠署理兩江總督張之洞。武昌起義後，由於革命黨眾領袖們恰巧都不在當地，所以只好強迫當時躲藏在朋友家的黎元洪出任湖北軍政府都督、中央軍政府大都督。南京臨時政府成立後，黎元洪還成為中國華民臨時政府副總統。袁世凱死後，更由他這位副總統繼任總統，正可所謂歪打正著、因禍得福。由於黎元洪和段祺瑞曾因為是否參加第一次世界大戰而發生過爭執，加上「復辟事件」後，代行總統職權的副總統馮國璋命段祺瑞復為國務總理，黎元洪失勢。直奉戰爭後黎元洪遭到曹錕驅逐，躲入天津租界。沒想到黎元洪在租界因為投資房產致富。致富以後的黎元洪仍不忘國家大業，以充裕資金投資教育事業。因此死後得到政府國葬，安靈於土公山。

史

古字小常識：从，是「從」的本字，即起初的寫法。

「史」這個姓氏是怎麼來的？

「史」這個姓氏最早的來源是「嬀」姓。傳說黃帝時期創造文字的倉頡，在當時擔任史官，人稱「史皇」氏，他的後人於是以王父官職名「史」為氏。「史皇」倉頡一般也被認為是「史」姓正宗。「史」這個姓氏的第二個來源是周朝的太史官尹佚。西周初年尹佚出任太史一官，由於為官正直，人人都把他視作是史官的楷模；也因此，尹佚與當時的姜太公、周公、召公合稱「四聖」，尹佚的後世子孫也都世襲史官職位，他的後人或者以尹佚的官職名「史」為氏；另外各朝各代也有史官後代依其父祖職官而改姓「史」的。至於「史」這個姓氏的外族來源則有唐代的史國：史國長期受到大食國人的逼迫，不得不遷到唐代附近尋求保護，其中有不少人漢化後以故國名「史」為氏。另外唐代突厥族阿史那部，被李世民澈底打敗後內遷到唐朝指定的地方，漢化之後他們依原來部族名稱改漢單姓「史」。此外，蒙古族及滿族都有漢化而改姓「史」的。

「史」字及相關諸字的歷史風貌

	甲骨文	金文	戰國文字	小篆
史				
吏				

「史」這個字究竟是什麼意思？

「史」這個字，《說文解字》解釋道：「記事者也。从又持中。中，正也。凡史之屬皆从史」，它是個从「又」从「中」的會意字（「又」字本義詳本書「鄒」姓；「中」之本義詳參本書「胡」姓），表示記事之官。後來「史」字借為「歷史」之「史」，於是又添筆再造一個後起字「吏」來還原它的「官吏」義。

「史」字在甲骨文、金文、小篆裡的寫法都像手持「中」的樣子。大部分的學者肯定「史」的工作除了寫史，就是進行占卜（筮占和龜卜）。以前巫史不分，能夠進行占卜的通常是掌管國史和大小祭祀的史官。所以史官操持占卜器具是很常見的。

夏商時期和西周初期，當時人對自然

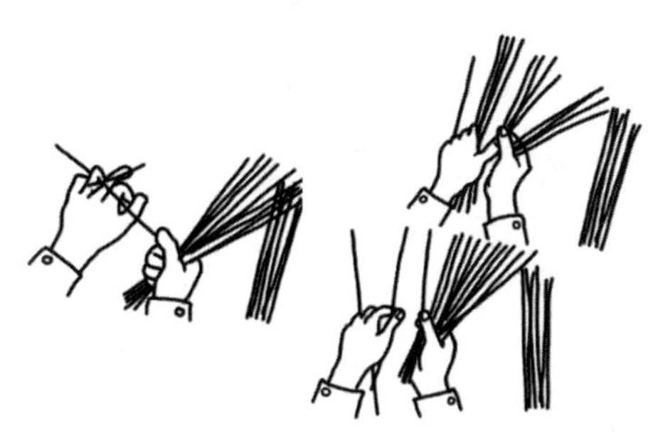

● 古代巫史不分，史官經常操作占卜器具。

界的崇拜還非常原始，而國家文化及知識傳承的主要負責人是巫覡。巫覡在商代以前具有重要的地位，他們既掌管天文、國家歷史，更負責人和神之間的溝通。周代以後強調人德，巫覡的地位才慢慢產生變化，原本執行巫術、祭祀、歌舞和掌管國家文史知識這二部分被開來。前者仍由巫覡來操作，後者則交給專門的史官。著名的史書《史記》作者司馬遷，他所任的「太史令」就是史官官銜的代表。太史令在漢代，負責編載史事，兼掌天文曆法。

不過到魏晉以後，修史的工作就改由著作郎執行，太史則專門掌管曆法。隋代以後掌管曆法的單位改為太史監，唐代改稱為太史局，宋代則將工作分給太史局、司天監、天文院等。到了元朝，單位改名太史院，明清再改為欽天監。明清時期修史的工作則專門歸給翰林院掌管，所以俗稱翰林為「太史」。從這個演變的過程可以看出史官的分工是愈來愈細了。

本家歷史名人

本家後代中，較早出名的是政治家史魚。史魚是春秋時期衛國的大夫。在衛靈公時擔任祝史，祝史主要負責國家對社稷的祭祀。

當時衛國國內賢人蘧伯玉，為人正直且德才兼備，但衛靈公卻不加以重用；另一位重臣叫彌子瑕，人品大有問題，衛靈公卻反而十分寵幸。史魚看到很是憂慮，但每次進言，衛靈公始終不聽。

後來史魚得病，將死之前囑咐家人不要在正室治喪，以表示自己不稱職（沒有成功推薦賢人）。衛靈公前來弔喪時，見到大臣史魚屍體並未擺在正堂，一問之下得知原委。回去後便重用蘧伯玉，辭退了彌子瑕。此事後來被稱為「尸諫」。

史學家史籀，一說為周宣王時的太史官，一說是秦代人。「史籀」有二種解釋，一種說法是說他擔任「史官」，名「籀」，所以叫「史籀」；一種說法是說他姓「史」名「籀」，但到底哪個答案才對，沒有人知道。史籀之所以出名，這是因為他寫了《史籀篇》。《史籀篇》記載有二百餘種籀文文字，書體與大篆類似又稍有不同，是目前所知中國最早的字書。

軍事家史思明是唐代甯夷州人，史思明並非漢族而是突厥族，原名窣幹，後來得到唐玄宗賜名思明。他和安祿山同鄉又同歲；安祿山懂政治不懂軍事，史思明懂軍事不懂政治。安祿山招得史思明合作，兩人相得益彰，實力倍增之後，很快的便背叛唐朝自立，史稱「安史之亂」；史思明也因此成為有名的唐代叛將之一。安祿山勢力被消滅後史思明曾詐降，後來又再一次叛變；他的叛變政權曾經延續一段時間，直到史思明被自己的長子史朝義大義滅親之後才滅亡。

軍事家史可法是明末祥符人，累官至南京兵部尚書東閣大學士，在崇禎皇帝駕崩後由於史可法不能即時判斷時勢、選邊站，而與後來被扶立的弘光帝關係漸遠。南京朝中對聯虜滅寇與否爭議不休，黨爭又極為嚴重，槍口不能一致對外的情況下史可法自請單獨出兵，無奈手握重兵的江北四鎮人心不同，尾大不掉，外將和朝臣也並未交心，叛明降清者無數，導致史可法兵至揚州被圍，兵敗遭到清軍殺害。

龍

古字小常識：从，是「從」的本字，即起初的寫法。

「龍」這個姓氏是怎麼來的？

「龍」這個姓氏據說最早是出自黃帝的臣子龍行。龍行當時隨黃帝居住在有熊。後來龍氏與楚貴族建立起聯姻的關係。到了商代，「龍方」仍為商朝的方國之一，這個方國的後人或有以國名「龍」為氏的。「龍」這個姓氏另一個來源是帝舜時期的官職「納言龍」（掌管出納或帝命宣達之事），任此官職的後人，或有以官職名「龍」為氏的。「龍」這個姓氏的第三個來源是豢龍氏之後，據說「已」姓之後的董父精於飼養龍，所以被帝舜賜為「豢龍」氏，他的後人或者有以氏族名之省略「龍」字為氏的。「龍」這個姓氏的第四個來源是夏朝御龍氏之後，據說夏朝的劉累，是帝堯的後人，有馴龍本領，深得夏帝孔甲的賞識，得賜為「御龍」氏，他的後人或有以氏族名「御龍」之省略「龍」字為氏的。至於外族中擁有「龍」姓的，像西漢牂牁地區有「龍」姓、南北朝焉耆國和西域且彌，他們的君王都以「龍」為氏。

「龍」字及相關諸字的歷史風貌

	龍	它（「蛇」之初文）
甲骨文		
金文		
戰國文字		
小篆		

「龍」這個字究竟是什麼意思？

「龍」這個字，《說文解字》解釋道：「鱗蟲之長。能幽，能明，能細，能巨，能短，能長；春分而登天，秋分而潛淵。」按照漢代許慎的解釋，「龍」應該是一種藏在幽暗之處的爬蟲類動物，大小長短變化莫測，還能升天潛水。「龍」這種動物後來由於慢慢的被視成是漢族的圖騰，到了漢代甚至已經被神化。

按戰國時期以前的「龍」字字形來看，它應該是個象形字，全字在描繪一隻具有利齒的爬蟲類。居於叢林的蛇類，能在林間擺盪，又能於沼澤游行，或許這樣的一個技能和形象，使得後人幻想出「龍」能登天、潛淵也說不定。

「龍」既然慢慢演化成為中華民族的代表和圖騰，在發展的過程中勢必要融入

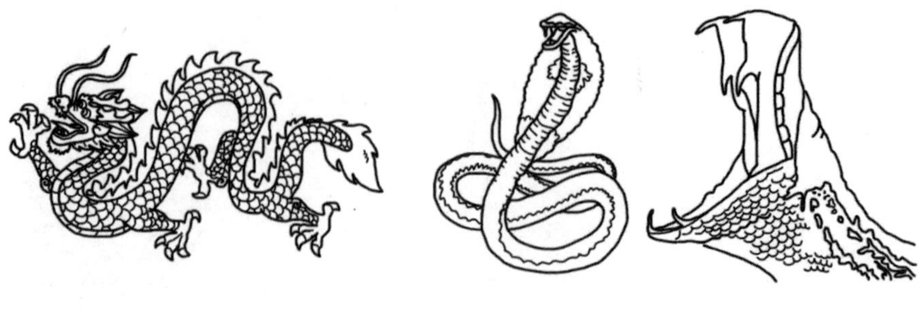

● 擁有各種動物特徵的圖騰「龍」。

● 「龍」字描繪有利齒的爬虫類形狀。

其他民族的圖騰形象才行。於是北方草原民族的「馬」（鬃毛）、西南叢林中的「蚺蛇」（鱗身）、東南沼澤中的「鱷魚」（扁嘴）、中原的「鳳凰」（鳥爪）、「巨鹿」（鹿角），全都結合在一起，這些形象重疊之後，就成為今日「龍」的形象。既然這個形象能代表中華民族，於是它在歷朝歷代中不斷的被神聖化，地位跟著一步步被推升，最後成為只有統治者——皇族才能使用的圖案。

由於「龍」、「鳳」和「麟」都是罕見的動物。所以後來用「龍鳳」來指稱難得的珍饈。元代王實甫《麗春堂．第一折》：「今日個宴賞群公，光祿寺醞江釀海，尚食局炮鳳烹龍，教坊司趨蹌妓女，仙音院整理絲桐，都一時尚御苑來供奉，恰便似眾星拱北，萬水朝東」、明代朱權《荊釵記．第三齣》：「奇珍擺列，渾如洞府仙賓，美食嘉殽，堪並鳳髓龍肝」即是其例。

「龍」、「鳳」既然難見，牠們一旦出現，那就是祥瑞。所以「龍」、「鳳」這二種動物也被視為是吉獸。後來「龍」、「鳳」兩字再進而被用來借指貴族或豪門。所以趨附權貴就可以說成「攀龍託鳳」或「附鳳攀龍」了。

本家歷史名人

本家後代中，比較早出名的是軍事家龍且。龍且是秦末西楚陣營的大將，說他是項羽帳前第一猛將亦不為過。龍且年少時就跟隨項羽等人起兵反秦，與項羽情同手足。每次出征，龍且皆親身衝陣殺敵，所以深得項羽倚重。後來龍且率兵於齊國，與韓信大戰，不料卻中了韓信水淹之計，雖然想努力衝陣以求脫身，最後仍然力竭而戰死沙場。

政治家龍起雷是明代五開衛人，萬曆年間中進士。他是少數民族侗族中第一位中舉的人。後來龍起雷歷任江西清江縣知縣、燕京苑平知縣、南京大理寺少卿等。龍起雷任內為官清廉，剛正不阿，可惜因為得罪當權的吏部尚書李戴，被李戴廢除大理寺卿官職，從此還鄉。龍起雷除了政聲不凡，文章也寫得不錯，與當朝龍起春、龍起淵等人同享文名，合稱「三龍」。

龍汝元是清代宛平人，他出身於軍隊，從基層幹起，一步一步累積戰功。龍汝元曾跟隨河南巡撫英桂鎮壓太平軍，歷任游擊、參將。咸豐八年時升任大沽協副將，佐助僧格林沁加強天津海防。次年英法聯軍挑起第二次大沽之戰，他堅守北岸前炮臺，手燃巨炮，重創敵艦，無奈最後身中敵炮，陣亡殉國了。

陶

古字小常識：从，是「從」的本字，即起初的寫法。

「陶」這個姓氏是怎麼來的？

「陶」這個姓氏的最早來源是伊耆氏。遠古帝堯出生於伊，後來堯生了耆，耆和他的後人世居於陶地，號伊耆氏。伊耆氏擅長製作陶器，後來被改封於唐，於是改稱陶唐氏。這一族的後人或以「陶」、或以「唐」為氏。「陶」這個姓氏另一個來源是虞舜。舜的裔孫虞思由於擔任過陶正（管理及製作陶器之官），其子虞閼後來還世襲父職，他們的後人於是有以祖先職官名「陶正」之「陶」為氏者。「陶」這個姓氏的第三個來源是「子」姓。商王朝時期有七大氏族都以製陶為職業：陶氏、施氏、繁氏、錡氏、樊氏、飢氏、終葵氏，他們的後人或有以其父祖職業「陶」為氏者。至於他姓改姓「陶」的，如五代有唐穀，因避晉高祖石敬瑭名諱而改姓「陶」。外族改姓的，如滿族、錫伯爾族等都有改漢單姓「陶」者。

「陶」字及相關諸字的歷史風貌

	陶	匋	缶
甲骨文			
金文			
戰國文字			
小篆			

「陶」字究竟是什麼意思？

「陶」這個字，《說文解字》解釋道：「再成丘也，在濟陰。从阜匋聲。《夏書》曰：『東至于陶丘』。陶丘有堯城，堯嘗所居，故堯號陶唐氏。」漢代許慎從地名的角度來說明此字，並不算錯，只是沒說到這個字的原本意義。「陶」字从「阜」从「匋」。「阜」就是凹凸不平的土山（「阜」之本義詳參本書「陳」姓）；「匋」則是個从「勹」从「缶」的會意字，「勹」是側人旁的變形寫法，表示一人懷抱的姿勢，是「抱」字的初文（「抱」字从「手」从「包」。「包」表示一人懷孕有身，人中有未成形之子，是「胞」的初文），「缶」則是帶蓋子的陶製容器。所以會意字「匋」就像是一個人將黏土形塑成容器「缶」的過程。金文

● 「匋」是會意字，表示製陶的過程。

● 「缶」字表示有蓋的陶器。

「陶」字所从「匋」，那種人抓著陶坯的形象特別的明顯。

「匋」本來做作為動詞使用，之後為了造一個表示由「匋」這個動作所做出來的器物，於是加了「阜」作為義符，標示出陶土材料取自土山，才造成了「陶」這個字。

由於黃土高原上的泥土既耐高溫，又不容易因為乾燥而龜裂，所以古人常用來製成陶範：先在內外陶範上雕上花紋或刻上文字，加以組合之後在其間澆灌上燒熔的銅水；等銅水自然降溫凝固後，再小心翼翼地敲掉陶範，拿出銅器。根據日本科學團隊的研究，具有這種特性的黃土非常少有，難怪中國早在上古就得以發展出如此璀璨的青銅器文明。

本家歷史名人

本家後代中，最為有名的要數企業家陶朱公了。陶朱公是春秋時期楚國人，本名范蠡，曾與文種一起佐助越王句踐二十餘年，幫助越王臥薪嚐膽後滅掉吳國雪恨，累官至上將軍。不過范蠡深知句踐的個性只能共患難，難與同享樂，由於擔心越王「兔死狗烹」（典故出自范蠡與文種的對話），范蠡選擇急流勇退。隱居埋名後，范蠡先到齊國，後至陶地，利用靈活的頭腦進行商業操作，賺取了龐大的利益，自號陶朱公。陶朱公賺了錢後常接濟族人，並不小器。由於陶朱公形象是慈善商賈，後來便成為商業的行業祖師爺。

軍事家陶侃是晉朝鄱陽人當朝名將，累官至大司馬。陶侃他為官精勤，專注於工作而不喜歡應酬，低調樸實的作風得到當時人的讚許。陶侃最為人所稱道就是在非戰的平時，他也不荒廢武藝，每日晨昏固定將一堆甓磚搬進搬出，藉以鍛練體力，這便是成語「陶侃搬磚」的典故由來。

文學家陶淵明是晉朝柴桑人，又名潛，他是名將陶侃的曾孫。陶淵明學問不錯，但不愛羨名利。陶淵明曾經為官幾年，但難以忍受官場送往迎來的馬屁文化，最後還是辭官歸隱。陶淵明文學造詣極高，最拿手的便是充滿道家哲思的辭賦和散文。他的〈五柳先生傳〉（因家居種五柳樹，於是以此自號）和〈歸去來辭並賦〉都是大家耳熟能詳且很常入選中學教科書的作品。

第十八篇

賀顧毛

郝龔

賀

古字小常識：从，是「從」的本字，即起初的寫法。

「賀」這個姓氏是怎麼來的？

「賀」這個姓氏比較早的來源是「姜」姓。齊桓公的庶支後代名叫慶封，他的後人有的就以先祖名「慶」字為氏的。傳到漢代慶儀之時，為了避漢安帝之父清河王劉慶的名諱，於是改取與「慶」同意之字「賀」為氏，這是「賀」氏的最大宗來源。「賀」這個姓氏的第二個來源是外族改姓。南北朝時期北魏孝文帝推行漢化政策，將鮮卑拓拔部中的「賀蘭」氏、「賀賴」氏、「賀樓」氏、「賀敦」氏等部落，和吐谷渾部中的「賀爾加」氏、「賀爾基」氏、「蘇賀」氏、「賀郧」氏等部落，全都改成漢單姓「賀」氏；另外蒙古族和滿族等也都有改姓「賀」的。

「賀」字及相關諸字的歷史風貌

	賀	加	力
甲骨文			
金文			
戰國文字			
小篆			

「賀」這個字究竟是什麼意思？

「賀」這個字，《說文解字》解釋道：「以禮相奉慶也。从貝加聲」，這個字是個从「貝」「加」聲的形聲字，本意是送禮慶賀別人。由於要為別人的喜事表示慶賀，多少會奉上禮金、禮品之類值錢的、讓人看了高興的東西，所以「賀」字从「貝」這個義符（「貝」之本義詳參本書「賈」姓）。由於「貝」是上古的貨幣，「賀」字以「貝」為義符，便可以用來指出賀金、賀禮的價值了。

「賀」的聲符「加」，《說文解字》解釋道：「語相增加也。从力从口」，它是個會意字，表示費力說明、詳加說明的意思，所以从「口」這個義符。至於「力」，它則是個象形字，全字像古代耕田用的犁：上部是木製的犁把，下部就是耕田用的鐵製犁頭，古代稱這種農具為耒耜。它的構造可以是單耜，也可以多耜。由於耕田須要使出力氣才行，所以「力」字後來便借用為表示「力氣」的「力」字。

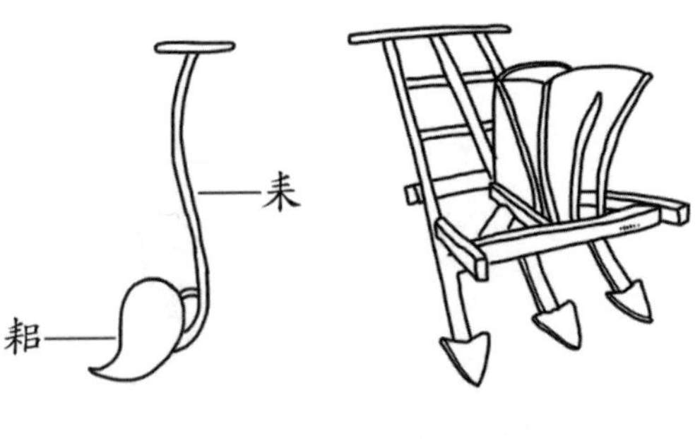

● 古代的單耜與多耜。

本家歷史名人

本家後代中，較早出名的是軍事家賀齊。賀齊是漢末山陰人。年輕時曾擔任剡縣守城官，還大破過攻城的山越。漢獻帝時賀齊被孫策舉薦為孝廉，出任南部都尉韓晏的副手，曾討伐占據侯官的商升。升南部都尉後，賀齊趁商升陣營內亂，占領侯官。孫策死時，山越建安、漢興、南平三縣乘機叛亂，賀齊於是分兵大破叛軍，其後又擊破餘杭和豫章叛軍。除了平定域內的叛亂，賀齊在孫權與曹操對抗的戰爭中也屢立戰功，是吳國的一員猛將。吳大帝黃武初年，曹休進攻東吳，賀齊率大軍逼退曹休，因此被升為後將軍、假節、領徐州牧，未久病逝。

文學家賀知章是唐代永興人。證聖元年間中了進士，之後歷任國子四門博士、太常博士、禮部侍郎、加集賢院學士、太子賓客兼秘書監。天寶年間賀知章因不滿權相李林甫專權而辭官返鄉，遁世為道士，隱居在鏡湖畔。他與李白、李適之、汝陽王李璡、崔宗之、蘇晉、張旭、焦遂等人都有來往，還與口封了李白為「天上謫仙人」。由於這八位文人都酷愛杯中物，時人於是稱呼這個文學集團叫「醉中八仙」。賀知章最拿手的就是詩，書法也卓絕，其中以草隸最為出色。

醫學家賀岳是明代海鹽人，萬曆年間中了進士，之後歷任參議、按察副使、右參政，五省監軍、七省經略使。因為賀母常在病中，所以孝順的賀岳經常自習醫書，並向四方求教，因此通曉醫理。賀岳的著作主要集中在醫學方面，作品有《明醫會要》、《醫經大旨》、《藥性準繩》等，是中醫學習者的常備用書。

顧

古字小常識：从，是「從」的本字，即起初的寫法。

「顧」這個姓氏是怎麼來的？

「顧」這個姓氏最早的起源是「己」姓。據說顓頊帝曾孫吳回，是帝嚳時期火正祝融黎的弟弟，他也曾擔任過祝融官。吳回之子陸終娶鬼方氏之女女嬇為妻，生下六個兒子，長子名樊，賜了「己」姓，封在昆吾國。己樊後人傳到夏王朝時，子孫被封在顧國，世稱「顧伯」。顧國傳至周元王時期，齊侯、郲子還曾在此會盟。顧國亡後，國人便以亡國名「顧」為氏。「顧」這個姓氏另一個來源是「姬」姓。據說大禹死後葬於會稽，夏帝少康後來將禹之子啟的後人封在會稽，成為越國，負責禹的祭祀。越王傳至句踐，中興了越國，裔孫中有人封顧餘侯，名顧搖。其後人便以先祖名「顧」字為氏。「顧」氏裡，出自「己」姓的稱作「北顧」；出自「姬」姓的稱作「南顧」；在後來的人口數的發展上，「南顧」要遠遠超過「北顧」。至於外族改姓「顧」的，如清中葉後，蒙古族、滿族等都有人改成漢單姓「顧」。

「顧」字及相關諸字的歷史風貌

	甲骨文	金文	戰國文字	小篆
顧				
雇				

「顧」這個字究竟是什麼意思？

「顧」這個字，《說文解字》解釋道：「還視也。从頁雇聲」，它是从「頁」「雇」聲的形聲字，本意就是回頭看。由於是回頭看，所以所从的義符不是「人」，而是特別標示出人頭、人面的「頁」（「頁」之本義詳參本書「夏」姓）。

「顧」的聲符「雇」，《說文解字》解釋道：「九雇。農桑候鳥，扈民不婬者也。从隹戶聲。春雇，鳻盾；夏雇，竊玄；秋雇，竊藍；冬雇，竊黃；釗雇，竊丹；行雇，唶唶；宵雇，嘖嘖；桑雇，竊脂；老雇，鷃也」，它是個會意字，指的是在不同季節棲息於民居的候鳥。漢代許慎舉出九種這類候鳥，稱為「九雇」。

在臺灣，常見會住在民居附近的候鳥

有：紅尾伯勞、白鶺鴒、燕子、小環頸鴴。

「雇」，許慎說它是形聲字，其實它更像是個會意字。因為此字指棲於民居的候鳥，字裡的義符「隹」表示候鳥的物種（「隹」之本義詳參本書「羅」姓）；而這種候鳥特愛住在民居附近或屋簷下，所以从「戶」（「戶」之本義詳參本書「閻」姓）。這樣解釋也是說得過去的。

「顧」字原本是「回顧」之意。禮賢下士，不斷的去看顧拜訪，也用這個「顧」字；像劉備多次拜訪諸葛亮家，就叫「三顧茅廬」。後來「顧」字也從「回顧」義衍伸出「看顧」的意思，所以古代皇帝駕崩，一定會先選好「顧命大臣」。「顧命大臣」除了要確保皇帝遺命得以貫徹，還要能用德行來輔弼幼主，使得國家不會因為最高統治者的亡逝和政權的轉移而出了大亂子。

本家歷史名人

本家後代中，比較早出名的是藝術家顧愷之。顧愷之是晉朝無錫人，本身多才多藝，除了詩賦寫得好，書法方面也有很不錯的表現，所以顧愷之與曹不興、陸探微、張僧繇合稱「六朝四大家」。顧愷之

● 小環頸鴴　● 燕子　● 白鶺鴒　● 紅尾伯勞

最特出的是他作品的感染力。相傳顧愷之在南京為瓦官寺畫維摩詰像時，引起圍觀者很大的轟動。顧愷之的畫風獨樹一格，運筆流暢，人謂「春蠶吐絲」，世稱「才絕、畫絕、痴絕」三絕；作品則得人盛稱「顧家樣」（意即：顧家的作品是學畫的樣版）。

思想家顧憲成是明代涇里人。顧家家境清貧，但憲成自幼好學，常夜讀達旦，他特別愛鑽研程朱理學。萬曆年間顧憲成順利中了進士，累官至吏部文選郎中，但卻因故忤旨被削為平民。不過顧憲成並不自暴自棄，反而開始在惠山講學，並修復東林書院。當時和他一同講學的人還有名儒高攀龍等，所以大家合稱他們為「顧高」。講學之外，顧憲成又常與顧允成、高攀龍、安希范、劉元珍、錢一本、薛敷教、葉茂才等人定期聚會，除討論學問外也批評時政，世稱「東林八君子」。他們和他們的門生、附議者被稱為「東林黨」。東林黨和朝中閹黨勢同水火。兩黨相爭，東林失勢，顧憲成鬱悶而卒，東林黨亦被大加壓迫，到了崇禎年間，東林黨人才得到平反。

思想家顧炎武是明末清初崑山人。顧炎武的堂伯之妻王氏在未嫁入顧家前，堂伯不幸逝世，王氏卻決定守望門寡。顧家感念王氏的堅貞，於是將顧炎武過繼給她以接續香火。明朝滅亡後王氏餓死殉國，王氏的家庭教育風格對顧炎武的人格塑造影響很大，所以顧炎武曾經短暫的投入反清軍事活動。後來因為兵敗，顧炎武於是將精力投入研究學問。他特別留心經世之學，在國家典制、郡邑掌故、天文儀象、河漕、兵農及經史百家，音韻訓詁等方面都有心得。顧炎武的學術成就對清代後來的樸學風氣及考據學中的吳派、皖派都有很深的影響，也因此而與清初重要學者黃宗羲、王夫之合稱「明末清初三大儒」。

史學家顧頡剛是當代蘇州人，北京大學畢業後歷任廈門、中山、燕京、北京、雲南、齊魯、中央、復旦、蘭州等大學教授。顧頡剛醉心於古史的考辨，不斷的質疑以往被認為是信史的資料，認為那不過是「層累地造成的中國古史觀」。顧頡剛並將自己和其他史學家的爭論編入《古史辨》中，引領出很大一波疑古的風潮，是現代「疑古派」、「古史辨派」的創始者。

毛

古字小常識：从，是「從」的本字，即起初的寫法。

「毛」這個姓氏是怎麼來的？

「毛」這個姓氏最早是源自「姬」姓。周武王封其母弟叔鄭在毛國，屬於周朝的畿內國。毛國亡於秦國，後人於是以亡國名「毛」為氏。這一支被視為是毛氏正宗。「毛」這個姓氏的第二個來源也是「姬」姓。出自周文王姬昌之子伯聃。伯聃被封在毛邑，他的後人便有以封地名「毛」或與「毛」音相近的「彪」為氏的。「毛」這個姓氏的外族來源，主要則是來自蒙古族，其一是蒙古族毛勝。毛勝原名福壽，是元朝右承相伯卜花之孫。後來元朝滅亡後毛勝歸附明朝，還曾率兵討伐湖廣、巴蜀有功，明成祖於是賜姓「毛」。其二是蒙古族毛里孩。毛里孩原本是韃靼部落酋長，此部不斷騷擾明朝，後來突然改變對明朝的敵對態度，還遣使入貢，明憲宗為了表示友好，於是賜給他們漢姓「毛」。其他如氐族、回族等都有因漢化而改漢單姓「毛」的。

「毛」字的歷史風貌

毛	
甲骨文	
金文	
戰國文字	
小篆	

●「毛」字描摹出動物的毛髮。

「毛」這個字究竟是什麼意思？

「毛」這個字，《說文解字》解釋道：「毛，眉髮之屬及獸毛也。象形」，它是個象形字，指的是動物身上的毛或羽；縱觀全字就是動物毛髮的直觀描繪。因為「毛」是從皮膚上生發出來，這和土地如發毛那般長出農作物的過程很像，所以我們也可以用「毛」來形容植物自土地生發的樣子；因此荒涼貧瘠、不生草木的地方就叫作「不毛之地」。《公羊傳．宣公十二年》：「君如矜此喪人，錫之不毛之地」、《三國演義．第八十七回》：「南方不毛之地，瘴疫之鄉」是其用例。

「毛」因為微小，所以也可以用「毛」比喻微小之物。像成語「一毛不拔」，語出楊朱，《孟子》曾經轉述過楊朱的說法：「拔一毛而利天下，不為也」，連犧牲自己身上一根毛就有大利於天下，這樣易如反掌的小事也不肯做，真是夠小氣的了！

一隻牛上有很多毛，九隻牛的毛就更多啦！如果你擁有九隻牛，卻只要付出或犧牲一根毛那般的代價，肯定很無感。所以「九牛一毛」就用來形容損失和所擁用的比例相差懸殊的情況。

本家歷史名人

本家後代中，最早聞名的要數政治家毛公歆。毛公歆是周宣王時期毛國的統治者，相信應該沒什麼人知道他，但提到臺北故宮鎮宮之寶「毛公鼎」，大家都耳熟能詳。「毛公鼎」是西周宣王時青銅器，清代道光末年出土於陝西岐山，銘文計有四百九十七字，是現存青銅器中擁有最多銘文的一器。毛公鼎銘文是一篇冊命文書，提到周宣王執政時期想要振興朝政，於是命毛公歆處理大小政務，並由毛公一族擔任禁衛軍。毛公感念周王的重視，於是鑄鼎紀念，由子孫永保永享。

政治家毛遂是戰國時期趙國人，為平原君門下食客，但卻一直沒有受到重用。趙孝成王時秦軍圍邯鄲，平原君前往楚國求援，毛遂自願前往幫忙。平原君到了楚國，和楚王展開談判的過程當中，楚王一直不願答應出兵相助。於是毛遂突然按劍接近楚王，威逼之下並曉以利害，才使得楚王出兵解了趙國之危。這個歷史事件也就是成語「毛遂自薦」的典故由來。

著名的經學家家毛亨和毛萇是《詩經》傳承的重要環節。毛亨為西漢魯人，據傳他是古文經學「毛詩派」的開山祖師，曾作《毛詩故訓傳》，用來教授毛萇等人，史稱毛亨為「大毛公」。毛萇為西漢趙人，詩學學自毛亨，後來擔任河間獻王博士，史稱毛萇為「小毛公」。大、小毛公對《詩經》

有很多深入的解說，《詩經》能順利流傳後世，此二人的貢獻可以說是非常的大！

藝術家毛延壽是漢代杜陵人，他是漢元帝的宮廷畫家。據說由於後宮妃子太多，漢元帝難以取捨，於是讓毛延壽前去畫下人物像，以供其挑選。為了讓皇帝能夠臨幸，妃子們多用錢財來賄賂畫工，不過只有王嬙（王昭君）不肯依，於是她的畫像畫得最醜最差，以致最後被皇帝選中要前往北方與匈奴和親。王昭君得知要出關和親後，先是假裝同意，在渡過今日黑龍江時卻將身上胡服換成漢服，趁大家不注意，投水自盡。元帝知道畫工收賂和昭君殉國的實情後，大加搜捕畫工，並將毛延壽等人斬首於市。

文學家毛宗崗是清初長洲人，他對俗文學的研究功力不凡。毛宗崗曾評刻《三國演義》，將羅貫中的原本創作加以修訂；修訂工作包括整頓回目、改訂文辭、削除論贊、增刪瑣事、改換詩文等，修成今日流行的一百二十回本。文學史上稱這本體例完善的《三國演義》叫「毛本《三國演義》」。毛宗崗對俗文學的付出，對三國故事的傳播有著很大的幫助。

郝

古字小常識：从，是「從」的本字，即起初的寫法。

「郝」這個姓氏是怎麼來的？

「郝」這個姓氏最早的來源是「姜」姓。炎帝神農氏時期有位大臣名叫郝骨氏，曾幫太昊伏犧氏治理部落。郝骨氏傳到商朝晚期帝乙時，後人郝骨期被封在郝邑，於是子孫就以封邑名「郝」為氏。不過「郝」這個姓氏比較大宗的來源則是「子」姓。相傳契因佐助大禹治水有功，得到賜姓「子」，封於商。傳到第二十七代康丁，康丁將其子子期封於郝，號「郝伯」。後來商朝覆滅，郝伯後人便有以封地名「郝」為氏的。至於外族改姓「郝」的，像十六國時期胡夏武烈帝赫連．勃勃，他的族群在漢化的過程中便改取帝名「赫」字的同音字「郝」為氏。另外古代烏桓國崇拜赤色，所以漢化後也有人取从「赤」之「郝」字為氏。其他外族改姓「郝」的還有唐代西南夷、宋代黨項族等。

「郝」字及相關諸字的歷史風貌

	郝	赤
甲骨文		
郝文		
戰國文字		
小篆		

「郝」這個字究竟是什麼意思？

「郝」這個字，《說文解字》解釋道：「右扶風鄠、盩厔鄉。从邑赤聲。」這個字是個从「邑」「赤」聲的形聲字，表示地名。因為表示地名，所以从「邑」；從漢代許慎的敘述可以知道，至少有二個地方都叫「郝」。

「郝」字所从聲符「赤」，《說文解字》解釋道：「南方色也。从大从火。凡赤之屬皆从赤。」它是個从「大」从「火」的會意字，「火」是象形字，表示東西著火，造成火焰跳躍的樣子（「火」之本義詳本書「黃」姓）；而「大」本來就是一個人站得穩穩的樣子。

「赤」全字就是表示一個人因為天寒取暖而在烤火；因為烤了火，所以全身血液循環變好而皮膚紅通通。又或者是烤火

●「大」字描繪一個人站得穩穩的樣子。

●「赤」字表示人烤火時，火光映照得人全身通紅。

時火光映在身上，看起來遍體通紅的樣子。由於全身脫光，皮膚感到寒冷而起雞皮，一時之間也會造成膚色變成赤色，所以「赤」也可形容裸身——如「赤腳」、「赤裸」。「赤」既然可以形容光溜溜的身體，如果山巖絕壁無任何植被，也可以用「赤」來形容——如「赤壁」。人赤裸了，那肯定就是「坦誠相見」，所以「赤裸」或「赤裸裸」後來也引伸用來形容感情的直接表述了。

在直觀的認識中，「黑」表示不誠實，所以一個人愛欺騙人，我們會說他「黑心」。但如果一個人一向以忠誠示人，就像跟你掏心掏肺那般，我們就會說他擁有「赤膽」。《封神演義．第十八回》：「因見子有忠心赤膽，直諫紂王，憐救萬民，身遭剜目之災，貧道憐你陽壽不絕，度你上山，後輔周王成其正道」即其用例。

本家歷史名人

本家後代中，比較有名的是軍事家郝昭。郝昭是三國時期太原人，身體健壯，據說身長九尺，箭術特別優異，而且富有謀略。後來得到曹真舉荐，郝昭前去鎮守陳倉，沒想到諸葛亮率三十萬大軍來攻。諸葛亮先是令大將魏延攻打陳倉，不料無功而返。後來諸葛亮率軍強攻，郝昭軍隊以一抗百，諸葛亮無計可破，只好在殺了魏軍援軍大將王雙後，乘機退兵。郝昭因此役得封關內侯，可惜不久就病死了。

思想家郝懿行是清代棲霞人，嘉慶年間中了進士之後，累官至戶部主事。郝懿行擅長名物訓詁和考據之學，對《爾雅》的研究最為深入。他編寫的《爾雅義疏》、《山海經義疏》，廣博援引，考釋名物十分詳實，還訂正不少訛謬，是後人研究《爾雅》及《山海經》的必備參考書。郝懿行也是清代「乾嘉樸學」的重要代表人物之一。

體育家郝鴻昌是當代河北滄州縣人。滄州是著名的武術之鄉，當地人習武成風。郝鴻昌師從其父郝繼春，郝繼春則是當地清代武舉人高經奎的學生。郝鴻昌自小隨其父習武，後來得到國民黨愛國人士張之江的支持，進入南京的中央國術館就讀，學成之後留校任教，大力推廣武術。中國現代許多武術名家多出自他的門下。

龔

古字小常識：从，是「從」的本字，即起初的寫法。

「龔」這個姓氏是怎麼來的？

「龔」這個姓氏原來作「共」，其歷史最悠久的來源是黃帝大臣共鼓，共鼓後人以王父名「共」為氏。「龔」這個姓氏另一來源是共工氏，共工氏與顓頊爭帝失敗，後人因為避亂隱居，於是加「龍」形改「共」為「龔」氏。「龔」這個姓氏的第三個來源是商代的諸侯國古「共國」，共國遭到周文王的討伐而國亡，於是國人就以亡國名「共」為氏。「龔」這個姓氏的第四個來源是「姬」氏，其一是為西周封於共地的貴族共伯和之後；其二是鄭國叔段在政變失敗後，逃到封地「共」，他的後人或以封地名「共」為氏；其三是春秋晉獻公太子申生，他因為受到父王寵姬陷害含冤自盡，其弟即位為晉惠公，加謚號為恭太子，申生後人便以王父謚號「恭」為氏；「恭」、「共」古同音，後來「恭」或歸到「共」氏；其四是宋初翁乾度，「翁」氏來自周昭王庶子，他的後代以王父封地「翁」為氏，翁乾度的六個兒子皆中進士，翁老於是各賜姓「洪」、「江」、「翁」、「方」、「龔」、「汪」六姓。另外還有外族改姓「龔」的，如後漢巴郡蠻族就有人改漢單姓「龔」。

「龔」這個字究竟是什麼意思？

「龔」這個字，《說文解字》解釋道：「給也。从共龍聲。」這個字是個从「共」「龍」聲的形聲字，表示給予、供給的意思。「龍」是它的聲符（「龍」字本義詳本書「龍」姓），「共」是它的義符。「共」的原義像雙手捧著東西，態度很恭敬的樣子。

「共」就是「供」的初文，由於「共」是兩手一同舉物，所以也引伸出「共同」的意思。為了怕人搞混這二層意思，所以另外再加個「人」旁造出表示兩手舉物的「供」字，以與表達「共同」的「共」字有所區別。

「龔」字有「給予」的意思，這大概和它的義符「共」（「拱」、「供」的初文）有關。漢代許慎認為「龔」字是個形

「龔」字及相關諸字的歷史風貌

	龔	共
甲骨文		[illegible]
龔文		[illegible]
戰國文字		[illegible]
小篆	[illegible]	[illegible]

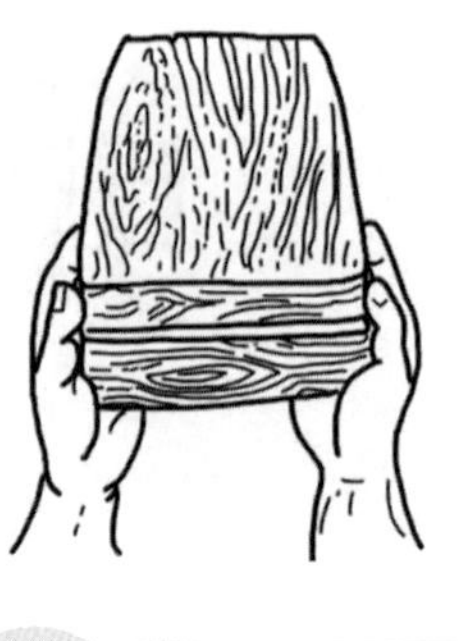

●「共」字本義是雙手恭敬地捧著東西。

聲字，从「共」「龍」聲。不過從字音上來看，「共」、「龔」反而關係更近。

本家歷史名人

本家後代中，比較有名的是名士龔舍。龔舍是漢代武原人，曾經擔任過諫議大夫。龔舍這個人夠義氣，遇到王莽篡漢時拒不出仕，還與宗親龔勝一同南歸故鄉。由於忠義於劉漢，所以大家合稱這二個人叫「楚兩龔」。後來王莽也曾數次要求龔勝出仕，還想要拜他為上卿。結果龔勝用絕食自殺這麼激烈的手段來表明自己忠於劉漢的心意。

思想家龔自珍是清代杭州人。他在乾隆三十四年中進士，歷任內閣中書、宗人府主事、吏部員外郎、禮部郎中等職，也參與過《四庫全書》的編纂。龔自珍任官期間頗有政績，所以很得民心。學術方面，龔自珍從文章訓詁之學入手，對清代「樸學」有推廣的功勞。嘉慶之後，龔自珍目睹國力漸衰，於是改學經世濟民之學。他的「更法」主張對後來康有為等人的變法有著不小的影響。

第十九篇

邵萬錢

嚴賴

古字小常識：从，是「從」的本字，即起初的寫法。

邵

「邵」這個姓氏是怎麼來的？

「邵」這個姓氏最大宗的來源是「姬」姓，為周文王之後。周初大臣召康公因食邑於召，被稱為召公或召伯。召伯後來還被封於燕國。召伯於是命兒子去燕國就職，自己則留在鎬京擔任太保，是周初三公之一。後來燕國被秦國所亡，召公後人便以先祖原來的封地名「召」為氏。「召」與「邵」在春秋時期本為一姓，後來一分為二。「召」氏加「邑」改為「邵」氏的時間點可能在秦代前後；到了漢代以後，「召」姓已多改為「邵」姓。「邵」這個姓氏的第二個來源是「芈」姓，為楚昭王之後。「昭」、「邵」二字同音，楚昭王時代所鑄的青銅器上「昭」也都作「邵」。後人於是有王父謚號的「邵（昭）」為氏的。至於外族改姓「邵」的，如清滿族「烏雅」氏有改漢姓「邵」的；今日瑤、彝、蒙古等少數民族也有改漢姓「邵」的。

「邵」字及相關諸字的歷史風貌

	甲骨文	金文	戰國文字	小篆
邵				
召				

「邵」這個字究竟是什麼意思？

「邵」這個字，《說文解字》解釋道：「晉邑也。从邑召聲。」它是個形聲字，是個位處晉地的地名。从「邑」表示這個字指的是地名，至於聲符「召」，它在漢代以後的寫法也是個形聲字，《說文解字》解釋道：「評也。从口刀聲」，本意指呼叫。不過从甲、金文可以看出「召」原本是从「匕」从「口」，或著加個義符「酉」。

「匕」就是「柶」、「匙」的初文，而「酉」就是裝酒或釀酒的「酒樽」。

「酉」這種容器的設計採縮頸侈口。侈口方便湯匙或杓子下去盛酒汁，如果用傾倒的方式，縮頸部分也可以過濾掉一部分比重較重的雜質。需要封口時，不論用塞子或是用布片蓋上後於頸部繫繩固定，

● 樽是一種縮頸口大的酒器。

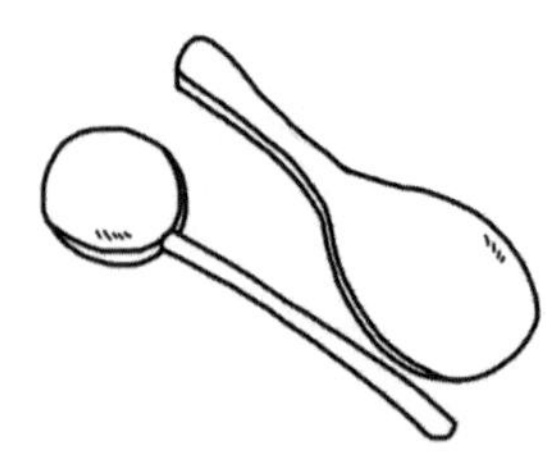

● 古人用湯匙或杓子舀酒或食物。

縮頸的設計也能發揮較為密合、不鬆脫的效果。

从較古的「召」字所从「爪」、「口」、「酉」來看，它代表雙手的「爪」形，拿著「匕」自「酉」（酒樽）取酒來招待客人——「召」就是「招」的初文。後來「匕」變形聲化，寫成字形相近的「刀」，成了聲符，而原本客人飲酒的「口」形留著，但「酉」形省去，就變成了今日「召」字的寫法了。

本家歷史名人

本家後代中，比較有名的是政治家召伯虎。召伯虎是西周末期大臣，為召公奭後人，即歷史上的召穆公。厲王派衛巫監督國人是否謗評國政，使得國人不敢批評朝政。召伯虎勸諫說：「防民之口，甚於防水。水壅而潰，傷人必多；民亦如之。是故為水者決之使導，為民者宣之使言。」這是後來政治中形容百姓對政權的影響：「水能載舟，亦能覆舟」觀念的由來。厲王被驅逐後，他將太子靜藏在家裡，並以自己之子為太子替死。後來召伯虎與周公旦之後裔（亦稱周公）共同輔政，號「共和」。等到太子長大成人，召伯虎與周公擁立太子靜為周宣王，使得周王室得以延續下去。

政治家邵信臣是漢代壽春人，為當朝著名大臣，歷任零陵、南陽等地太守。在南陽任職期間，邵信臣曾利用水泉興修水利工程，並組織民眾開溝築壩數十處。他與杜詩一前一後，在南陽都有惠民的德政，所以很得到老百姓的敬愛。因此當地人稱邵信臣和杜詩為「邵父杜母」。

數學家邵雍為宋代百源蘇門山人。邵雍青年時期即有好學苦讀的好名聲，之後定居洛陽，與司馬光、二程、呂公等名人碩彥來往甚為密切。邵雍對《易經》極有研究，最為人所稱道的是他利用類似數學的觀念來演繹《易經》中的宇宙生成觀念，這在當時是十分進步和創新的做法。因為邵雍在《易》學研究上的創新，所以在中國學術史上與二程子、周敦頤、張載，合稱為「北宋五子」。

史學家邵晉涵是清代餘姚人，乾隆年間中進士。由於史學功力深，邵晉涵被徵召成為編修《四庫全書．史部》的重要成員之一。邵晉涵記性很強，遇有徵詢即能隨口答出答案在何冊何頁。邵晉涵也曾參與纂修《繼三通》、《八旗通志》等書，並從《永樂大典》中加以輯錄，兼參《冊府元龜》、《太平御覽》等書，還原了《舊五代史》，此書後來還列入官方所承認的正史之中。邵晉涵以郭璞《爾雅注》為基礎，兼採漢人舊著，編成《爾雅正義》，這本書也後來成為訓詁學、「爾雅學」的重要研究參考著作。

萬

古字小常識：从，是「從」的本字，即起初的寫法。

「萬」這個姓氏是怎麼來的？

「萬」這個姓氏主要源自「姬」姓。其一是周武王將卿士芮伯良夫封在芮邑；傳到周成王時期，芮國建立，國君被稱為芮伯。芮伯主要在周王室擔任司徒。芮國傳到芮伯萬，遷居到古魏。春秋時期秦穆公滅了芮國，後世子孫就有以先祖之名「萬」為氏的。其二是姬姓的封國魏。魏國開國始祖是畢萬，其後人或有以先祖名「萬」為氏的。魏國亡國後有，後人有以亡國名「魏」為氏的，所以人稱「萬魏同門」。「萬」這個姓氏也有源自「子」姓的。商湯朝以後，軍中樂舞主事者名「萬舞」或「干舞」，這些人的後人或者以先祖職官名的簡稱「萬」或「干」為氏。至於有外族改姓「萬」的，如鮮卑的「萬紐于」氏、「萬宜」氏等，漢化後都改為漢單姓「萬」。

「萬」字的歷史風貌

	甲骨文	金文	戰國文字	小篆
萬				

「萬」這個字究竟是什麼意思？

「萬」這個字，《說文解字》解釋道：「蟲也。从厹，象形。」看「萬」字的最早寫法，除了「从厹」這句話說得不確外，漢代許慎的解字算是很精準的了。「萬」這個字原來是個象形字，全字就是在描繪有兩爪、長尾的毒蟲之形。由於昆蟲為了確保能夠傳宗接代，讓自己的DNA可以綿延下去，產卵數量動輒成千上萬，於是「萬」字後來便被借用為數詞，本義反而不見了。

由於「萬」字後來用來作為指稱為數眾多的數詞，如果拿來形容時間，那肯定十分漫長，所以今日流行歌詞形容愛情的恆久叫「愛你一萬年」。如果拿「萬」來形容距離，那肯定也是非常遙遠的，所以中國境內最偉大的、據說遠在月球之上都

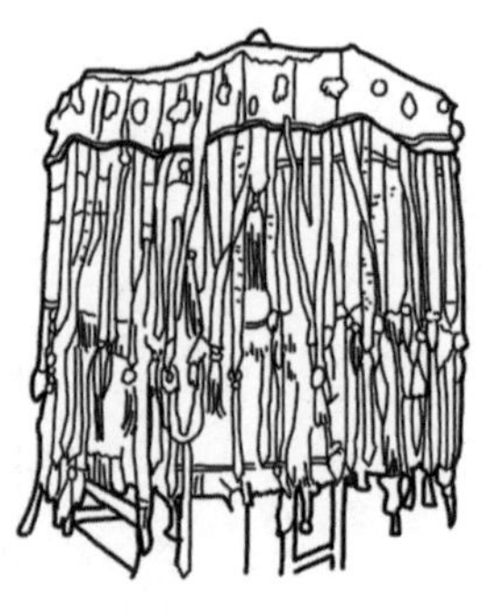

● 清官離職時能收到百姓們
幢的「萬民傘」。

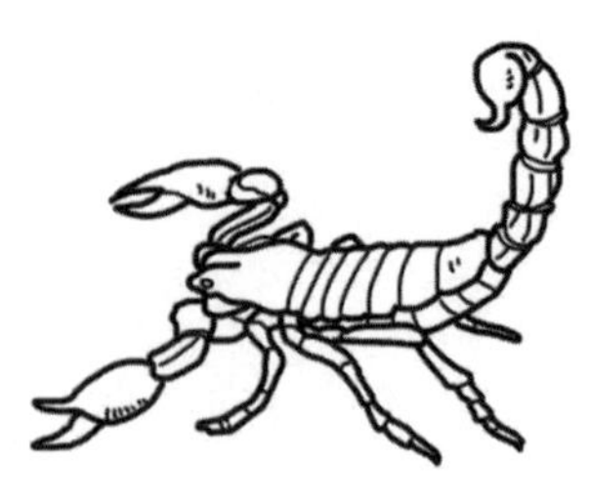

● 「萬」是象形字，
描繪毒蠱的外貌。

看得到的建築物，就叫作「萬里長城」。

另外由於中國各朝人口數一向遠高於相鄰各國，所以老百姓也稱「萬民」；所以擔任官職清廉能幹，得到老百姓的肯定，離職時肯定能收到其上綁綴有眾多地方士紳名字綢布的「萬民傘」。

本家歷史名人

本家後代中最早出名的是工程師萬杞良。萬杞良相傳為秦始皇建造萬里長城。比起其他工人更為不幸的是，萬杞良是在與孟姜女新婚之夜遭人抓伕的。萬杞良一去失去音訊，孟姜女鑑於天寒，想要萬里尋夫送衣物。沒想千辛萬苦到了長城，才知道萬杞良早已因過度勞累而死，其屍首還如同人殉一般被埋入長城的基底。孟姜女想到丈夫的下場，不禁悲慟痛哭，竟使長城崩裂。萬杞良屍骨從基底露出，才得以讓孟姜女滴血認親攜回歸葬。後來秦始皇為此召見孟姜女，驚為天人，欲納為妾。孟姜女希望嬴政能先到秦皇島上祭奠先夫再說。不料秦王政祭拜完畢，孟姜女即投海自盡；今日秦皇島上建有孟姜女廟作為紀念。不過以上都是民間傳說，並不見於正史就是了。

思想家萬斯大是明末清初鄞縣人，拜明末著名學者黃宗羲為師。萬斯大的研究興趣在禮學和「三傳」，是清初有名的經學家。他的著作《學禮質疑》、《禮記偶箋》、《春秋三傳明義》、《學春秋隨筆》等，都是一窺清初經學發展的重要著作。

史學家萬斯同是萬斯大胞弟。據說幼時讀書即能過目不忘，後來專攻二十一史，也是黃宗羲的著名弟子。由於萬斯同讀書廢寢忘食，未謀生計，因此家境極差。妻子病故，三名女兒還因為飢餓而每日號哭。雖然如此，初時清代召萬斯同為博學鴻詞科，他卻堅辭不就。後來他在老師黃宗羲鼓勵編修明史的前提下才肯入朝為官。萬斯同《明史》手稿雖然草成，但在他死後仍遭到多次刪修，清廷才加以刊刻面世。

錢

古字小常識：从，是「從」的本字，即起初的寫法。

「錢」這個姓氏是怎麼來的？

「錢」這個姓氏主要是源自彭祖籛鏗。彭祖之孫孚是周朝的「錢府上士」，彭孚專門管理周朝的錢財，職掌類似今日的財政部長。他的後人便有以王父職官名簡稱的「錢」字為氏的。由於「錢」氏是從彭祖的「籛」氏分化出來的，與「彭」姓有著共同的祖先，所以人稱「錢彭同宗」。

「錢」字及相關諸字的歷史風貌

	甲骨文	金文	戰國文字	小篆
錢				
戔				

「錢」這個字究竟是什麼意思？

「錢」這個字，《說文解字》解釋道：「銚也。古田器。从金戔聲。」它是個从「金」「戔」聲的形聲字，表示銚這類像鏟子的古代農具。从「金」表明它的質材是金屬。由於早期鐵的提煉手續仍然很繁瑣，加上為了方便加上好施力的大木柄，所以整支鏟子的鐵質部位比例上要較小，且留有很大的柄洞。

至於「戔」，在「錢」字當中做為標音的聲符使用，它的本意就是用二把戈拼命的把東西打碎。既然「戔」有打碎的意思，所以凡是从「戔」的字如「箋」、「淺」、「殘」、「賤」，都有「碎」或「小」的意思了。

既然「錢」字指的是鏟子，那麼為何

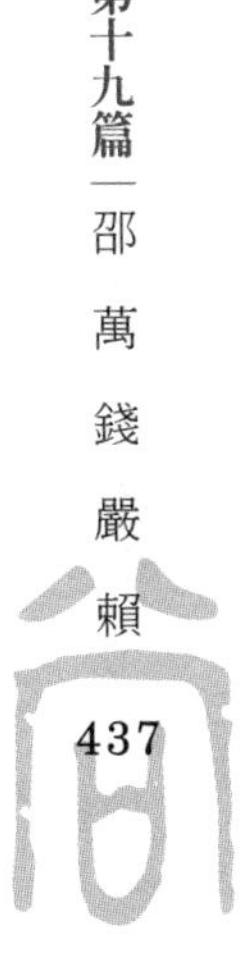

● 古代錢幣愈做愈小，所以「錢」字才从表示碎小義的「戔」。

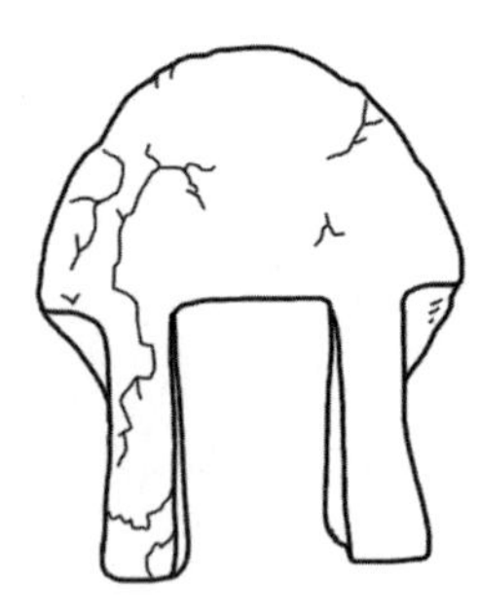

● 「銚」的形象是一種金屬器具。

後來會發展出「金錢」的這一層意思來呢？這是由於古人的商業交易進入銅、金、銀本位階段後，為了方便交易和找零，這些金屬質地的貨幣愈做愈短、愈小。「錢」字既然从「金」（表示金屬本位貨幣）又从「戔」（表示「碎小」的意思），於是也用來指稱拿來找零的「金錢」了。

本家歷史名人

本家後代中，較早出名的是軍事家錢鏐。錢鏐是五代十國臨安人，在唐末時錢鏐跟從石鏡鎮將軍董昌鎮壓農民軍，後來出任鎮海節度使。乾寧年間錢鏐帶兵擊敗董昌，實際占有兩浙十三州，因此到了後梁開平初年，錢鏐就被封為吳越王。由於錢鏐在位期間投入水利的修築工程，使得當地灌溉和水路交通得到很大的發展，錢鏐也因此廣受百姓支持。但也由於吳越弱小，夾於吳、閩之間，只得不斷向中原朝貢。最後吳越國封爵被削而國亡。

思想家錢謙益為明末常熟人，因為學問很好，又寫得一手好文章，在文壇很有號召力，而與吳偉業、龔鼎孳並稱為「江左三大家」。錢謙益在文學上主張創作要「情真」、「情至」。他的學問淵博，泛覽諸書，拜入門學習的學生不少，幾個當朝名人如瞿式耜、顧炎武、鄭成功、毛晉等人都是出自他的門下。

聲韻學家錢玄同是清末民初吳興人，他曾留學日本，後來回國拜入章太炎門下學文字聲韻之學。錢玄同的同門師兄弟像黃侃、魯迅、周作人等都是當代著名學者。後來錢玄同任教北京高等師校等職時，致力推廣國語運動，對國語的普及學習很有貢獻。錢玄同除研究音韻學外（學生或受益於他的著名學者有羅常培、魏建功、白滌洲、趙蔭棠、王靜如、丁聲樹等），也進行文學創作。他曾投稿陳獨秀主辦的《新青年》雜誌，大力鼓吹文學革命，也是促成五四新文化運動的推手之一。

文學家錢鍾書原名仰先，後來改名鍾書，他是當代無錫人。錢鍾書有語文天分，哲學素養也高，雖然數學不好，但仍被當時的清華大學校長羅家倫破格錄取。後來錢鍾書陸續留學英、法，回國後先後在西南聯大、震旦女子文理學院、暨南大學、清華大學等校任教。當年在清華大學外文系有龍虎狗「三傑」之說，「狗」是翻譯家顏毓蘅，「虎」是劇作家曹禺，「龍」指的則是錢鍾書，從這個排名來看，錢鍾書實為清大外文三傑之首。錢鍾書的代表作小說《圍城》，成功塑造了一批特點鮮明的知識分子。小說生動地再現當時知識分子的普遍心態，可以說是當時中國最能反映知識分子處境的寫實小說呀！

嚴

古字小常識：从，是「從」的本字，即起初的寫法。

「嚴」這個姓氏是怎麼來的？

「嚴」這個姓氏最大宗的一個來源是「羋」姓。楚國傳到楚莊王，其後人以王父諡號「莊」為氏。「莊」氏傳到東漢明帝，由於明帝名「莊」，為了避諱，莊氏族人只好將自己的姓改為同義字「嚴」，不過後來到了魏晉，「嚴」氏也有一部分又改回「莊」姓。「嚴」這個姓氏的另外一個來源是「嬴」姓。戰國時代，秦昭襄王委任宗室裡的樗里疾為相，並給予封地蜀郡嚴道縣，樗里疾因此號為嚴君，人稱嚴君疾，其後人於是以封地名「嚴」為氏。至於外族改姓「嚴」的，五胡十六國時後燕丁零人改漢單姓「嚴」為氏；另外少數民族如滿、彝、土、錫伯、朝鮮等族也有人改漢姓「嚴」的。

「嚴」字及相關諸字的歷史風貌

	嚴	敢
甲骨文		
金文		
戰國文字		
小篆		

「嚴」這個字究竟是什麼意思？

「嚴」這個字，《說文解字》解釋道：「教命急也。从吅厰聲」，它是個从「吅」「厰」聲的形聲字，〔漢〕許慎認為它表示急迫的訓戒。雖然後世的寫法从二個「口」，但是戰國文字以前的「嚴」字从三個「口」的寫法也很多。「嚴」字其實是「譀」字的初文，意思就是多話、言語誇張的樣子。由於在教諭別人時，會以不斷的、口氣強烈的詞語指責對方的錯誤，所以「嚴」字後來也因此引伸出「嚴厲」的這層意思來。

「嚴」所从的聲符「厰」，本身也是形聲字，指山崖險峻。它所从的義符「厂」就是山崖的具體描繪。「厰」的聲符「敢」，原先是個會意字，你看甲骨文「敢」的寫法是从「擒」（字由「又」和

● 從「敢」字的甲骨文可知與捕捉山豬有關係。

「毕」組成）从「豕」，全字描繪出手拿獵具捕抓山豬的生動畫面。臺灣原住民族群一直到現在，都還把入山獵豬視為是一種證明勇氣的成年禮。面對山豬這一類兇猛的野生動物，敢前去捕獵，這不是勇敢的行為那是什麼？後來「敢」字的寫法，「豕」這個部分被省略，就只剩下手持獵具的部分了。

本家歷史名人

本家後代中，比較有名的是軍事家嚴顏。嚴顏是漢末益州人，本來是益州牧劉璋部將。劉備入蜀，當時任巴郡太守嚴顏就曾經對劉表表示這如同是放虎歸山。後來劉備進攻江州，果然應證了嚴顏的預言。江州之戰，嚴顏戰敗被俘，張飛向嚴顏勸降，沒想到嚴顏義正辭嚴的拒絕，說這裡只有「斷頭將軍」，沒有「投降將軍」，張飛一氣，呼叫左右準備將嚴顏拉出去砍了。沒想到嚴顏卻異常冷靜，還勸張飛說砍就砍了，何必要這麼生氣？張飛冷靜之後反倒佩服嚴顏的勇氣，於是放了嚴顏。這故事也是形容忠貞軍士用「斷頭將軍」一詞的典故來源。

政治家嚴嵩是明代分宜人，孝宗弘治年間中了進士，遷翰林院庶吉士，授翰林院編修。後來因病歸鄉，因為努力地進修了八年，嚴嵩所寫出來詩文變得十分峻潔，才開始有了文名。武宗正德年間嚴嵩復官，之後平步青雲，累官吏部尚書、拜武英殿大學士。由於嚴嵩懂得曲迎皇帝的心意，很得皇帝的喜愛，因而專擅國政將近二十年。之後更是明目張膽的大行貪汙，黨同伐異。世宗繼位後整肅他，把嚴嵩抄家去職，沒多久嚴嵩便病歿了。

文學家嚴可均是清代烏程人。他在嘉慶年間中舉，擔任建德縣教諭期間修繕學宮，對推廣當地教育方面很有貢獻。嚴可均在文字音韻方面的研究用力很深，著作頗豐，著有《說文校議》、《說文聲類》、《鐵橋漫稿》等書；另外他自己編輯的著作也不少，其中《爾雅圖贊》、《山海經圖贊》、《孝經鄭氏注》、《爾雅一切注音》等書都很有名氣。清代嘉慶年間，朝廷廣邀名人碩儒合編《全唐文》，只有嚴可均不在受邀之列。他為此心有不甘，自己以一人之力編輯《全上古三代秦漢三國六朝文》與朝廷的《全唐文》銜接，這二本總集都是研究中國古文演變的重要著作。

思想家嚴復是清末民初侯官人。嚴復系統地將西方的社會學、政治學、政治經濟學、哲學和自然科學重要著作加以翻譯後介紹到中國，對中國社會造成了很大的良好影響。嚴復的翻譯一向嚴謹，每個譯稱都經深思熟慮，確認務必滿足「信、達、雅」的要求，這一個翻譯標準也成為後世翻譯工作人員的工作準則。

賴

古字小常識：从，是「從」的本字，即起初的寫法。

「賴」這個姓氏是怎麼來的？

「賴」這個姓氏最早是出自「姬」姓。周武王之弟叔穎因參與伐紂有功，受封於賴國。後來賴國被楚靈王率諸侯聯軍消滅，於是國人便以亡國之名「賴」為氏。「賴」這個姓氏的另一個來源是「姜」姓。炎帝神農氏之後分為四個部族，其中之一是烈山氏，「烈」字的古音與「厲」、「賴」相通，於是其部族中的一支在商代時東遷，依照原來的氏族名「賴」建立了賴國，據說這個賴國也是被楚靈王所滅，其後人於是也以亡國名「賴」為氏。少數民族也有改姓「賴」的，像今日阿昌族的「喇來」氏就改成漢單姓「賴」；臺灣原住民及蒙古族中也都有改姓「賴」的人。

「賴」字及相關諸字的歷史風貌

	甲骨文	金文	戰國文字	小篆
賴				
剌				
束				

「賴」這個字究竟是什麼意思？

「賴」這個字，《說文解字》解釋道：「贏也。从貝剌聲」，它是個从「貝」「剌」聲的形聲字，指的是做生意所達成的盈利。「貝」是它的義符，「貝」在上古的某一段時間裡曾被當作貨幣使用（「貝」之本意詳參本書「賈」姓）；因為「賴」字指的是商業行為的盈餘，所以从「貝」。

而「賴」字的聲符「剌」，本來是個會意字，从「束」从「刀」。「束」字是個指事字，全字表示用繩索將樹枝層層綑綁起來。「剌」字在「束」旁加把「刀」，變成會意字，表示用刀將某物的外在包束給劃開。那包裝一旦被劃開，就變成垃圾了；所以「剌」就有「毀棄」的意思。

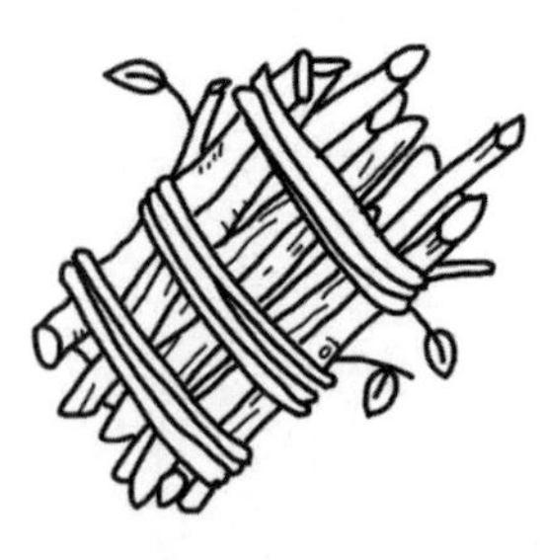

●「束」為指示字，表示用繩索綑綁樹枝。

●「刺」字表示用刀割開包束。

「賴」原先表示盈利。由於盈利是商人和商業賴以為生的根本，所以「賴」字後來便引伸出「依賴」、「依靠」的這一層意思來。

那為什麼市井流氓也可以叫「無賴」？這是因為這些人家無恆產，只能在街上耍賴皮來討生活，生活無可依賴，所以叫「無賴」。義大利的諺語說：「那些一無所有的人最為可怕」，因為一無所有，所以無所顧忌，難怪「無賴」這麼教人害怕。那為什麼無聊得要命要叫「百無聊賴」？那是因為沒有可憑藉消遣的聊天話題和休閒娛樂（吟詩作對、飲酒彈琴等等），既又沒得話聊又沒得消遣可以依賴，就叫「百無聊賴」囉！

本家歷史名人

本家後代中，比較有名是政治家賴恭。賴恭是漢末零陵人，先後仕事劉表和劉備，個性非常正直。賴恭在劉表手下做事時即展露很強烈的豪傑之氣。投奔劉備後出任鎮遠將軍，與諸葛亮一同佐助劉備。賴恭也曾和諸葛亮一同上書漢獻帝，請封劉備為漢中王。劉備因此特別重用他，還封他為太常。曹丕篡漢後，賴恭非常痛恨曹魏，因此上言劉備，請劉備稱帝，立國號蜀漢。賴恭用盡一身力氣扶持劉備的「劉漢」江山，其子賴雄後來也在蜀漢任官，累至丞相西曹令史。

堪輿學家賴布衣是宋代盱江人，原名賴鳳崗，因為自號「布衣子」，所以大家多稱為賴布衣。傳說賴布衣九歲已中秀才，後來遷任禮部貢士。賴布衣深知自己醉心術數，加上官場失意，最後選擇棄官雲遊。後來他在歸隱的路上遇到一名堪輿師盡授其學，致使他的術數功力更上一層樓。賴布衣憑著精湛的堪輿技術，在全國都留有其神異事跡，許多電影、連續劇也有以其故事做為題材。後來他與楊救貧、曾文辿、廖瑀合稱「贛南四大堪輿祖師」。

文學家賴和是當代臺灣彰化人。賴和本職是醫生，出生在那個日本割據臺灣的年代。雖然是福佬客人，也學過漢學，但卻在日本教育下長大，有著國族認同的錯亂。習醫之後賴和曾到廈門任職，因此深深受到當時大陸白話運動的影響，回臺後賴和開始嘗試以白話文進行創作。除了行醫的濟貧善舉讓他被稱為「彰化媽祖」外，他的作品充滿對殖民地底層民眾生活的關心和身為臺灣人的自覺，因此賴和也被尊稱為「臺灣文學之父」。

第二十篇

覃洪武

莫孔

覃

古字小常識：从，是「從」的本字，即起初的寫法。

「覃」這個姓氏是怎麼來的？

「覃」這個姓氏既可讀為「譚」，又能讀為「秦」和「荀」。不同的讀音代表著「覃」這個姓氏的不同來源。「覃」這個姓氏的最早的由來是夏朝的孤竹氏。孤竹氏中有人居住在覃懷，後人便以地名「覃」為氏。夏朝另外有皇覃（音同「秦」）氏，後人或簡略以「覃」字為氏。「覃」氏這一支傳到南朝梁代之後，有的因為避禍而改為「秦」姓。漢初功臣韓信遭到呂后迫害，由於韓信與譚氏交好，為了躲避殺身之禍，譚氏後人有改「譚」姓為「覃」（音同「譚」）的。至於南方少數民族中有人姓「覃」（音「荀」），漢化後這些少數民族，有的就改以「荀」為氏了。

「覃」字及相關諸字的歷史風貌

詳參本書「譚」姓。

「覃」這個字究竟是什麼意思？

詳參本書「譚」姓。

本家歷史名人

本家後代中，比較有名的是軍事家覃元先。覃元先是南朝南海人，原名覃彥，後改名元先。南朝齊代末年，四地都有兵亂，覃元先是募兵守衛鄉里，據有番禺。由於兵強馬壯，慶州刺史李堅遣人勸說元先歸降於梁。梁武帝召見時問覃元先的姓名，由於覃元先原名「彥」與武帝的名同音（梁武帝姓「蕭」名「衍」），惟恐犯了帝諱，所以覃元先自稱「無名」，後來才改名「元先」。元先四處征戰，累有戰功，封雲麾將軍。侯景造反時，覃元先還率兵討伐，所向披靡，沒多久因故卒於軍中。

政治家覃光佃是宋代融州人。覃光佃博學能文，在宋仁宗朝擔任監察御史。因為彈劾手段嚴厲，而且不避畏權勢，京師人稱呼覃光佃「真御史」。因為覃光佃敢言敢參，對外籌備軍政，對內整肅朝儀，大家對他都十分敬重。對國家有巨大貢獻的覃光佃也因此與當朝大將狄青並封為將軍，聲名顯赫。

教育家覃吉是宦官，擔任明朝太子朱祐樘的太傅。除了照料太子生活外還口授《四書》，並轉述民間百姓的生活情況，就連歷史上的宦官亂禍故事也毫不避諱地的說明給太子知曉。太子因為覃吉公正的態度而十分敬重他，還親暱的稱覃吉為「老伴」（常侍生活的老太監）。後來「老伴」一詞傳至民間，詞義還擴大成為老夫妻互稱的稱謂。

洪

古字小常識：从，是「從」的本字，即起初的寫法。

「洪」這個姓氏是怎麼來的？

「洪」這個姓氏最早起源的是共工氏。顓頊稱帝時，共工因起兵爭天下失敗，一怒之下撞倒了西北方支撐天地的不周山，使得天地混亂。他的後人為了避禍，於是將「共工」之「共」加了「水」旁改為「洪」氏。「洪」這個姓氏的另一個來源是「姬」姓。相傳周昭王庶子食采於翁山，後人便以封地名「翁」為氏。傳到了宋代翁乾度，生了六個兒子全都中進士，人稱「六桂連芳」，老翁於是賜姓老大處厚為「洪」。除了「翁」，「洪」這個姓氏的另一個改姓來源是「弘」姓。唐代，為了避唐高宗之子李弘的名諱，「弘」姓家族於是全都改姓「洪」。

「洪」字的歷史風貌

	甲骨文	洪文	戰國文字	小篆
洪				

「洪」這個字究竟是什麼意思？

「洪」這個字，《說文解字》解釋道：「洚水也。从水共聲」，它是個从「水」「共」聲的形聲字，表示不受控制、滿上來的洪水。「水」是它的義符，表示這個字和大水有關；「共」則是它的聲符（「共」之本義詳參本書「龔」姓），全字指的就是大雨不停，導致大水犯濫。

大洪水是人類共同的遠古記憶。臺灣方面，臺灣撒奇克雅族口傳有「大洪水」神話：在連續幾年的豐收之後，撒奇克雅人忘記對神的尊敬和祭祀，於是天神降下大雨。大雨之下洪水氾濫，沖毀族人的莊稼和居所。頭目不得已，只好帶著族人到奇萊雅山上避難。眼見水勢愈漲愈高，頭目便帶領族人誠心地重新祭拜天神。最後

●《聖經》記載諾亞建造方舟躲避洪水。

在以頭目的女兒及一位健壯的男性族人作為祭品之後，洪水才逐漸退去。

臺灣雅美族也有「大洪水」神話：一位孕婦和老婦人一齊去海邊打水，發現海水愈漲愈高，不斷向岸上退後時看到岸上一顆白石頭下也一直湧出水，為了打到水，他們貿然的把白石頭搬開，沒想到卻湧出更多海水。水位不斷漲高的結果，整個蘭嶼島幾乎被了滅頂，住在上面的人也幾乎都死光，只剩下那孕婦和他先生。最後沒東西吃了，孕婦手上只剩下一隻老鼠，於是她把老鼠丟到海裡當祭品，祈求海水退去，沒想到海水真的開始退去，過幾年蘭嶼島又恢復原來的生氣蓬勃。

中國也有洪水神話。據說上古之時發生大洪水，堯令鯀治水。在未徵得堯帝的同意之前，鯀盜用息壤（會自行繁衍的土壤），想要堙平洪水，不料治水未成，反而因為偷盜息壤這個犯行被堯帝放逐（一說殛殺）。鯀被放逐之後，懷胎三年，自背後產下大禹。於是禹接替了鯀的治水工作。但禹用的不是父親那種水來土堙的方法，他改用疏通的方式，終於消除了水患。除了中原的洪水神話，中國南方少數民族也流傳有不少洪水神話故事。不過相較於臺灣原住民文化，中國神話鮮少交待洪水滔天的原因。

除了遠東，中東和西方也有大洪水傳說。《希伯來聖經》、《舊約聖經》和《可蘭經》都記載上古有大洪水：上帝指示虔誠的諾亞和他的家人建造方舟，用來搭載諾亞一家人和無辜的動植物，從而避掉水患帶來的絕種危害。

若說人與神的關係是由「人依附神」向「人定勝天」來發展，那麼臺灣原住民的洪水神話和「諾亞方舟」神話，兩者發生的時間上可能較為接近；和中國的鯀禹治水神話相比，前者在時間上要較為遠古、原始。

本家歷史名人

本家後代中，比較有名的是史學家洪邁，洪邁是宋代鄱陽人，為南宋名臣，累官翰林學士、龍圖閣學士、端明殿學士。他在學術上的重要代表作是《容齋隨筆》和《夷堅志》。《容齋隨筆》是洪邁的讀書筆記，重在蒐集史料和考據，是研究中古史的學者必讀之書。這本書內容詳贍，與北宋沈括的科學百科全書《夢溪筆談》齊名。《夷堅志》和《容齋隨筆》大異其趣，它是一本志怪小說，書名的典故來自《列子．湯問》：「夷堅聞而志之」。這本書收有各種奇聞軼事，成為後世許多話本或戲曲的取材來源。

清朝的洪亮吉是安徽歙縣人，是當時的大學者，以「人口學說」而著名。洪亮吉與母親感情極深，母親亡故，洪亮吉奔喪途中因為心急，竟然不慎落水，從此發誓母忌日不食，時間長達三十年。

後來洪亮吉上書得罪判死，仍然談笑風生。經過友人的營救後改判流放伊犁；嘉慶年間得到赦免才返鄉。洪亮吉曾寫過一篇文章叫〈治平篇〉，文中討論中國人口增長最快的清代時期：順治年間，中國人口不過一億。至乾隆末年已達三億。但耕地、房屋卻未明顯增加。如此以往，將導致嚴重的經濟問題。洪亮吉的見解，對當時並無人口政策的中國而言是非常先進的看法。

軍事家洪秀全是清代花縣的客家人。他某次大病初癒，睡夢中見到天父指示改名為「全」（拆開即為「人王」）。後來洪秀多次參加科舉皆不順利，偶然之間得到基督徒所發送的《勸世良言》，與夢境比對後認為自己是上帝派來人間除妖的代表。雖然從未讀過《聖經》，洪秀全卻創辦出拜上帝會。後來利用拜上帝會和衙門的矛盾，全面起義，以南京為首都，實質控制了大中國的南部。由於洪秀全個性善猜忌，太平天國的東王、北王、燕王先後被誅，翼王帶大軍出走，太平天國每況愈下，最後被清廷剿滅。

武

古字小常識：从，是「從」的本字，即起初的寫法。

「武」這個姓氏是怎麼來的？

「武」這個姓氏最大宗的來源是「姬」姓。周平王少子由於出生時手掌中有一片特殊的紋路，形狀很像「武」字，於是他的後世子孫便因為這一層關係，以「武」為氏。「武」這個姓氏的另一個來源則是「子」姓。據說殷王武丁之後有以王父之名「武」為氏的；另外商王後裔傳到周朝，所封在宋國。宋國傳到宋武公，其後人有以其謚號「武」為氏的。不過「武」這個姓氏最早的起源則可能是夏朝大臣武羅，其後世子孫有以王父之名「武」為氏的。至於以封地「武」為姓的，像漢封梁為武強王，所以後人以封地名「武強」之省略「武」字為氏。至於冒姓或改姓的，像唐代武則天當政時有人被賜姓「武」；另外唐代賀唐敏據說先祖為武則天之父武擭的後代，因而冒姓「武」。

「武」字的歷史風貌

	甲骨文	金文	戰國文字	小篆
武				

「武」這個字究竟是什麼意思？

「武」這個字是個會意字，从「止」从「戈」。「止」本是腳掌形，从「止」這個義符表示有前往之意。「戈」是象形字，全字具體描繪兵器「戈」的全形（「戈」之本義詳參本書「載」姓）。「止」是「趾」之初文，全字畫出一個腳掌；腳掌所朝向的地方就是你要去的地方，所以造字从「止」就有「去」的意思（「止」之本義詳參本書「鄧」姓）。今天拿著兵器「戈」要前去一個地方，那肯定是要武鬥了。所以「武」字的本義就是「攻打」、「征討」。

成語「耀武揚威」是形容一個人或一個國家想要炫耀它的武力，展現它的威風。既然想要展現威風，大概動不動就會舉行演習或進行實彈射擊什麼的。搞不好還弄假成真：真的動手，出兵去攻打鄰國。所以腦袋只想到要胡亂運用兵力來發動戰爭的人，我們罵他「窮兵黷武」！這是因為凡是打仗，沒有不死人的，不管戰勝戰敗，有無辜的人死，都算是輸了，還不如把兵器放下，「韜戈偃武」才是太平萬全之策。

本家歷史名人

本家後代中，最有名的要數政治家武媚娘。武媚娘是唐代文水人，唐太宗時曾被封為才人，太宗駕崩後出家為尼。高宗即位，媚娘再次入宮，並得到高宗的寵愛，還立為皇后。高宗駕崩後，媚娘趁機臨朝稱制，廢掉中宗再自立為皇帝，改國號曰「周」，她是中國封建王朝中第一個也是唯一的女皇帝。為了鞏固統治，武則天大殺唐宗室，還聽任大臣周興和來俊臣，使用各種酷刑。後來來俊臣竟用以「甕」煮人的方式來對付周興（成語「請君入甕」的典故由來），搞得朝野動盪，人心惶惶。好在武氏本人富於才略，在處理國政方面非常的勤快，所以在她執政的這段時間裡，如狄仁傑等名臣輩出。到晚年，武氏有心無力，朝政日衰，最後歸政中宗。由於中宗所封給她的名號中有「則天」一詞，於是世稱「武則天」或「武后」。

武松，排行第二，又名武二、武二郎，綽號「行者」，宋代清河人，眾人皆以為他是中國著名小說《水滸傳》及《金瓶梅》中的一個虛構角色，但其實歷史上真有其人。根據考證，武松的形象極可能是根據元末隋張士誠起義的部將卞元亨加以改造；因為武松景陽崗打虎的故事即是取材自卞元亨打虎的事蹟。

武訓是清代武莊人，因家中排行第七，人稱武七，武訓是他後來改的名字。由於家境貧苦，武訓終身行乞。在行乞的生涯中，武訓深深感到教育對窮人家的重要性，所以發願，希望家境貧寒者也能有機會讀書，從此不再被人欺負，於是武訓將乞討所得全都拿來辦「義學」。武訓先跪求當地有學問的進士、舉人來擔任老師，再挨家挨戶的請家長們讓子女前去讀書。因為自苦為極，武訓五十九歲即辭世。據說有萬人之眾參加了武訓的葬禮。後來朝廷也因為武訓的無私奉獻特別加以表揚！

莫

古字小常識：从，是「從」的本字，即起初的寫法。

「莫」這個姓氏是怎麼來的？

「莫」這個姓氏最早的源頭和顓頊帝所造的莫陽城有關。住居在此的人，後來有的便以地名「莫」為氏。「莫」這個姓氏次早的來源則與虞舜有關。據說舜的先祖名「莫」，後人也有的便以「莫」為氏。不過「莫」這個姓氏比較可考、可信的來源是楚國的官職「莫敖」。「莫敖」是可以世襲的官職，像屈原的家族即世居此職。所以屈氏後人也有改以先祖職官名「莫」字為氏的。至於外族改姓「莫」的，北方的話，像南北朝時期，北魏「邢莫」氏、「莫那婁」氏有改漢單姓「莫」的；唐西夏王朝中也有改姓「莫」的。南方的話，壯族本來無姓，彼此稱呼倍感不便，於是請來卜黃為替大家取姓。卜黃於是就壯族人送給他的東西來取姓：送李的便稱「李」姓，送牛的就稱「莫」姓了（壯語「牛」字呼「莫」）。

「莫」字的歷史風貌

	莫
甲骨文	
金文	
戰國文字	
小篆	

●「莫」字最初表示「傍晚日落時」的意思。

「莫」這個字究竟是什麼意思？

「莫」這個字，《說文解字》解釋道：「日且冥也。从日在茻中。」這個字是個从「日」从「茻」的會意字，表示天暗。字形从四個「屮」（或是二個「艸」），表示草長得很盛、很多，那就合該是一望無際的大草原了！當日頭隱沒在大草原之中，這表示白天已盡，黑夜將來，所以這個字原本就是「傍晚日落之時」的意思——「莫」就是「暮」的初文。後來由於「莫」字被假借去當否定詞，於是才再加個義符「日」旁，創造出現在用以表示「日暮」的後起形聲字「暮」。

「暮」和「晨」是一組相對的觀念，一個在早，一個在晚。如果要表達一天當中白日的這段時間，通常會用這組字。像

《墨子・備城門》就有：「晨暮卒歌以為度」，南朝宋的謝靈運〈遊赤石進帆海〉詩也有用到：「水宿淹晨暮，陰霞屢興沒。」同樣的要表達白日這段時間，也會配合這組字來造詞，如佛寺中朝課之前和熄燈之前皆會敲擊鐘鼓，用以警惕與自勵，這就叫「暮鼓晨鐘」嘍！

本家歷史名人

本家後代中，最有名的是工藝家莫邪。莫邪是春秋時期吳國人，干將之妻。吳王闔閭聽聞到這對夫妻善於造劍的好名聲，命令干將鑄出寶劍，沒想到干將接了這個工作，過了好久，燃化的鐵汁都無法凝固。莫邪問干將該如何處理，干將回答必須殉人給爐神才有辦法。於是莫邪立即竄入火裡，後來才鑄成了兩把寶劍。兩把寶劍一雌一雄，就是舉世聞名的名劍「干將」和「莫邪」。另外還有種說法提到委託鑄劍者是楚王。唯恐楚王得寶劍之後想誅殺全家，斷此工藝，干將於是藏起莫邪劍，僅獻出干將劍。果不其然，楚王拿到寶劍，現場就殺了干將，再追捕莫邪及干將的遺腹子赤比。後來赤比懷抱莫邪劍在路邊痛哭，得到路過的無名俠客允助，赤比便獻上寶劍和人頭，由俠客進貢楚王，再趁機成功刺殺楚王復仇。

政治家兼孝子的莫宣卿是唐代封開人，他是廣東本地第一位狀元。相傳莫宣卿七歲已會吟詩，十二歲中秀才，大家都稱他「神童」；後來莫宣卿十七歲得狀元，是隋唐科舉取士以來年紀最小的狀元。中舉後莫宣卿原任翰林書院修撰，但是母親不願北上同住，莫宣卿就上書請求改委南方官職。唐文宗因其孝心而允許，可惜沒多久莫宣卿就因病亡故。莫宣卿是科舉取士來南方的第一位狀元，又兼有感人孝行，他生前的事蹟在嶺南一帶影響很大。

政治家莫仕睽是清代平南人，加入太平軍後累官至太平天國刑部尚書，又遷開朝王宗前忠誠伍天將，手掌兵權，兼領外交事務。後來莫仕睽發現李秀成妻舅宋永祺暗地裡和當時清代浙江巡撫曾國荃有所往來，並暗自籌劃在天京叛亂，除指責李秀成不辨忠奸外，還帶隊抓捕宋永祺。天京遭清軍攻陷後，莫仕睽潛回平南隱居，活到七十歲才終壽。

孔

古字小常識：从，是「從」的本字，即起初的寫法。

「孔」這個姓氏是怎麼來的？

「孔」這個姓氏的最早源頭是「子」姓。根據《史記．孔子世家》對孔子祖先的爬梳，孔子他是宋微子的後代。宋襄公之子弗父何生了宋父周，宋父周之子世子勝生了正考父，考父之子孔父嘉由於離元祖太遠，所以自立為公族，姓「孔」氏。

除了「子」姓，「孔」這個姓氏另外還有三個源頭，二個來自「姬」姓，其一是「姬」姓的衛國，傳到春秋時，王族裡的孔悝以其父王的字「孔」作為氏；其二是「姬」姓的鄭國，傳到春秋時，鄭穆公庶子孔張的後代以其字「孔」作為氏。第三個源頭是「媯」姓的陳國，傳到春秋時，王族裡的孔寧以其父王的字「孔」作為氏。

「孔」字及相關字的歷孔風貌

	孔	乃
甲骨文		
孔文		
戰國文字		
小篆		

「孔」這個字究竟是什麼意思？

「孔」這個字，《說文解字》解釋道：「通也。从乚从子」，它是個从「乚」从「子」的會意字，表示有孔而可貫通的意思。東漢許慎是從「孔」的「孔穴」義來解釋這個字。不過回到最原本的字形，「孔」這個字从「乚」从「子」，「子」是象形字，它是個被襁褓包得好好的小朋友（「子」之本義詳參本書「李」姓），看起來是靠在「乚」上面；而「乚」本身也是象形字，它就是媽媽胸前的「奶」。所以「孔」的全字就像是嬰兒在吸吮母乳的樣子。

描繪母親胸部的「乚」部筆畫太短，不太容易看出是媽媽的「奶」，我們另外找個「乃」字，它就挺清楚的了；「乃」是「奶」的初文，全字就是把女性上半身

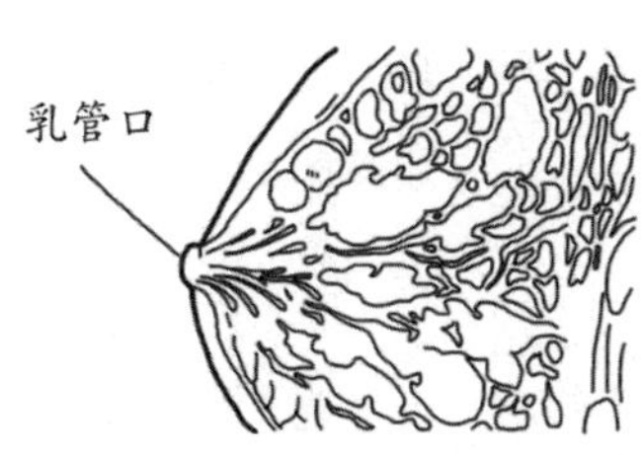

● 「孔」字像嬰兒吮乳的樣子。

● 「乃」字描繪出女性上半身的曲線。

● 後來「孔」字可指乳管口，引伸指「孔穴」。

的曲線、也就是事業線給它畫出來。

用「乃」字的各時期字形和美女圖來去理解「孔」字，是不是更容易得多呢？

後來「孔」字也可以指乳頭上可以分泌出母奶的孔穴，也就是醫學上所稱的「乳管口」，所以這個字便引伸可以表示「孔穴」的「孔」了。

本家歷史名人

本家後代中，知名度最高的要數「至聖先師」孔老夫子——孔丘了。孔丘出生在春秋時期的魯國，雖然少小父親就辭世，因此吃了不少苦頭，但他並沒有失志，反而更努力的求學。據說他曾向周朝的圖書館館長（守藏吏）老聃學習過禮，也向魯國國家樂團的首席樂師師襄學琴。後來擔任魯國司寇（司法部長）時，由於本身學問夠，使得魯國的政治十分上軌道。只不過孔丘的個性並不適合陽策陰謀的政治圈，只好去職周遊列國。在那漂泊的十餘年間，其他各國的君主也不是很欣賞孔丘的主張。於是他只好回到魯國，專心教書，並整理重要的文獻作為教材。孔丘所培育出來的三千弟子中，有七十二人的表現特別優秀，成為各國各行各業的棟梁、菁英。後來的人因其「有教無類」、開創入世治世的儒家學問，尊稱其為「孔子」。

孔家第二號有名人物要數孔融，他是孔子的第二十世孫，稟性很好，「孔融讓梨」的故事大家都知道。當時大夫陳韙看到他自小就這麼聰慧，很不以為然的批評他：「小時了了，大未必佳」，孔融反駁他：「想君小時必當了了」。這段機智的對話便是成語「小時了了」的典故來源。孔融的文采使其躋身為「建安七子」之一（其他六位是陳琳、王粲、徐幹、阮瑀、應瑒、劉楨），還擔任北海相。可惜他出生在東漢那個動盪的年代，加上他敢言的個性，就註定了他的悲劇收場。孔融最後被他所事事反對的曹操所殺。

孔家雖然在政治上不夠得志，不過在文學的表現可是挺不錯。孔子六十四代孫孔尚任出生在清代，因緣際會幫康熙皇帝講了經，有了不錯的待遇，官至工部員外郎。孔尚任特別喜歡戲曲創作，和當代的著名劇作家洪昇合稱「南洪北孔」。他的名作《桃花扇》藉男女主人公侯方域和李香君的愛情故事，反映明末南明滅亡的歷史，幕幕感人，轟動一時。不過也由於劇本寫到晚明，遭受到當朝文字獄之累，讓他的小命差點不保！

本家其他歷史名人

．漢　孔安國

孔安國是漢代曲阜人，學《詩經》於申培公，習《尚書》於伏生，是漢代傳承經學的重要人物。

．唐　孔穎達

孔穎達是唐代衡水人，編纂《五經正義》，是魏晉南北朝以來集經學之大成的著作。

國家圖書館出版品預行編目（CIP）資料

你知道你的姓氏是什麼意思嗎？ / 鄒濬智著.
－－初版. －－臺北市：五南，2014.08
面；公分 －－（悅讀中文；53）
ISBN 978-957-11-7683-3（平裝）
1.中國文字　2.姓名錄
802.2　　103011933

你知道你的姓氏是什麼意思嗎？

作　　者　鄒濬智（330.2）
發 行 人　楊榮川
總 編 輯　王翠華
主　　編　黃文瓊
封面設計　童安安
內文插畫　吳佳臻
出 版 者　五南圖書出版股份有限公司
發 行 人　楊榮川
地　　址：台北市大安區106和平東路二段三三九號四樓
電　　話：（〇二）二七〇五－五〇六六
傳　　真：（〇二）二七〇六－六一〇〇
劃撥帳號：〇一〇六八九五三
網　　址：http://www.wunan.com.tw
電子郵件：wunan@wunan.com.tw
法律顧問　林勝安律師事務所　林勝安律師
出版日期　一〇三年八月初版一刷
定　　價　五二〇元

凝煉知識品味閱讀